New HSK: Vocabulary 5000 Complete Lists

Levels 1, 2, 3, 4, 5, 6

Hanzi with PinYin and English Notation

JULIE ZHU

Copyright © 2018 Julie Zhu

All rights reserved.

ISBN:1983975664
ISBN-13:978-1983975660

INTRODUCTION

Chinese Proficiency Test (HSK), an international standardized test of Chinese language proficiency, assesses non-native Chinese speakers' abilities in using the Chinese language in their daily, academic and professional lives. HSK consists of six levels, namely HSK (level 1), HSK (level 2), HSK (level 3), HSK (level 4), HSK (level 5), and HSK (level 6).

To pass New HSK level tests, the most important factor is to master the vocabulary of each level. The first 6 sections of the book give complete vocabulary words lists for each level with Pinyin and English notations. The book also give a full 5000 vocabulary summary at the last section, so you can always check back to the last section to see if you have truly mastered the each level's vocabulary, even without the help of Pinyin and English notations.

CONTENTS

New HSK Level One 150 Words	5
New HSK Level Two 300 Words	11
New HSK Level Three 600 Words	21
New HSK Level Four 1200 Words	40
New HSK Level Five 2500 Words	76
New HSK Level Six 5000 Words	149
New HSK 5000 Vocabulary Complete Lists and Summary	293

New HSK Level One 150 Words

词汇	Pinyin	English
爱	Ài	love
八	bā	eight
爸爸	bàba	dad
杯子	bēizi	cup
北京	běijīng	Beijing
本	běn	original
不	bù	do not
不客气	bù kèqì	you're welcome
菜	cài	dish
茶	chá	tea
吃	chī	eat
出租车	chūzū chē	taxi
打电话	dǎ diànhuà	call
大	dà	big
的	de	of
点	diǎn	point
电脑	diànnǎo	computer
电视	diànshì	TV
电影	diànyǐng	the film
东西	dōngxī	thing
都	dōu	all
读	dú	read
对不起	duìbùqǐ	I am sorry
多	duō	many
多少	duōshǎo	how many
儿子	érzi	son
二	èr	two
饭店	fàndiàn	restaurant
飞机	fēijī	aircraft

分钟	fēnzhōng	minutes
高兴	gāoxìng	happy
个	gè	piece
工作	gōngzuò	jobs
狗	gǒu	dog
汉语	hànyǔ	Chinese
好	hǎo	good
号	hào	number
喝	hē	drink
和	hé	with
很	hěn	very
后面	hòumiàn	behind
回	huí	back
会	huì	meeting
几	jǐ	few
家	jiā	family
叫	jiào	call
今天	jīntiān	today
九	jiǔ	nine
开	kāi	open
看	kàn	look
看见	kànjiàn	see
块	kuài	piece
来	lái	come
老师	lǎo shī	teacher
了	le	(particle)
冷	lěng	cold
里	lǐ	in
六	liù	six
妈妈	māmā	mom
吗	ma	(particle)
买	mǎi	buy
猫	māo	cat
没关系	méiguānxì	it's ok
没有	méiyǒu	no

米饭	mǐfàn	rice
名字	míngzì	first name
明天	míngtiān	tomorrow
哪	nǎ	where
哪儿	nǎ'er	where
那	nà	that
呢	ne	(particle)
能	néng	can
你	nǐ	you
年	nián	year
女儿	nǚ'ér	daughter
朋友	péngyǒu	friend
漂亮	piàoliang	pretty
苹果	píngguǒ	apple
七	qī	seven
前面	qiánmiàn	front
钱	qián	money
请	qǐng	please
去	qù	go
热	rè	hot
人	rén	people
认识	rènshì	understanding
三	sān	three
商店	shāngdiàn	store
上	shàng	on
上午	shàngwǔ	morning
少	shǎo	less
谁	shéi	who
什么	shénme	what
十	shí	ten
时候	shíhòu	time
是	shì	yes
书	shū	book
水	shuǐ	water
水果	shuǐguǒ	fruit

睡觉	shuìjiào	go to bed
说	shuō	say
四	sì	four
岁	suì	year
他	tā	he
她	tā	she
太	tài	too
天气	tiānqì	weather
听	tīng	listen
同学	tóngxué	classmate
喂（叹词）	wèi (tàn cí)	hello (interjection)
我	wǒ	I
我们	wǒmen	we
五	wǔ	fives
喜欢	xǐhuān	like
下	xià	down
下午	xiàwǔ	afternoon
下雨	xià yǔ	rain
先生	xiānshēng	Mr
现在	xiànzài	just now
想	xiǎng	think
小	xiǎo	small
小姐	xiǎojiě	Miss
些	xiē	some
写	xiě	write
谢谢	xièxiè	thank
星期	xīngqí	week
学生	xuéshēng	student
学习	xuéxí	learn
学校	xuéxiào	school
一	yī	one
一点儿	yī diǎn er	a little
衣服	yīfú	clothes
医生	yīshēng	doctors
医院	yīyuàn	hospital

椅子	yǐzi	chair
有	yǒu	have
月	yuè	month
再见	zàijiàn	goodbye
在	zài	in
怎么	zěnme	how
怎么样	zěnme yàng	how about it
这	zhè	this
中国	zhōngguó	China
中午	zhōngwǔ	noon
住	zhù	live
桌子	zhuōzi	table
字	zì	word
昨天	zuótiān	yesterday
坐	zuò	sit
做	zuò	do

5000 VOCABULARY COMPLETE LISTS

New HSK Level Two 300 Words

词汇	Pinyin	English
爱	Ài	love
八	bā	eight
爸爸	bàba	dad
吧	ba	(auxiliary word)
白	bái	white
百	bǎi	one hundred
帮助	bāngzhù	help
报纸	bàozhǐ	newspaper
杯子	bēizi	cup
北京	běijīng	Beijing
本	běn	original
比	bǐ	than
别	bié	do not
宾馆	bīnguǎn	hotel
不	bù	do not
不客气	bù kèqi	you're welcome
菜	cài	dish
茶	chá	tea
长（形容词）	cháng (xíngróngcí)	long (adjective)
唱歌	chànggē	singing
吃	chī	eat
出	chū	out
出租车	chūzū chē	taxi
穿	chuān	wear
次	cì	times
从	cóng	from
错	cuò	wrong
打电话	dǎ diànhuà	call
打篮球	dǎ lánqiú	play basketball
大	dà	big

大家	dàjiā	everyone
到	dào	to
的	de	of
得（助词）	dé (zhùcí)	(particle)
等（动词）	děng (dòngcí)	wait (verb)
弟弟	dìdì	little brother
第一	dì yī	the first
点	diǎn	point
电脑	diànnǎo	computer
电视	diànshì	TV
电影	diànyǐng	the film
东西	dōngxī	thing
懂	dǒng	understand
都	dōu	all
读	dú	read
对（形容词）	duì (xíngróngcí)	right (adjective)
对（介词）	duì (jiècí)	to (preposition)
对不起	duìbùqǐ	I am sorry
多	duō	many
多少	duōshǎo	how many
儿子	érzi	son
二	èr	two
饭店	fàndiàn	restaurant
房间	fángjiān	room
飞机	fēijī	aircraft
非常	fēicháng	very much
分钟	fēnzhōng	minutes
服务员	fúwùyuán	waiter
高	gāo	high
高兴	gāoxìng	happy
告诉	gàosù	tell
哥哥	gēgē	brother
个	gè	piece
给	gěi	give
工作	gōngzuò	jobs

公共汽车	gōnggòng qìchē	bus
公司	gōngsī	the company
狗	gǒu	dog
贵	guì	expensive
过（助词）	guò (zhùcí)	excuse me
还（副词）	hái (fùcí)	also (adverb)
孩子	háizi	child
汉语	hànyǔ	Chinese
好	hǎo	good
好吃	hào chī	good to eat
号	hào	number
喝	hē	drink
和	hé	with
黑	hēi	black
很	hěn	very
红	hóng	red
后面	hòumiàn	behind
回	huí	back
会	huì	meeting
火车站	huǒchē zhàn	train station
机场	jīchǎng	airport
鸡蛋	jīdàn	egg
几	jǐ	few
家	jiā	family
件	jiàn	piece
叫	jiào	call
教室	jiàoshì	classroom
姐姐	jiějiě	sister
介绍	jièshào	introduction
今天	jīntiān	today
进	jìn	enter
近	jìn	nearly
九	jiǔ	nine
就	jiù	on
觉得	juédé	think

咖啡	kāfēi	coffee
开	kāi	open
开始	kāishǐ	start
看	kàn	look
看见	kànjiàn	see
考试	kǎoshì	examination
可能	kěnéng	may
可以	kěyǐ	can
课	kè	lesson
块	kuài	piece
快	kuài	fast
快乐	kuàilè	happy
来	lái	come
老师	lǎo shī	teacher
了	le	(particle)
累	lèi	tired
冷	lěng	cold
离	lí	from
里	lǐ	in
两	liǎng	two
零	líng	zero
六	liù	six
路	lù	road
旅游	lǚyóu	travel
妈妈	māmā	mom
吗	ma	(particle)
买	mǎi	buy
卖	mài	sell
慢	màn	slow
忙	máng	busy
猫	māo	cat
没关系	méiguānxì	it's ok
没有	méiyǒu	no
每	měi	each
妹妹	mèimei	younger sister

门	mén	door
米饭	mǐfàn	rice
面条	miàntiáo	noodles
名字	míngzì	first name
明天	míngtiān	tomorrow
哪	nǎ	where
哪儿	nǎ'er	where
那	nà	that
男	nán	male
呢	ne	(particle)
能	néng	can
你	nǐ	you
年	nián	year
您	nín	you
牛奶	niúnǎi	milk
女	nǚ	female
女儿	nǚ'ér	daughter
旁边	pángbiān	next to
跑步	pǎobù	run
朋友	péngyǒu	friend
便宜	piányí	cheaper
票	piào	tickets
漂亮	piàoliang	pretty
苹果	píngguǒ	apple
七	qī	seven
妻子	qīzi	wife
起床	qǐchuáng	get up
千	qiān	thousands
铅笔	qiānbǐ	pencil
前面	qiánmiàn	front
钱	qián	money
晴	qíng	clear
请	qǐng	please
去	qù	go
去年	qùnián	last year

让	ràng	let
热	rè	hot
人	rén	people
认识	rènshì	understanding
日	rì	day
三	sān	three
商店	shāngdiàn	store
上	shàng	on
上班	shàngbān	go to work
上午	shàngwǔ	morning
少	shǎo	less
谁	shéi	who
身体	shēntǐ	body
什么	shénme	what
生病	shēngbìng	ill
生日	shēngrì	birthday
十	shí	ten
时候	shíhòu	time
时间	shíjiān	time
事情	shìqíng	things
是	shì	yes
手表	shǒubiǎo	watch
手机	shǒujī	cell phone
书	shū	book
水	shuǐ	water
水果	shuǐguǒ	fruit
睡觉	shuìjiào	go to bed
说	shuō	say
说话	shuōhuà	speak
四	sì	four
送	sòng	give away
虽然……但是……	suīrán……dànshì……	however, although……
岁	suì	year
他	tā	he
它	tā	it

她	tā	she was
太	tài	too
踢足球	tī zúqiú	play football
题	tí	question
天气	tiānqì	weather
跳舞	tiàowǔ	dancing
听	tīng	listen
同学	tóngxué	classmate
外	wài	outside
完	wán	finish
玩	wán	play
晚上	wǎnshàng	night
往	wǎng	to
为什么	wèishéme	why
喂（叹词）	wèi (tàn cí)	hello (interjection)
问	wèn	ask
问题	wèntí	question
我	wǒ	I
我们	wǒmen	we
五	wǔ	fives
西瓜	xīguā	watermelon
希望	xīwàng	hope
洗	xǐ	wash
喜欢	xǐhuān	like
下	xià	down
下午	xiàwǔ	afternoon
下雨	xià yǔ	rain
先生	xiānshēng	Mr
现在	xiànzài	just now
想	xiǎng	think
小	xiǎo	small
小姐	xiǎojiě	Miss
小时	xiǎoshí	hour
笑	xiào	laugh
些	xiē	some

写	xiě	write
谢谢	xièxiè	thank
新	xīn	new
星期	xīngqí	week
姓	xìng	last name
休息	xiūxí	rest
学生	xuéshēng	student
学习	xuéxí	learn
学校	xuéxiào	school
雪	xuě	snow
颜色	yánsè	colour
眼睛	yǎnjīng	eyes
羊肉	yángròu	lamb
药	yào	medicine
要	yào	want
也	yě	also
一	yī	one
一点儿	yī diǎn er	a little
一起	yīqǐ	together
一下	yīxià	one time
衣服	yīfú	clothes
医生	yīshēng	doctors
医院	yīyuàn	hospital
已经	yǐjīng	already
椅子	yǐzi	chair
意思	yìsi	meaning
因为……所以……	yīnwèi……suǒyǐ……	because therefore……
阴	yīn	overcast
游泳	yóuyǒng	swim
有	yǒu	have
右边	yòubiān	right
鱼	yú	fish
远	yuǎn	far
月	yuè	month
运动	yùndòng	exercise

再	zài	again
再见	zàijiàn	goodbye
在	zài	in
早上	zǎoshang	morning
怎么	zěnme	how
怎么样	zěnme yàng	how about it
丈夫	zhàngfū	husband
找	zhǎo	find
这	zhè	this
着	zhe	with
真	zhēn	really
正在	zhèng zài	in the process of
知道	zhīdào	know
中国	zhōngguó	China
中午	zhōngwǔ	noon
住	zhù	live
准备	zhǔnbèi	ready
桌子	zhuōzi	table
字	zì	word
走	zǒu	go
最	zuì	most
昨天	zuótiān	yesterday
左边	zuǒbiān	left
坐	zuò	sit
做	zuò	do

5000 VOCABULARY COMPLETE LISTS

New HSK Level Three 600 Words

词汇	Pinyin	English
阿姨	Āyí	auntie
啊	a	what
矮	ǎi	short
爱	ài	love
爱好	àihào	hobbies
安静	ānjìng	be quiet
八	bā	eight
把	bǎ	put
爸爸	bàba	dad
吧	ba	(auxiliary word)
白	bái	white
百	bǎi	one hundred
班	bān	class
搬	bān	move
办法	bànfǎ	method
办公室	bàngōngshì	office
半	bàn	half
帮忙	bāngmáng	help
帮助	bāngzhù	help
包	bāo	package
饱	bǎo	full
报纸	bàozhǐ	newspaper
杯子	bēizi	cup
北方	běifāng	north
北京	běijīng	Beijing
被	bèi	be
本	běn	original
鼻子	bízi	nose
比	bǐ	than
比较	bǐjiào	compare

比赛	bǐsài	game
笔记本	bǐjìběn	notebook
必须	bìxū	have to
变化	biànhuà	variety
别	bié	do not
别人	biérén	other people
宾馆	bīnguǎn	hotel
冰箱	bīngxiāng	refrigerator
不	bù	do not
不但……而且……	bùdàn……érqiě……	not only but also……
不客气	bù kèqì	you're welcome
菜	cài	dish
菜单	càidān	menu
参加	cānjiā	participate
草	cǎo	grass
层	céng	floor
茶	chá	tea
差	chà	difference
长（形容词）	cháng (xíngróngcí)	long (adjective)
唱歌	chànggē	singing
超市	chāoshì	supermarket
衬衫	chènshān	shirt
成绩	chéngjī	score
城市	chéngshì	city
吃	chī	eat
迟到	chídào	to be late
出	chū	out
出租车	chūzū chē	taxi
除了	chúle	apart from
穿	chuān	wear
船	chuán	ship
春	chūn	spring
词典	cídiǎn	dictionary
次	cì	times
聪明	cōngmíng	clever

从	cóng	from
错	cuò	wrong
打电话	dǎ diànhuà	call
打篮球	dǎ lánqiú	play basketball
打扫	dǎsǎo	clean
打算	dǎsuàn	intend
大	dà	big
大家	dàjiā	everyone
带	dài	band
担心	dānxīn	worry
蛋糕	dàngāo	cake
当然	dāngrán	of course
到	dào	to
地（助词）	de (zhùcí)	(particle)
的	de	of
得（助词）	dé (zhùcí)	(particle)
灯	dēng	light
等（动词）	děng (dòngcí)	wait (verb)
地方	dìfāng	place
地铁	dìtiě	subway
地图	dìtú	map
弟弟	dìdi	little brother
第一	dì yī	the first
点	diǎn	point
电脑	diànnǎo	computer
电视	diànshì	TV
电梯	diàntī	elevator
电影	diànyǐng	the film
电子邮件	diànzǐ yóujiàn	e-mail
东	dōng	east
东西	dōngxī	thing
冬	dōng	winter
懂	dǒng	understand
动物	dòngwù	animal
都	dōu	all

读	dú	read
短	duǎn	short
段	duàn	segment
锻炼	duànliàn	work out
对（形容词）	duì (xíngróngcí)	right (adjective)
对（介词）	duì (jiècí)	to (preposition)
对不起	duìbùqǐ	I am sorry
多	duō	many
多么	duōme	how
多少	duōshǎo	how many
饿	è	hungry
儿子	érzi	son
耳朵	ěrduǒ	ear
二	èr	two
发	fā	hair
发烧	fāshāo	fever
发现	fāxiàn	find
饭店	fàndiàn	restaurant
方便	fāngbiàn	convenience
房间	fángjiān	room
放	fàng	put
放心	fàngxīn	rest assured
飞机	fēijī	aircraft
非常	fēicháng	very much
分	fēn	seperate
分钟	fēnzhōng	minutes
服务员	fúwùyuán	waiter
附近	fùjìn	nearby
复习	fùxí	review
干净	gānjìng	clean
感冒	gǎnmào	cold
感兴趣	gǎn xìngqù	interested
刚才	gāngcái	just now
高	gāo	high
高兴	gāoxìng	happy

告诉	gàosù	tell
哥哥	gēgē	brother
个	gè	piece
个子	gèzi	stature
给	gěi	give
根据	gēnjù	according to
跟	gēn	with
更	gèng	more
工作	gōngzuò	jobs
公共汽车	gōnggòng qìchē	bus
公斤	gōngjīn	kg
公司	gōngsī	the company
公园	gōngyuán	park
狗	gǒu	dog
故事	gùshì	story
刮风	guā fēng	windy
关	guān	turn off
关系	guānxì	relationship
关心	guānxīn	concern
关于	guānyú	on
贵	guì	expensive
国家	guó jiā	country
过（动词）	guò (dòngcí)	pass
过去	guò qù	past
过（助词）	guò (zhùcí)	excuse me
还（副词）	hái (fùcí)	also (adverb)
还是	háishì	still is
孩子	háizi	child
害怕	hàipà	fear
汉语	hànyǔ	Chinese
好	hǎo	good
好吃	hào chī	good to eat
号	hào	number
喝	hē	drink
和	hé	with

黑	hēi	black
黑板	hēibǎn	blackboard
很	hěn	very
红	hóng	red
后来	hòulái	later
后面	hòumiàn	behind
护照	hùzhào	passport
花（名词）	huā (míngcí)	flower
花（动词）	huā (dòngcí)	spend (verb)
画	huà	painting
坏	huài	bad
欢迎	huānyíng	welcome
还（动词）	huán (dòngcí)	return (verb)
环境	huánjìng	surroundings
换	huàn	change
黄河	huánghé	Yellow River
回	huí	back
回答	huídá	reply
会	huì	meeting
会议	huìyì	meeting
火车站	huǒchē zhàn	train station
或者	huòzhě	or
几乎	jīhū	almost
机场	jīchǎng	airport
机会	jīhuì	opportunity
鸡蛋	jīdàn	egg
极	jí	pole
几	jǐ	few
记得	jìdé	remember
季节	jìjié	season
家	jiā	family
检查	jiǎnchá	an examination
简单	jiǎndān	simple
见面	jiànmiàn	meet
件	jiàn	piece

健康	jiànkāng	health
讲	jiǎng	speak
教	jiào	teach
角	jiǎo	angle
脚	jiǎo	foot
叫	jiào	call
教室	jiàoshì	classroom
接	jiē	pick up
街道	jiēdào	street
节目	jiémù	program
节日	jiérì	festival
结婚	jiéhūn	marry
结束	jiéshù	end
姐姐	jiějiě	sister
解决	jiějué	solve
介绍	jièshào	introduction
借	jiè	borrow
今天	jīntiān	today
进	jìn	enter
近	jìn	nearly
经常	jīngcháng	often
经过	jīngguò	after
经理	jīnglǐ	manager
九	jiǔ	nine
久	jiǔ	long
旧	jiù	old
就	jiù	on
句子	jùzi	sentence
决定	juédìng	decided
觉得	juédé	think
咖啡	kāfēi	coffee
开	kāi	open
开始	kāishǐ	start
看	kàn	look
看见	kànjiàn	see

考试	kǎoshì	examination
可爱	kě'ài	lovely
可能	kěnéng	may
可以	kěyǐ	can
渴	kě	thirsty
刻	kè	engraved
客人	kèrén	the guests
课	kè	lesson
空调	kòngtiáo	air conditioning
口	kǒu	mouth
哭	kū	cry
裤子	kùzi	pants
块	kuài	piece
快	kuài	fast
快乐	kuàilè	happy
筷子	kuàizi	chopsticks
来	lái	come
蓝	lán	blue
老	lǎo	old
老师	lǎo shī	teacher
了	le	(particle)
累	lèi	tired
冷	lěng	cold
离	lí	from
离开	líkāi	go away
礼物	lǐwù	gift
里	lǐ	in
历史	lìshǐ	history
脸	liǎn	face
练习	liànxí	exercise
两	liǎng	two
辆	liàng	piece
聊天	liáotiān	to chat with
了解	liǎojiě	understand
邻居	línjū	neighbor

零	líng	zero
留学	liúxué	study abroad
六	liù	six
楼	lóu	floor
路	lù	road
旅游	lǚyóu	travel
绿	lǜ	green
妈妈	māmā	mom
马	mǎ	horse
马上	mǎshàng	immediately
吗	ma	(particle)
买	mǎi	buy
卖	mài	sell
满意	mǎnyì	satisfaction
慢	màn	slow
忙	máng	busy
猫	māo	cat
帽子	màozi	hat
没关系	méiguānxì	it's ok
没有	méi yǒu	no
每	měi	each
妹妹	mèimei	younger sister
门	mén	door
米	mǐ	meter
米饭	mǐfàn	rice
面包	miànbāo	bread
面条	miàntiáo	noodles
名字	míngzì	first name
明白	míngbái	understand
明天	míngtiān	tomorrow
拿	ná	take
哪	nǎ	where
哪儿	nǎ'er	where
那	nà	that
奶奶	nǎinai	grandmother

男	nán	male
南	nán	south
难	nán	difficult
难过	nánguò	sad
呢	ne	(particle)
能	néng	can
你	nǐ	you
年	nián	year
年级	niánjí	grade
年轻	niánqīng	young
鸟	niǎo	bird
您	nín	you
牛奶	niúnǎi	milk
努力	nǔlì	work hard
女	nǚ	female
女儿	nǚ'ér	daughter
爬山	páshān	mountain climbing
盘子	pánzi	plate
旁边	pángbiān	next to
胖	pàng	fat
跑步	pǎobù	run
朋友	péngyǒu	friend
皮鞋	píxié	leather shoes
啤酒	píjiǔ	beer
便宜	piányí	cheaper
票	piào	tickets
漂亮	piàoliang	pretty
苹果	píngguǒ	apple
瓶子	píngzi	bottle
七	qī	seven
妻子	qīzi	wife
其实	qíshí	in fact
其他	qítā	other
奇怪	qíguài	strange
骑	qí	ride

起床	qǐchuáng	get up
起飞	qǐfēi	take off
起来	qǐlái	stand up
千	qiān	thousands
铅笔	qiānbǐ	pencil
前面	qiánmiàn	front
钱	qián	money
清楚	qīngchǔ	clear
晴	qíng	clear
请	qǐng	please
请假	qǐngjià	ask for leave
秋	qiū	autumn
去	qù	go
去年	qùnián	last year
裙子	qúnzi	skirt
然后	ránhòu	then
让	ràng	let
热	rè	hot
热情	rèqíng	enthusiasm
人	rén	people
认识	rènshì	understanding
认为	rènwéi	think
认真	rènzhēn	serious
日	rì	day
容易	róngyì	easy
如果	rúguǒ	in case
三	sān	three
伞	sǎn	umbrella
商店	shāngdiàn	store
上	shàng	on
上班	shàngbān	go to work
上网	shàngwǎng	surf the Internet
上午	shàngwǔ	morning
少	shǎo	less
谁	shéi	who

身体	shēntǐ	body
什么	shénme	what
生病	shēngbìng	ill
生气	shēngqì	pissed off
生日	shēngrì	birthday
声音	shēngyīn	sound
十	shí	ten
时候	shíhòu	time
时间	shíjiān	time
世界	shìjiè	world
事情	shìqíng	things
试	shì	test
是	shì	yes
手表	shǒubiǎo	watch
手机	shǒujī	cell phone
瘦	shòu	thin
书	shū	book
叔叔	shūshu	uncle
舒服	shūfú	comfortable
树	shù	tree
数学	shùxué	mathematics
刷牙	shuā yá	brushing teeth
双	shuāng	double
水	shuǐ	water
水果	shuǐguǒ	fruit
水平	shuǐpíng	level
睡觉	shuìjiào	go to bed
说	shuō	say
说话	shuōhuà	speak
司机	sījī	driver
四	sì	four
送	sòng	give away
虽然……但是……	suīrán……dànshì……	however, although……
岁	suì	year
他	tā	he

它	tā	it
她	tā	she was
太	tài	too
太阳	tàiyáng	Sun
特别	tèbié	especially
疼	téng	pain
踢足球	tī zúqiú	play football
提高	tígāo	improve
题	tí	question
体育	tǐyù	physical education
天气	tiānqì	weather
甜	tián	sweet
条	tiáo	article
跳舞	tiàowǔ	dancing
听	tīng	listen
同事	tóngshì	colleague
同学	tóngxué	classmate
同意	tóngyì	agree
头发	tóufǎ	hair
突然	túrán	suddenly
图书馆	túshū guǎn	library
腿	tuǐ	leg
外	wài	outside
完	wán	finish
完成	wánchéng	carry out
玩	wán	play
晚上	wǎnshàng	night
碗	wǎn	bowl
万	wàn	million
往	wǎng	to
忘记	wàngjì	forget
为	wèi	for
为了	wèile	in order to
为什么	wèishéme	why
位	wèi	place

喂（叹词）	wèi (tàn cí)	hello (interjection)
文化	wénhuà	culture
问	wèn	ask
问题	wèntí	question
我	wǒ	I
我们	wǒmen	we
五	wǔ	fives
西	xī	west
西瓜	xīguā	watermelon
希望	xīwàng	hope
习惯	xíguàn	habit
洗	xǐ	wash
洗手间	xǐshǒujiān	rest room
洗澡	xǐzǎo	take a bath
喜欢	xǐhuān	like
下	xià	down
下午	xiàwǔ	afternoon
下雨	xià yǔ	rain
夏	xià	summer
先	xiān	first
先生	xiānshēng	Mr
现在	xiànzài	just now
相信	xiāngxìn	believe
香蕉	xiāngjiāo	banana
想	xiǎng	think
向	xiàng	to
像	xiàng	like
小	xiǎo	small
小姐	xiǎojiě	Miss
小时	xiǎoshí	hour
小心	xiǎoxīn	be careful
校长	xiàozhǎng	principal
笑	xiào	laugh
些	xiē	some
写	xiě	write

谢谢	xièxiè	thank
新	xīn	new
新闻	xīnwén	news
新鲜	xīnxiān	fresh
信用卡	xìnyòngkǎ	credit card
星期	xīngqí	week
行李箱	xínglǐ xiāng	trunk
姓	xìng	last name
熊猫	xióngmāo	panda
休息	xiūxí	rest
需要	xūyào	need
选择	xuǎnzé	select
学生	xuéshēng	student
学习	xuéxí	learn
学校	xuéxiào	school
雪	xuě	snow
颜色	yánsè	colour
眼睛	yǎnjīng	eyes
羊肉	yángròu	lamb
要求	yāoqiú	claim
药	yào	medicine
要	yào	want
爷爷	yéyé	grandfather
也	yě	also
一	yī	one
一般	yībān	general
一边	yībiān	one side
一点儿	yīdiǎn er	a little
一定	yīdìng	for sure
一共	yīgòng	altogether
一会儿	yīhuǐ'er	a while
一起	yīqǐ	together
一下	yīxià	one time
一样	yīyàng	same
一直	yīzhí	always

衣服	yīfú	clothes
医生	yīshēng	doctors
医院	yīyuàn	hospital
已经	yǐjīng	already
以前	yǐqián	before
椅子	yǐzi	chair
意思	yìsi	meaning
因为……所以……	yīnwèi……suǒyǐ……	because therefore……
阴	yīn	overcast
音乐	yīnyuè	music
银行	yínháng	bank
饮料	yǐnliào	drink
应该	yīnggāi	should
影响	yǐngxiǎng	influences
用	yòng	use
游戏	yóuxì	game
游泳	yóuyǒng	swim
有	yǒu	have
有名	yǒumíng	famous
又	yòu	also
右边	yòubiān	right
鱼	yú	fish
遇到	yù dào	encounter
元	yuán	yuan
远	yuǎn	far
愿意	yuànyì	willing
月	yuè	month
月亮	yuèliàng	moon
越	yuè	more
运动	yùndòng	exercise
再	zài	again
再见	zàijiàn	goodbye
在	zài	in
早上	zǎoshang	morning
怎么	zěnme	how

怎么样	zěnme yàng	how about it
站	zhàn	station
张	zhāng	zhang, stretch
长（动词）	zhǎng (dòngcí)	grow (verb)
丈夫	zhàngfū	husband
着急	zhāojí	anxious
找	zhǎo	find
照顾	zhàogù	take care
照片	zhàopiàn	photo
照相机	zhàoxiàngjī	camera
这	zhè	this
着	zhe	with
真	zhēn	really
正在	zhèng zài	in the process of
只（量词）	zhǐ (liàngcí)	piece
知道	zhīdào	know
只（副词）	zhǐ (fùcí)	only (adverb)
只有……才……	zhǐyǒu……cái……	only ...
中国	zhōngguó	China
中间	zhōngjiān	intermediate
中文	zhōngwén	Chinese
中午	zhōngwǔ	noon
终于	zhōngyú	at last
种（量词）	zhǒng (liàngcí)	species (quantifiers)
重要	zhòngyào	important
周末	zhōumò	weekend
主要	zhǔyào	main
住	zhù	live
注意	zhùyì	note
准备	zhǔnbèi	ready
桌子	zhuōzi	table
自己	zìjǐ	myself
自行车	zìxíngchē	bicycle
字	zì	word
总是	zǒng shì	always

走	zǒu	go
嘴	zuǐ	mouth
最	zuì	most
最后	zuìhòu	at last
最近	zuìjìn	recent
昨天	zuótiān	yesterday
左边	zuǒbiān	left
作业	zuòyè	operation
坐	zuò	sit
做	zuò	do

New HSK Level Four 1200 Words

词汇	Pinyin	English
阿姨	Āyí	auntie
啊	a	what
矮	ǎi	short
爱	ài	love
爱好	àihào	hobbies
爱情	àiqíng	love
安静	ānjìng	be quiet
安排	ānpái	arrangement
安全	ānquán	safety
按时	ànshí	on time
按照	ànzhào	according to
八	bā	eight
把	bǎ	put
爸爸	bàba	dad
吧	ba	(auxiliary word)
白	bái	white
百	bǎi	one hundred
百分之	bǎi fēn zhī	percent
班	bān	class
搬	bān	move
办法	bànfǎ	method
办公室	bàngōngshì	office
半	bàn	half
帮忙	bāngmáng	help
帮助	bāngzhù	help
棒	bàng	excellent
包	bāo	package
包子	bāozi	bun
饱	bǎo	full
保护	bǎohù	protection

保证	bǎozhèng	guarantee
报名	bàomíng	sign up
报纸	bàozhǐ	newspaper
抱	bào	hold
抱歉	bàoqiàn	sorry
杯子	bēizi	cup
北方	běifāng	north
北京	běijīng	Beijing
倍	bèi	times
被	bèi	be
本	běn	original
本来	běnlái	originally
笨	bèn	stupid
鼻子	bízi	nose
比	bǐ	than
比较	bǐjiào	compare
比如	bǐrú	such as
比赛	bǐsài	game
笔记本	bǐjìběn	notebook
必须	bìxū	have to
毕业	bìyè	graduation
变化	biànhuà	variety
遍	biàn	all over
标准	biāozhǔn	standard
表格	biǎogé	form
表示	biǎoshì	said
表演	biǎoyǎn	performance
表扬	biǎoyáng	praise
别	bié	do not
别人	biérén	other people
宾馆	bīnguǎn	hotel
冰箱	bīngxiāng	refrigerator
饼干	bǐnggān	cookies
并且	bìngqiě	and
博士	bóshì	Dr.

不	bù	do not
不但……而且……	bùdàn……érqiě……	not only but also……
不得不	bùdé bù	have to
不管	bùguǎn	regardless of
不过	bùguò	but
不仅	bùjǐn	not only
不客气	bù kèqì	you're welcome
部分	bùfèn	section
擦	cā	rub
猜	cāi	guess
材料	cáiliào	material
菜	cài	dish
菜单	càidān	menu
参观	cānguān	visit
参加	cānjiā	participate
餐厅	cāntīng	restaurant
草	cǎo	grass
厕所	cèsuǒ	rest room
层	céng	floor
茶	chá	tea
差	chà	difference
差不多	chàbùduō	almost
长（形容词）	cháng (xíngróngcí)	long (adjective)
长城	chángchéng	Great Wall
长江	chángjiāng	Yangtze
尝	cháng	taste
场	chǎng	field
唱歌	chànggē	singing
超过	chāoguò	exceed
超市	chāoshì	supermarket
衬衫	chènshān	shirt
成功	chénggōng	success
成绩	chéngjī	score
成为	chéngwéi	become
诚实	chéngshí	honest

城市	chéngshì	city
乘坐	chéngzuò	ride
吃	chī	eat
吃惊	chījīng	be surprised
迟到	chídào	to be late
重新	chóngxīn	re-
抽烟	chōuyān	smokes
出	chū	out
出差	chūchāi	business trip
出发	chūfā	set off
出生	chūshēng	born
出现	chūxiàn	appear
出租车	chūzū chē	taxi
除了	chúle	apart from
厨房	chúfáng	kitchen
穿	chuān	wear
传真	chuánzhēn	fax
船	chuán	ship
窗户	chuānghù	window
春	chūn	spring
词典	cídiǎn	dictionary
词语	cíyǔ	words
次	cì	times
聪明	cōngmíng	clever
从	cóng	from
从来	cónglái	never
粗心	cūxīn	careless
存	cún	save
错	cuò	wrong
错误	cuòwù	wrong
答案	dá'àn	answer
打扮	dǎbàn	dress up
打电话	dǎ diànhuà	call
打篮球	dǎ lánqiú	play basketball
打扰	dǎrǎo	disturb

打扫	dǎsǎo	clean
打算	dǎsuàn	intend
打印	dǎyìn	print
打招呼	dǎzhāohū	say hello
打折	dǎzhé	discount
打针	dǎzhēn	injections
大	dà	big
大概	dàgài	probably
大家	dàjiā	everyone
大使馆	dàshǐ guǎn	embassy
大约	dàyuē	about
大夫	dàfū	doctor
带	dài	band
戴	dài	wore
担心	dānxīn	worry
蛋糕	dàngāo	cake
当	dāng	when
当然	dāngrán	of course
当时	dāngshí	then
刀	dāo	knife
导游	dǎoyóu	tourist guide
到	dào	to
到处	dàochù	everywhere
到底	dàodǐ	in the end
倒	dào	down
道歉	dàoqiàn	apologize
得意	déyì	proud
地（助词）	de (zhùcí)	(particle)
的	de	of
得（助词）	dé (zhùcí)	(particle)
得（助动词）	dé (zhùdòngcí)	get
灯	dēng	light
登机牌	dēng jī pái	boarding pass
等（助词）	děng (zhùcí)	etc.
等（动词）	děng (dòngcí)	wait (verb)

低	dī	low
底	dǐ	bottom
地点	dìdiǎn	location
地方	dìfāng	place
地球	dìqiú	earth
地铁	dìtiě	subway
地图	dìtú	map
地址	dìzhǐ	address
弟弟	dìdì	little brother
第一	dì yī	the first
点	diǎn	point
电脑	diànnǎo	computer
电视	diànshì	TV
电梯	diàntī	elevator
电影	diànyǐng	the film
电子邮件	diànzǐ yóujiàn	e-mail
调查	diàochá	survey
掉	diào	off
丢	diū	throw
东	dōng	east
东西	dōngxī	thing
冬	dōng	winter
懂	dǒng	understand
动物	dòngwù	animal
动作	dòngzuò	action
都	dōu	all
读	dú	read
堵车	dǔchē	traffic jam
肚子	dùzi	belly
短	duǎn	short
短信	duǎnxìn	sms
段	duàn	segment
锻炼	duànliàn	work out
对（形容词）	duì (xíngróngcí)	right (adjective)
对（介词）	duì (jiècí)	to (preposition)

对不起	duìbùqǐ	I am sorry
对话	duìhuà	dialogue
对面	duìmiàn	opposite
对于	duìyú	for
多	duō	many
多么	duōme	how
多少	duōshǎo	how many
饿	è	hungry
儿童	értóng	child
儿子	érzi	son
而	ér	and
耳朵	ěrduǒ	ear
二	èr	two
发	fā	hair
发烧	fāshāo	fever
发生	fāshēng	occur
发现	fāxiàn	find
发展	fāzhǎn	development of
法律	fǎlǜ	law
翻译	fānyì	translation
烦恼	fánnǎo	upset
反对	fǎnduì	oppose
饭店	fàndiàn	restaurant
方便	fāngbiàn	convenience
方法	fāngfǎ	method
方面	fāngmiàn	aspect
方向	fāngxiàng	direction
房东	fángdōng	landlord
房间	fángjiān	room
放	fàng	put
放弃	fàngqì	give up
放暑假	fàng shǔjià	summer holiday
放松	fàngsōng	relax
放心	fàngxīn	rest assured
飞机	fēijī	aircraft

非常	fēicháng	very much
分	fēn	seperate
分钟	fēnzhōng	minutes
份	fèn	copies
丰富	fēngfù	rich
否则	fǒuzé	otherwise
服务员	fúwùyuán	waiter
符合	fúhé	accord with
父亲	fùqīn	father
付款	fùkuǎn	payment
负责	fùzé	be responsible for
附近	fùjìn	nearby
复习	fùxí	review
复印	fùyìn	copy
复杂	fùzá	complex
富	fù	rich
改变	gǎibiàn	change
干杯	gānbēi	cheers
干净	gānjìng	clean
赶	gǎn	rush
敢	gǎn	dare
感动	gǎndòng	moving
感觉	gǎnjué	feel
感冒	gǎnmào	cold
感情	gǎnqíng	feeling
感谢	gǎnxiè	thank
感兴趣	gǎn xìngqù	interested
干	gàn	dry
刚	gāng	just
刚才	gāng cái	just now
高	gāo	high
高速公路	gāosù gōnglù	highway
高兴	gāoxìng	happy
告诉	gàosù	tell
哥哥	gēgē	brother

胳膊	gēbó	arm
个	gè	piece
个子	gèzi	stature
各	gè	each
给	gěi	give
根据	gēnjù	according to
跟	gēn	with
更	gèng	more
工资	gōngzī	wage
工作	gōngzuò	jobs
公共汽车	gōnggòng qìchē	bus
公斤	gōngjīn	kg
公里	gōnglǐ	km
公司	gōngsī	the company
公园	gōngyuán	park
功夫	gōngfū	effort
共同	gòngtóng	common
狗	gǒu	dog
购物	gòuwù	shopping
够	gòu	enough
估计	gūjì	estimate
鼓励	gǔlì	encourage
故事	gùshì	story
故意	gùyì	deliberately
顾客	gùkè	customer
刮风	guā fēng	windy
挂	guà	hang
关	guān	turn off
关键	guānjiàn	the essential
关系	guānxì	relationship
关心	guānxīn	concern
关于	guānyú	on
观众	guānzhòng	audience
管理	guǎnlǐ	management
光	guāng	light

广播	guǎngbò	broadcast
广告	guǎnggào	advertising
逛	guàng	visit
规定	guīdìng	provisions
贵	guì	expensive
国籍	guójí	country of citizenship
国际	guójì	international
国家	guójiā	country
果汁	guǒ zhī	fruit juice
过（动词）	guò (dòngcí)	pass
过程	guòchéng	process
过去	guò qù	past
过（助词）	guò (zhùcí)	excuse me
还（副词）	hái (fùcí)	also (adverb)
还是	háishì	still is
孩子	háizi	child
海洋	hǎiyáng	ocean
害怕	hàipà	fear
害羞	hàixiū	shy
寒假	hánjià	winter vacation
汉语	hànyǔ	Chinese
汗	hàn	sweat
航班	hángbān	flight
好	hǎo	it is good
好吃	hào chī	good to eat
好处	hǎochù	benefit
好像	hǎoxiàng	like
号	hào	number
号码	hàomǎ	number
喝	hē	drink
合格	hégé	qualified
合适	héshì	suitable
和	hé	with
盒子	hézi	box
黑	hēi	black

黑板	hēibǎn	blackboard
很	hěn	very
红	hóng	red
后悔	hòuhuǐ	regret
后来	hòulái	later
后面	hòumiàn	behind
厚	hòu	thick
互联网	hùliánwǎng	the Internet
互相	hùxiāng	each other
护士	hùshì	nurse
护照	hùzhào	passport
花（名词）	huā (míngcí)	flower
花（动词）	huā (dòngcí)	spend (verb)
画	huà	painting
怀疑	huáiyí	doubt
坏	huài	bad
欢迎	huānyíng	welcome
还（动词）	huán (dòngcí)	return (verb)
环境	huánjìng	surroundings
换	huàn	change
黄河	huánghé	Yellow River
回	huí	back
回答	huídá	reply
回忆	huíyì	memories
会	huì	meeting
会议	huìyì	meeting
活动	huódòng	activity
活泼	huópō	lively
火	huǒ	fire
火车站	huǒchē zhàn	train station
或者	huòzhě	or
获得	huòdé	get
几乎	jīhū	almost
机场	jīchǎng	airport
机会	jīhuì	opportunity

鸡蛋	jīdàn	egg
积极	jījí	positive
积累	jīlěi	accumulation
基础	jīchǔ	basis
激动	jīdòng	excitement
及时	jíshí	timely
极	jí	pole
即使	jíshǐ	even if
几	jǐ	few
计划	jìhuà	plan
记得	jìdé	remember
记者	jìzhě	reporter
技术	jìshù	technology
季节	jìjié	season
既然	jìrán	since
继续	jìxù	carry on
寄	jì	send
加班	jiābān	overtime
加油站	jiāyóu zhàn	gas station
家	jiā	family
家具	jiājù	furniture
假	jiǎ	false
价格	jiàgé	price
坚持	jiānchí	adhere to
检查	jiǎnchá	an examination
减肥	jiǎnféi	lose weight
减少	jiǎnshǎo	cut back
简单	jiǎndān	simple
见面	jiànmiàn	meet
件	jiàn	piece
建议	jiànyì	suggest
健康	jiànkāng	health
将来	jiānglái	future
讲	jiǎng	speak
奖金	jiǎngjīn	bonus

降低	jiàngdī	reduce
降落	jiàngluò	landing
交	jiāo	cross
交流	jiāoliú	communicate with
交通	jiāotōng	traffic
郊区	jiāoqū	suburbs
骄傲	jiāo'ào	proud
教	jiào	teach
角	jiǎo	angle
饺子	jiǎozi	dumplings
脚	jiǎo	foot
叫	jiào	call
教室	jiàoshì	classroom
教授	jiàoshòu	professor
教育	jiàoyù	education
接	jiē	pick up
接受	jiēshòu	accept
接着	jiēzhe	then
街道	jiēdào	street
节	jié	festival
节目	jiémù	program
节日	jiérì	festival
节约	jiéyuē	saving
结果	jiéguǒ	result
结婚	jiéhūn	marry
结束	jiéshù	end
姐姐	jiějiě	sister
解决	jiějué	solve
解释	jiěshì	explanation
介绍	jièshào	introduction
借	jiè	borrow
今天	jīntiān	today
尽管	jǐnguǎn	in spite of
紧张	jǐnzhāng	tension
进	jìn	enter

进行	jìnxíng	get on
近	jìn	near
禁止	jìnzhǐ	prohibited
京剧	jīngjù	Beijing Opera
经常	jīngcháng	often
经过	jīngguò	after
经济	jīngjì	economic
经理	jīnglǐ	manager
经历	jīnglì	experience
经验	jīngyàn	experience
精彩	jīngcǎi	wonderful
景色	jǐngsè	scenery
警察	jǐngchá	policemen
竞争	jìngzhēng	competition
竟然	jìngrán	unexpectedly
镜子	jìngzi	mirror
究竟	jiūjìng	exactly
九	jiǔ	nine
久	jiǔ	long
旧	jiù	old
就	jiù	on
举	jǔ	lift
举办	jǔbàn	organized
举行	jǔxíng	hold
句子	jùzi	sentence
拒绝	jùjué	refuse
距离	jùlí	distance
聚会	jùhuì	get together
决定	juédìng	decided
觉得	juédé	think
咖啡	kāfēi	coffee
开	kāi	open
开始	kāishǐ	start
开玩笑	kāiwánxiào	joke
开心	kāixīn	happy

看	kàn	look
看法	kànfǎ	view
看见	kànjiàn	see
考虑	kǎolǜ	consider
考试	kǎoshì	examination
烤鸭	kǎoyā	roast duck
科学	kēxué	science
棵	kē	piece
咳嗽	késòu	cough
可爱	kě'ài	lovely
可怜	kělián	poor
可能	kěnéng	may
可是	kěshì	but
可惜	kěxí	unfortunately
可以	kěyǐ	can
渴	kě	thirsty
刻	kè	engraved
客人	kèrén	the guests
客厅	kètīng	living room
课	kè	lesson
肯定	kěndìng	sure
空	kōng	air
空气	kōngqì	air
空调	kòngtiáo	air conditioning
恐怕	kǒngpà	I am afraid
口	kǒu	mouth
哭	kū	cry
苦	kǔ	bitter
裤子	kùzi	pants
块	kuài	piece
快	kuài	fast
快乐	kuàilè	happy
筷子	kuàizi	chopsticks
矿泉水	kuàngquán shuǐ	mineral water
困	kùn	sleepy

困难	kùnnán	difficult
垃圾桶	lèsè tǒng	trash can
拉	lā	pull
辣	là	hot
来	lái	come
来不及	láibují	too late
来得及	láidéjí	there's still time
来自	láizì	from
蓝	lán	blue
懒	lǎn	lazy
浪费	làngfèi	waste
浪漫	làngmàn	romantic
老	lǎo	old
老虎	lǎohǔ	tiger
老师	lǎo shī	teacher
了	le	it's
累	lèi	tired
冷	lěng	cold
冷静	lěngjìng	calm
离	lí	from
离开	líkāi	go away
礼拜天	lǐbài tiān	sunday
礼貌	lǐmào	courtesy
礼物	lǐwù	gift
里	lǐ	in
理发	lǐfǎ	haircut
理解	lǐjiě	understanding
理想	lǐxiǎng	ideal
力气	lìqì	strength
历史	lìshǐ	history
厉害	lìhài	amazing
例如	lìrú	e.g
俩	liǎ	both
连	lián	even
联系	liánxì	contact

脸	liǎn	face
练习	liànxí	exercise
凉快	liángkuai	cool
两	liǎng	two
辆	liàng	piece
聊天	liáotiān	to chat with
了解	liǎojiě	understand
邻居	línjū	neighbor
零	líng	zero
零钱	líng qián	small change
另外	lìngwài	in addition
留	liú	stay
留学	liúxué	study abroad
流利	liúlì	fluent
流行	liúxíng	popular
六	liù	six
楼	lóu	floor
路	lù	road
旅行	lǚxíng	travel
旅游	lǚyóu	travel
律师	lǜshī	lawyer
绿	lǜ	green
乱	luàn	chaos
妈妈	māmā	mom
麻烦	máfan	trouble
马	mǎ	horse
马虎	mǎhǔ	careless
马上	mǎshàng	immediately
吗	ma	(particle)
买	mǎi	buy
卖	mài	sell
满	mǎn	full
满意	mǎnyì	satisfaction
慢	màn	slow
忙	máng	busy

猫	māo	cat
毛	máo	hair
毛巾	máojīn	towel
帽子	màozi	hat
没关系	méiguānxì	it's ok
没有	méiyǒu	no
每	měi	each
美丽	měilì	beautiful
妹妹	mèimei	younger sister
门	mén	door
梦	mèng	dream
迷路	mílù	get lost
米	mǐ	meter
米饭	mǐfàn	rice
密码	mìmǎ	password
免费	miǎnfèi	free
面包	miànbāo	bread
面条	miàntiáo	noodles
秒	miǎo	second
民族	mínzú	ethnic
名字	míngzì	first name
明白	míngbái	understand
明天	míngtiān	tomorrow
母亲	mǔqīn	mother
目的	mùdì	purpose
拿	ná	take
哪	nǎ	where
哪儿	nǎ'er	where
那	nà	that
奶奶	nǎinai	grandmother
耐心	nàixīn	patient
男	nán	male
南	nán	south
难	nán	difficult
难道	nándào	could it be said that

难过	nánguò	sad
难受	nánshòu	uncomfortable
呢	ne	(particle)
内	nèi	inside
内容	nèiróng	content
能	néng	can
能力	nénglì	ability
你	nǐ	you
年	nián	year
年级	niánjí	grade
年龄	niánlíng	age
年轻	niánqīng	young
鸟	niǎo	bird
您	nín	you
牛奶	niúnǎi	milk
弄	nòng	do
努力	nǔlì	work hard
女	nǚ	female
女儿	nǚ'ér	daughter
暖和	nuǎnhuo	warm
偶尔	ǒu'ěr	occasionally
爬山	páshān	mountain climbing
排队	páiduì	line up
排列	páiliè	arrangement
盘子	pánzi	plate
判断	pànduàn	judgment
旁边	pángbiān	next to
胖	pàng	fat
跑步	pǎobù	run
陪	péi	accompany
朋友	péngyǒu	friend
批评	pīpíng	criticism
皮肤	pífū	skin
皮鞋	píxié	leather shoes
啤酒	píjiǔ	beer

脾气	píqì	temper
篇	piān	articles
便宜	piányí	cheaper
骗	piàn	cheat
票	piào	tickets
漂亮	piàoliang	pretty
乒乓球	pīngpāng qiú	pingpong
平时	píngshí	usually
苹果	píngguǒ	apple
瓶子	píngzi	bottle
破	pò	broken
葡萄	pútáo	grape
普遍	pǔbiàn	universal
普通话	pǔtōnghuà	mandarin
七	qī	seven
妻子	qīzi	wife
其次	qícì	second
其实	qíshí	in fact
其他	qítā	other
其中	qízhōng	among them
奇怪	qíguài	strange
骑	qí	ride
起床	qǐchuáng	get up
起飞	qǐfēi	take off
起来	qǐlái	stand up
气候	qìhòu	climate
千	qiān	thousands
千万	qiān wàn	thousands
铅笔	qiānbǐ	pencil
签证	qiānzhèng	visa
前面	qiánmiàn	front
钱	qián	money
敲	qiāo	knock
桥	qiáo	bridge
巧克力	qiǎokèlì	chocolate

亲戚	qīnqī	relative
轻	qīng	light
轻松	qīngsōng	easy
清楚	qīngchǔ	clear
情况	qíngkuàng	happening
晴	qíng	clear
请	qǐng	please
请假	qǐngjià	ask for leave
穷	qióng	poor
秋	qiū	autumn
区别	qūbié	the difference
取	qǔ	take
去	qù	go
去年	qùnián	last year
全部	quánbù	all
缺点	quēdiǎn	disadvantages
缺少	quēshǎo	lack
却	què	but
确实	quèshí	indeed
裙子	qúnzi	skirt
然而	rán'ér	however
然后	ránhòu	then
让	ràng	let
热	rè	hot
热闹	rènào	lively
热情	rèqíng	enthusiasm
人	rén	people
认识	rènshì	understanding
认为	rènwéi	think
认真	rènzhēn	serious
任何	rènhé	any
任务	rènwù	task
扔	rēng	throw
仍然	réngrán	still
日	rì	day

日记	rìjì	diary
容易	róngyì	easy
如果	rúguǒ	in case
入口	rùkǒu	entrance
三	sān	three
伞	sǎn	umbrella
散步	sànbù	walking
森林	sēnlín	forest
沙发	shāfā	sofa
伤心	shāngxīn	sad
商店	shāngdiàn	store
商量	shāngliáng	discuss
上	shàng	on
上班	shàngbān	go to work
上网	shàngwǎng	surf the Internet
上午	shàngwǔ	morning
稍微	shāowéi	a little
勺子	sháozi	spoon
少	shǎo	less
社会	shèhuì	society
谁	shéi	who
申请	shēnqǐng	application
身体	shēntǐ	body
深	shēn	deep
什么	shénme	what
甚至	shènzhì	even
生病	shēngbìng	ill
生活	shēnghuó	life
生命	shēngmìng	life
生气	shēngqì	pissed off
生日	shēngrì	birthday
生意	shēngyì	business
声音	shēngyīn	sound
省	shěng	province
剩	shèng	left

失败	shībài	failure
失望	shīwàng	disappointed
师傅	shīfù	master
十	shí	ten
十分	shí fēn	very
时候	shíhòu	time
时间	shíjiān	time
实际	shíjì	actual
实在	shízài	really
使	shǐ	make
使用	shǐyòng	use
世纪	shìjì	century
世界	shìjiè	world
事情	shìqíng	things
试	shì	test
是	shì	yes
是否	shìfǒu	whether
适合	shìhé	suitable for
适应	shìyìng	adapt
收	shōu	close
收入	shōurù	income
收拾	shōushí	pack
手表	shǒubiǎo	watch
手机	shǒujī	cell phone
首都	shǒudū	capital
首先	shǒuxiān	first of all
受不了	shòu bùliǎo	can not stand it
受到	shòudào	received
售货员	shòuhuòyuán	salesman
瘦	shòu	thin
书	shū	book
叔叔	shūshu	uncle
舒服	shūfú	comfortable
输	shū	lose
熟悉	shúxī	familiar with

树	shù	tree
数量	shùliàng	quantity
数学	shùxué	mathematics
数字	shùzì	digital
刷牙	shuāyá	brushing teeth
帅	shuài	handsome
双	shuāng	double
水	shuǐ	water
水果	shuǐguǒ	fruit
水平	shuǐpíng	level
睡觉	shuìjiào	go to bed
顺便	shùnbiàn	by the way
顺利	shùnlì	smoothly
顺序	shùnxù	order
说	shuō	say
说话	shuōhuà	speak
说明	shuōmíng	description
硕士	shuòshì	master's degree
司机	sījī	driver
死	sǐ	dead
四	sì	four
送	sòng	give away
速度	sùdù	speed
塑料袋	sùliào dài	plastic bags
酸	suān	acid
虽然……但是……	suīrán……dànshì……	however, although……
随便	suíbiàn	casual
随着	suízhe	along with
岁	suì	year
孙子	sūnzi	grandson
所有	suǒyǒu	all
他	tā	he
它	tā	it
她	tā	she
台	tái	station

抬	tái	lift
太	tài	too
太阳	tàiyáng	Sun
态度	tàidù	attitude
谈	tán	talk
弹钢琴	dàn gāngqín	play piano
汤	tāng	soup
糖	táng	sugar
躺	tǎng	lie down
趟	tàng	trip
讨论	tǎolùn	discuss
讨厌	tǎoyàn	hate
特别	tèbié	especially
特点	tèdiǎn	features
疼	téng	pain
踢足球	tī zúqiú	play football
提	tí	carry
提高	tígāo	improve
提供	tígōng	provide
提前	tíqián	in advance
提醒	tíxǐng	remind
题	tí	question
体育	tǐyù	physical education
天气	tiānqì	weather
甜	tián	sweet
填空	tiánkòng	fill in the blank
条	tiáo	article
条件	tiáojiàn	condition
跳舞	tiàowǔ	dancing
听	tīng	listen
停	tíng	stop
挺	tǐng	very
通过	tōngguò	by
通知	tōngzhī	notice
同情	tóngqíng	sympathy

同时	tóngshí	simultaneously
同事	tóngshì	colleague
同学	tóngxué	classmate
同意	tóngyì	agree
头发	tóufǎ	hair
突然	túrán	suddenly
图书馆	túshū guǎn	library
推	tuī	push
推迟	tuīchí	put off
腿	tuǐ	leg
脱	tuō	off
袜子	wàzi	sock
外	wài	outside
完	wán	finish
完成	wánchéng	carry out
完全	wánquán	complete
玩	wán	play
晚上	wǎnshàng	night
碗	wǎn	bowl
万	wàn	million
网球	wǎngqiú	tennis
网站	wǎngzhàn	website
往	wǎng	to
往往	wǎngwǎng	often
忘记	wàngjì	forget
危险	wéixiǎn	danger
卫生间	wèishēngjiān	bathroom
为	wèi	for
为了	wèile	in order to
为什么	wèishéme	why
位	wèi	place
味道	wèidào	taste
喂（叹词）	wèi (tàn cí)	hello (interjection)
温度	wēndù	temperature
文化	wénhuà	culture

文章	wénzhāng	article
问	wèn	ask
问题	wèntí	question
我	wǒ	I
我们	wǒmen	we
污染	wūrǎn	pollution
无	wú	no
无聊	wúliáo	bored
无论	wúlùn	regardless
五	wǔ	fives
误会	wùhuì	misunderstanding
西	xī	west
西瓜	xīguā	watermelon
西红柿	xīhóngshì	tomato
吸引	xīyǐn	attract
希望	xīwàng	hope
习惯	xíguàn	habit
洗	xǐ	wash
洗手间	xǐshǒujiān	rest room
洗澡	xǐzǎo	take a bath
喜欢	xǐhuān	like
下	xià	down
下午	xiàwǔ	afternoon
下雨	xià yǔ	rain
夏	xià	summer
先	xiān	first
先生	xiānshēng	Mr
咸	xián	salty
现金	xiànjīn	cash
现在	xiànzài	just now
羡慕	xiànmù	envy
相反	xiāngfǎn	in contrast
相同	xiāngtóng	the same
相信	xiāngxìn	believe
香	xiāng	fragrant

香蕉	xiāngjiāo	banana
详细	xiángxì	detailed
响	xiǎng	ring
想	xiǎng	think
向	xiàng	to
像	xiàng	like
橡皮	xiàngpí	rubber
消息	xiāoxī	news
小	xiǎo	small
小吃	xiǎochī	snack
小伙子	xiǎohuǒzi	young man
小姐	xiǎojiě	Miss
小时	xiǎoshí	hour
小说	xiǎoshuō	fiction
小心	xiǎoxīn	be careful
校长	xiàozhǎng	principal
笑	xiào	laugh
笑话	xiàohuà	joke
效果	xiàoguǒ	effect
些	xiē	some
写	xiě	write
谢谢	xièxiè	thank
心情	xīnqíng	mood
辛苦	xīnkǔ	hard
新	xīn	new
新闻	xīnwén	news
新鲜	xīnxiān	fresh
信封	xìnfēng	envelope
信息	xìnxī	information
信心	xìnxīn	confidence
信用卡	xìnyòngkǎ	credit card
兴奋	xīngfèn	excited
星期	xīngqí	week
行	xíng	row
行李箱	xínglǐ xiāng	trunk

醒	xǐng	wake
幸福	xìngfú	happy
性别	xìngbié	gender
性格	xìnggé	character
姓	xìng	name
熊猫	xióngmāo	panda
休息	xiūxí	rest
修理	xiūlǐ	repair
需要	xūyào	need
许多	xǔduō	a lot of
选择	xuǎnzé	select
学期	xuéqí	semester
学生	xuéshēng	student
学习	xuéxí	learn
学校	xuéxiào	school
雪	xuě	snow
压力	yālì	pressure
呀	ya	yeah
牙膏	yágāo	toothpaste
亚洲	yàzhōu	asia
严格	yángé	strict
严重	yánzhòng	serious
研究	yánjiū	study
盐	yán	salt
颜色	yánsè	colour
眼睛	yǎnjīng	eyes
眼镜	yǎnjìng	glasses
演出	yǎnchū	show
演员	yǎnyuán	actor
羊肉	yángròu	lamb
阳光	yángguāng	sunlight
养成	yǎng chéng	develop
样子	yàngzi	appearance
要求	yāoqiú	claim
邀请	yāoqǐng	invite

药	yào	medicine
要	yào	want
要是	yàoshi	if
钥匙	yàoshi	key
爷爷	yéyé	grandfather
也	yě	also
也许	yěxǔ	maybe
叶子	yèzi	leaf
页	yè	page
一	yī	one
一般	yībān	general
一边	yībiān	one side
一点儿	yīdiǎn er	a little
一定	yīdìng	for sure
一共	yīgòng	altogether
一会儿	yīhuǐ'er	a while
一起	yīqǐ	together
一切	yīqiè	all
一下	yīxià	one time
一样	yīyàng	same
一直	yīzhí	always
衣服	yīfú	clothes
医生	yīshēng	doctors
医院	yīyuàn	hospital
已经	yǐjīng	already
以	yǐ	to
以前	yǐqián	before
以为	yǐwéi	think
椅子	yǐzi	chair
艺术	yìshù	art
意见	yìjiàn	opinion
意思	yìsi	meaning
因此	yīncǐ	therefore
因为……所以……	yīnwèi……suǒyǐ……	because therefore……
阴	yīn	overcast

音乐	yīnyuè	music
银行	yínháng	bank
引起	yǐnqǐ	cause
饮料	yǐnliào	drink
印象	yìnxiàng	impression
应该	yīnggāi	should
赢	yíng	win
影响	yǐngxiǎng	influences
应聘	yìngpìn	employment
永远	yǒngyuǎn	forever and always
勇敢	yǒnggǎn	brave
用	yòng	use
优点	yōudiǎn	advantage
优秀	yōuxiù	excellent
幽默	yōumò	humor
尤其	yóuqí	especially
由	yóu	by
由于	yóuyú	due to
邮局	yóujú	post office
游戏	yóuxì	game
游泳	yóuyǒng	swim
友好	yǒuhǎo	friendly
友谊	yǒuyì	friendship
有	yǒu	have
有名	yǒumíng	famous
有趣	yǒuqù	interesting
又	yòu	also
右边	yòubiān	right
于是	yúshì	then
鱼	yú	fish
愉快	yúkuài	happy
与	yǔ	versus
羽毛球	yǔmáoqiú	badminton
语法	yǔfǎ	grammar
语言	yǔyán	language

预习	yùxí	preview
遇到	yù dào	encounter
元	yuán	yuan
原来	yuánlái	original
原谅	yuánliàng	forgive
原因	yuányīn	reason
远	yuǎn	far
愿意	yuànyì	willing
约会	yuēhuì	appointment
月	yuè	month
月亮	yuèliàng	moon
阅读	yuèdú	read
越	yuè	more
云	yún	cloud
允许	yǔnxǔ	allow
运动	yùndòng	exercise
杂志	zázhì	magazine
再	zài	again
再见	zàijiàn	goodbye
在	zài	in
咱们	zánmen	we
暂时	zànshí	temporarily
脏	zàng	dirty
早上	zǎoshang	morning
责任	zérèn	responsibility
怎么	zěnme	how
怎么样	zěnme yàng	how about it
增加	zēngjiā	increase
占线	zhànxiàn	busy
站	zhàn	station
张	zhāng	zhang, stretch
长（动词）	zhǎng (dòngcí)	grow (verb)
丈夫	zhàngfū	husband
招聘	zhāopìn	recruitment
着急	zhāojí	anxious

找	zhǎo	find
照	zhào	according to
照顾	zhàogù	take care
照片	zhàopiàn	photo
照相机	zhàoxiàngjī	camera
这	zhè	this
着	zhe	with
真	zhēn	really
真正	zhēnzhèng	real
整理	zhěnglǐ	sort out
正常	zhèngcháng	normal
正好	zhènghǎo	exactly
正确	zhèngquè	correct
正式	zhèngshì	formal
正在	zhèngzài	in the process of
证明	zhèngmíng	prove
之	zhī	it
支持	zhīchí	stand by
只（量词）	zhǐ (liàngcí)	piece
知道	zhīdào	know
知识	zhīshì	knowledge
直接	zhíjiē	direct
值得	zhídé	be worth
职业	zhíyè	occupation
植物	zhíwù	plant
只（副词）	zhǐ (fùcí)	only (adverb)
只好	zhǐhǎo	only
只要	zhǐyào	as long as
只有……才……	zhǐyǒu……cái……	only ...
指	zhǐ	direct
至少	zhìshǎo	at least
质量	zhìliàng	quality
中国	zhōngguó	China
中间	zhōngjiān	intermediate
中文	zhōngwén	Chinese

中午	zhōngwǔ	noon
终于	zhōngyú	at last
种（量词）	zhǒng (liàngcí)	species (quantifiers)
重	zhòng	heavy
重点	zhòngdiǎn	focus
重视	zhòngshì	pay attention
重要	zhòngyào	important
周末	zhōumò	weekend
周围	zhōuwéi	around
主要	zhǔyào	main
主意	zhǔyì	idea
住	zhù	live
注意	zhùyì	note
祝贺	zhùhè	congratulate
著名	zhùmíng	famous
专门	zhuānmén	specialized
专业	zhuānyè	profession
转	zhuǎn	turn
赚	zhuàn	earn
准备	zhǔnbèi	ready
准确	zhǔnquè	accurate
准时	zhǔnshí	on time
桌子	zhuōzi	table
仔细	zǐxì	careful
自己	zìjǐ	myself
自然	zìrán	natural
自信	zìxìn	confidence
自行车	zìxíngchē	bicycle
字	zì	word
总结	zǒngjié	to sum up
总是	zǒng shì	always
走	zǒu	go
租	zū	rent
嘴	zuǐ	mouth
最	zuì	most

最好	zuì hǎo	the best
最后	zuìhòu	at last
最近	zuìjìn	recent
尊重	zūnzhòng	respect
昨天	zuótiān	yesterday
左边	zuǒbiān	left
左右	zuǒyòu	about
作家	zuòjiā	writer
作业	zuòyè	operation
作用	zuòyòng	effect
作者	zuòzhě	author
坐	zuò	sit
座	zuò	seat
座位	zuòwèi	seat
做	zuò	do

New HSK Level Five 2500 Words

词汇	Pinyin	English
阿姨	Āyí	auntie
啊	a	what
哎	āi	hey
唉	āi	ugh
矮	ǎi	short
爱	ài	love
爱好	àihào	hobbies
爱护	àihù	love
爱情	àiqíng	love
爱惜	àixī	cherish
爱心	àixīn	love
安静	ānjìng	be quiet
安排	ānpái	arrangement
安全	ānquán	safety
安慰	ānwèi	comfort
安装	ānzhuāng	install
岸	àn	shore
按时	ànshí	on time
按照	ànzhào	according to
暗	àn	dark
熬夜	áoyè	stay up late
八	bā	eight
把	bǎ	put
把握	bǎwò	grasp
爸爸	bàba	dad
吧	ba	(auxiliary word)
白	bái	white
百	bǎi	one hundred
百分之	bǎi fēn zhī	percent
摆	bǎi	put

班	bān	class
搬	bān	move
办法	bànfǎ	method
办公室	bàngōngshì	office
办理	bànlǐ	handle
半	bàn	half
帮忙	bāngmáng	help
帮助	bāngzhù	help
棒	bàng	excellent
傍晚	bàngwǎn	evening
包	bāo	package
包裹	bāoguǒ	package
包含	bāohán	contains
包括	bāokuò	include
包子	bāozi	bun
薄	báo	thin
饱	bǎo	full
宝贝	bǎobèi	baby
宝贵	bǎoguì	valuable
保持	bǎochí	keep it
保存	bǎocún	save
保护	bǎohù	protection
保留	bǎoliú	keep
保险	bǎoxiǎn	insurance
保证	bǎozhèng	guarantee
报到	bàodào	check in
报道	bàodào	reported
报告	bàogào	report
报名	bàomíng	sign up
报社	bàoshè	newspaper
报纸	bàozhǐ	newspaper
抱	bào	hold
抱歉	bàoqiàn	sorry
抱怨	bàoyuàn	complain
杯子	bēizi	cup

背	bèi	back
悲观	bēiguān	pessimistic
北方	běifāng	north
北京	běijīng	Beijing
背景	bèijǐng	background
倍	bèi	times
被	bèi	be
被子	bèizi	quilt
本	běn	original
本科	běnkē	undergraduate
本来	běnlái	originally
本领	běnlǐng	ability
本质	běnzhí	nature
笨	bèn	stupid
鼻子	bízi	nose
比	bǐ	than
比较	bǐjiào	compare
比例	bǐlì	proportion
比如	bǐrú	such as
比赛	bǐsài	game
彼此	bǐcǐ	each other
笔记本	bǐjìběn	notebook
必然	bìrán	necessary
必须	bìxū	have to
必要	bìyào	necessary
毕竟	bìjìng	after all
毕业	bìyè	graduation
避免	bìmiǎn	avoid
编辑	biānjí	edit
鞭炮	biānpào	firecracker
变化	biànhuà	variety
便	biàn	will
遍	biàn	all over
辩论	biànlùn	debate
标点	biāo diǎn	punctuation

标志	biāozhì	sign
标准	biāozhǔn	standard
表达	biǎodá	expression
表格	biǎogé	form
表面	biǎomiàn	surface
表明	biǎomíng	show that
表情	biǎoqíng	expression
表示	biǎoshì	said
表现	biǎoxiàn	behave
表演	biǎoyǎn	performance
表扬	biǎoyáng	praise
别	bié	do not
别人	biérén	other people
宾馆	bīnguǎn	hotel
冰激凌	bīngjīlíng	ice cream
冰箱	bīngxiāng	refrigerator
饼干	bǐnggān	cookies
并且	bìngqiě	and
病毒	bìngdú	virus
玻璃	bōlí	glass
播放	bōfàng	play
脖子	bózi	neck
博士	bóshì	Dr.
博物馆	bówùguǎn	museum
补充	bǔchōng	supplement
不	bù	do not
不安	bù'ān	uneasy
不但……而且……	bùdàn……érqiě……	not only but also……
不得不	bùdé bù	have to
不得了	bùdéle	incredible
不断	bùduàn	constantly
不管	bùguǎn	regardless of
不过	bùguò	but
不见得	bùjiàn dé	not necessarily
不仅	bùjǐn	not only

不客气	bù kèqì	you're welcome
不耐烦	bù nàifán	impatient
不然	bùrán	otherwise
不如	bùrú	not as good
不要紧	bùyàojǐn	it does not matter
不足	bùzú	insufficient
布	bù	cloth
步骤	bùzhòu	step
部分	bùfèn	section
部门	bùmén	department
擦	cā	rub
猜	cāi	guess
材料	cáiliào	material
财产	cáichǎn	property
采访	cǎifǎng	interview
采取	cǎiqǔ	take
彩虹	cǎihóng	rainbow
踩	cǎi	step on
菜	cài	dish
菜单	càidān	menu
参观	cānguān	visit
参加	cānjiā	participate
参考	cānkǎo	reference
参与	cānyù	participate
餐厅	cāntīng	restaurant
惭愧	cánkuì	ashamed
操场	cāochǎng	playground
操心	cāoxīn	worry
草	cǎo	grass
册	cè	book
厕所	cèsuǒ	rest room
测验	cèyàn	quiz
层	céng	floor
曾经	céngjīng	once
叉子	chāzi	fork

差距	chājù	gap
插	chā	insert
茶	chá	tea
差	chà	difference
差不多	chàbùduō	almost
拆	chāi	remove
产品	chǎnpǐn	product
产生	chǎnshēng	produced
长（形容词）	cháng (xíngróngcí)	long (adjective)
长城	chángchéng	Great Wall
长江	chángjiāng	Yangtze
长途	chángtú	long distance
尝	cháng	taste
常识	chángshì	common sense
场	chǎng	field
唱歌	chànggē	singing
抄	chāo	copy
超过	chāoguò	exceed
超级	chāojí	super
超市	chāoshì	supermarket
朝	cháo	towards
潮湿	cháoshī	wet
吵	chǎo	noisy
吵架	chǎojià	quarrel
炒	chǎo	fried
车库	chēkù	garage
车厢	chēxiāng	car
彻底	chèdǐ	thoroughly
沉默	chénmò	silence
衬衫	chènshān	shirt
趁	chèn	take advantage of
称	chēng	said
称呼	chēnghu	call
称赞	chēngzàn	praise
成分	chéngfèn	ingredients

成功	chénggōng	success
成果	chéngguǒ	results
成绩	chéngjī	score
成就	chéngjiù	achievements
成立	chénglì	set up
成人	chéngrén	adult
成熟	chéngshú	mature
成为	chéngwéi	become
成语	chéngyǔ	idioms
成长	chéngzhǎng	growing up
诚恳	chéngkěn	sincere
诚实	chéngshí	honest
承担	chéngdān	bear
承认	chéngrèn	admit
承受	chéngshòu	bear
城市	chéngshì	city
乘坐	chéngzuò	ride
程度	chéngdù	degree
程序	chéngxù	program
吃	chī	eat
吃惊	chījīng	be surprised
吃亏	chīkuī	loss
池塘	chítáng	pond
迟到	chídào	to be late
迟早	chízǎo	sooner or later
持续	chíxù	continued
尺子	chǐzi	ruler
翅膀	chìbǎng	wings
冲	chōng	rush
充电器	chōngdiàn qì	charger
充分	chōngfèn	full
充满	chōngmǎn	full
重复	chóngfù	repeat
重新	chóngxīn	re-
宠物	chǒngwù	pet

抽屉	chōutì	drawer
抽象	chōuxiàng	abstraction
抽烟	chōuyān	smokes
丑	chǒu	ugly
臭	chòu	smelly
出	chū	out
出版	chūbǎn	published
出差	chūchāi	business trip
出发	chūfā	set off
出口	chūkǒu	export
出色	chūsè	excellent
出生	chūshēng	born
出示	chūshì	show
出席	chūxí	attend
出现	chūxiàn	appear
出租车	chūzū chē	taxi
初级	chūjí	beginner
除非	chúfēi	unless
除了	chúle	apart from
除夕	chúxì	New Year's Eve
厨房	chúfáng	kitchen
处理	chǔlǐ	deal with
穿	chuān	wear
传播	chuánbò	spread
传染	chuánrǎn	infection
传说	chuánshuō	legend
传统	chuántǒng	tradition
传真	chuánzhēn	fax
船	chuán	ship
窗户	chuānghù	window
窗帘	chuānglián	curtains
闯	chuǎng	chuang
创造	chuàng zào	create
吹	chuī	blow
春	chūn	spring

词典	cídiǎn	dictionary
词汇	cíhuì	vocabulary
词语	cíyǔ	words
辞职	cízhí	resign
此外	cǐwài	in addition
次	cì	times
次要	cì yào	secondary
刺激	cìjī	stimulation
匆忙	cōngmáng	hurry
聪明	cōngmíng	clever
从	cóng	from
从此	cóngcǐ	from then on
从而	cóng'ér	thus
从来	cónglái	never
从前	cóngqián	formerly
从事	cóngshì	engaged
粗糙	cūcāo	rough
粗心	cūxīn	careless
促进	cùjìn	promote
促使	cùshǐ	promote
醋	cù	vinegar
催	cuī	reminder
存	cún	save
存在	cúnzài	exist
措施	cuòshī	measures
错	cuò	wrong
错误	cuòwù	wrong
答应	dāyìng	promise
达到	dádào	reached
答案	dá'àn	answer
打扮	dǎbàn	dress up
打电话	dǎ diànhuà	call
打工	dǎgōng	work
打交道	dǎjiāodào	deal with
打篮球	dǎ lánqiú	play basketball

打喷嚏	dǎ pēntì	sneeze
打扰	dǎrǎo	disturb
打扫	dǎsǎo	clean
打算	dǎsuàn	intend
打听	dǎtīng	inquire
打印	dǎyìn	print
打招呼	dǎzhāohū	say hello
打折	dǎzhé	discount
打针	dǎzhēn	injections
大	dà	big
大方	dà fāng	generous
大概	dàgài	probably
大家	dàjiā	everyone
大厦	dàshà	building
大使馆	dàshǐ guǎn	embassy
大象	dà xiàng	elephant
大型	dàxíng	large
大约	dàyuē	about
呆	dāi	stay
大夫	dàfū	doctor
代表	dàibiǎo	representative
代替	dàitì	instead
带	dài	band
贷款	dàikuǎn	loan
待遇	dàiyù	treatment
戴	dài	wore
担任	dānrèn	hold a post
担心	dānxīn	worry
单纯	dānchún	simple
单调	dāndiào	monotonous
单独	dāndú	alone
单位	dānwèi	unit
单元	dānyuán	unit
耽误	dānwù	hold up
胆小鬼	dǎnxiǎoguǐ	cowardly

淡	dàn	light
蛋糕	dàngāo	cake
当	dāng	when
当地	dāng dì	local
当然	dāngrán	of course
当时	dāngshí	then
当心	dāngxīn	be careful
挡	dǎng	block
刀	dāo	knife
导演	dǎoyǎn	director
导游	dǎoyóu	tourist guide
导致	dǎozhì	resulting in
岛屿	dǎoyǔ	islands
倒霉	dǎoméi	unlucky
到	dào	to
到处	dàochù	everywhere
到达	dàodá	arrivals
到底	dàodǐ	in the end
倒	dào	down
道德	dào dé	morality
道理	dàolǐ	reason
道歉	dàoqiàn	apologize
得意	déyì	proud
地（助词）	de (zhùcí)	(particle)
的	de	of
得（助词）	dé (zhùcí)	(particle)
得（助动词）	dé (zhùdòngcí)	get
灯	dēng	light
登机牌	dēng jī pái	boarding pass
登记	dēngjì	registration
等（助词）	děng (zhùcí)	etc.
等（动词）	děng (dòngcí)	wait (verb)
等待	děngdài	waiting
等于	děngyú	equal
低	dī	low

滴	dī	drop
的确	díquè	indeed
敌人	dírén	enemy
底	dǐ	bottom
地道	dìdào	authentic
地点	dìdiǎn	location
地方	dìfāng	place
地理	dìlǐ	geography
地球	dìqiú	earth
地区	dìqū	area
地毯	dìtǎn	carpet
地铁	dìtiě	subway
地图	dìtú	map
地位	dìwèi	status
地震	dìzhèn	earthquake
地址	dìzhǐ	address
弟弟	dìdì	little brother
递	dì	hand
第一	dì yī	the first
点	diǎn	point
点心	diǎn xīn	dessert
电池	diànchí	battery
电脑	diànnǎo	computer
电视	diànshì	TV
电台	diàntái	radio
电梯	diàntī	elevator
电影	diànyǐng	the film
电子邮件	diànzǐ yóujiàn	e-mail
钓	diào	fishing
调查	diàochá	survey
掉	diào	off
顶	dǐng	top
丢	diū	throw
东	dōng	east
东西	dōngxī	thing

冬	dōng	winter
懂	dǒng	understand
动画片	dònghuà piàn	cartoon
动物	dòngwù	animal
动作	dòngzuò	action
冻	dòng	frozen
洞	dòng	hole
都	dōu	all
豆腐	dòufu	Tofu
逗	dòu	funny
独立	dúlì	independent
独特	dútè	unique
读	dú	read
堵车	dǔchē	traffic jam
肚子	dùzi	belly
度过	dùguò	spend
短	duǎn	short
短信	duǎnxìn	sms
段	duàn	segment
断	duàn	off
锻炼	duànliàn	work out
堆	duī	heap
对（形容词）	duì (xíngróngcí)	right (adjective)
对（介词）	duì (jiècí)	to (preposition)
对比	duìbǐ	compared
对不起	duìbùqǐ	I am sorry
对待	duìdài	treat
对方	duìfāng	other side
对话	duìhuà	dialogue
对面	duìmiàn	opposite
对手	duìshǒu	opponent
对象	duìxiàng	object
对于	duìyú	for
兑换	duìhuàn	exchange
吨	dūn	ton

蹲	dūn	squatting
顿	dùn	pause
多	duō	many
多亏	duōkuī	thanks
多么	duōme	how
多少	duōshǎo	how many
多余	duōyú	excess
朵	duǒ	piece
躲藏	duǒcáng	hiding
恶劣	èliè	bad
饿	è	hungry
儿童	értóng	child
儿子	érzi	son
而	ér	and
耳朵	ěrduǒ	ear
耳环	ěrhuán	earring
二	èr	two
发	fā	hair
发表	fābiǎo	posted
发愁	fāchóu	worried
发达	fādá	developed
发抖	fādǒu	shivering
发挥	fāhuī	play
发明	fāmíng	invention
发票	fāpiào	invoice
发烧	fāshāo	fever
发生	fāshēng	occur
发现	fāxiàn	find
发言	fāyán	speaking
发展	fāzhǎn	development of
罚款	fákuǎn	fine
法律	fǎlǜ	law
法院	fǎyuàn	court
翻	fān	turn
翻译	fānyì	translation

烦恼	fánnǎo	upset
繁荣	fánróng	prosperity
反对	fǎnduì	oppose
反而	fǎn'ér	instead
反复	fǎnfù	repeatedly
反应	fǎnyìng	reaction
反映	fǎnyìng	reflect
反正	fǎnzhèng	anyway
饭店	fàndiàn	restaurant
范围	fànwéi	range
方	fāng	square
方案	fāng'àn	plan
方便	fāngbiàn	convenience
方法	fāngfǎ	method
方面	fāngmiàn	aspect
方式	fāngshì	the way
方向	fāngxiàng	direction
妨碍	fáng'ài	hinder
房东	fángdōng	landlord
房间	fángjiān	room
仿佛	fǎngfú	as if
放	fàng	put
放弃	fàngqì	give up
放暑假	fàng shǔjià	summer holiday
放松	fàngsōng	relax
放心	fàngxīn	rest assured
飞机	fēijī	aircraft
非	fēi	wrong
非常	fēicháng	very much
肥皂	féizào	soap bar
废话	fèihuà	nonsense
分	fēn	seperate
分别	fēnbié	leave each other
分布	fēnbù	distribution
分配	fēnpèi	distribution

分手	fēnshǒu	break up
分析	fēnxī	analysis
分钟	fēnzhōng	minutes
纷纷	fēnfēn	in succession
份	fèn	copies
奋斗	fèndòu	struggle
丰富	fēngfù	rich
风格	fēnggé	style
风景	fēngjǐng	landscape
风俗	fēngsú	custom
风险	fēngxiǎn	risk
疯狂	fēngkuáng	crazy
讽刺	fèngcì	ironically
否定	fǒudìng	negative
否认	fǒurèn	denied
否则	fǒuzé	otherwise
扶	fú	hold up
服务员	fúwùyuán	waiter
服装	fúzhuāng	clothing
符合	fúhé	accord with
幅	fú	width
辅导	fǔdǎo	tutor
父亲	fùqīn	father
付款	fùkuǎn	payment
负责	fùzé	be responsible for
妇女	fùnǚ	women
附近	fùjìn	nearby
复习	fùxí	review
复印	fùyìn	copy
复杂	fùzá	complex
复制	fùzhì	copy
富	fù	rich
改变	gǎibiàn	change
改革	gǎigé	reform
改进	gǎijìn	improve

改善	gǎishàn	improve
改正	gǎizhèng	correct
盖	gài	cover
概括	gàikuò	summarized
概念	gàiniàn	concept
干杯	gānbēi	cheers
干脆	gāncuì	simply
干净	gānjìng	clean
干燥	gānzào	dry
赶	gǎn	rush
赶紧	gǎnjǐn	hurry up
赶快	gǎnkuài	hurry up
敢	gǎn	dare
感动	gǎndòng	moving
感激	gǎnjī	grateful
感觉	gǎnjué	feel
感冒	gǎnmào	cold
感情	gǎnqíng	feeling
感受	gǎnshòu	feel
感想	gǎnxiǎng	feelings
感谢	gǎnxiè	thank
感兴趣	gǎn xìngqù	interested
干	gàn	dry
干活儿	gàn huó er	work
刚	gāng	just
刚才	gāng cái	just now
钢铁	gāngtiě	steel
高	gāo	high
高档	gāodàng	high-end
高级	gāojí	advanced
高速公路	gāosù gōnglù	highway
高兴	gāoxìng	happy
搞	gǎo	engage
告别	gàobié	say goodbye
告诉	gàosù	tell

哥哥	gēgē	brother
胳膊	gēbó	arm
格外	géwài	particularly
隔壁	gébì	next door
个	gè	piece
个别	gèbié	individually
个人	gèrén	personal
个性	gèxìng	personality
个子	gèzi	stature
各	gè	each
各自	gèzì	each
给	gěi	give
根	gēn	root
根本	gēnběn	essential
根据	gēnjù	according to
跟	gēn	with
更	gèng	more
工厂	gōngchǎng	factory
工程师	gōngchéngshī	engineer
工具	gōngjù	tool
工人	gōngrén	worker
工业	gōngyè	industry
工资	gōngzī	wage
工作	gōngzuò	jobs
公布	gōngbù	announced
公共汽车	gōnggòng qìchē	bus
公斤	gōngjīn	kg
公开	gōngkāi	open
公里	gōnglǐ	km
公平	gōngpíng	fair
公司	gōngsī	the company
公寓	gōngyù	apartment
公元	gōngyuán	AD
公园	gōng yuán	park
公主	gōngzhǔ	princess

功夫	gōngfū	effort
功能	gōngnéng	features
恭喜	gōngxǐ	congratulations
共同	gòngtóng	common
贡献	gòngxiàn	contribute
沟通	gōutōng	communicate
狗	gǒu	dog
构成	gòuchéng	composition
购物	gòuwù	shopping
够	gòu	enough
估计	gūjì	estimate
姑姑	gūgū	aunt
姑娘	gūniáng	girl
古代	gǔdài	ancient
古典	gǔdiǎn	classical
股票	gǔpiào	stocks
骨头	gǔtou	bone
鼓励	gǔlì	encourage
鼓舞	gǔwǔ	inspired
鼓掌	gǔzhǎng	applaud
固定	gùdìng	fixed
故事	gùshì	story
故意	gùyì	deliberately
顾客	gùkè	customer
刮风	guā fēng	windy
挂	guà	hang
挂号	guàhào	registered
乖	guāi	be good
拐弯	guǎiwān	turn
怪不得	guàibùdé	no wonder
关	guān	turn off
关闭	guānbì	shut down
关键	guānjiàn	the essential
关系	guānxì	relationship
关心	guānxīn	concern

关于	guānyú	on
观察	guānchá	observed
观点	guāndiǎn	view
观念	guānniàn	concept
观众	guānzhòng	audience
官	guān	officer
管理	guǎnlǐ	management
管子	guǎnzi	pipe
冠军	guànjūn	champion
光	guāng	light
光滑	guānghuá	smooth
光临	guānglín	come
光明	guāngmíng	bright
光盘	guāngpán	cd
广播	guǎngbò	broadcast
广场	guǎngchǎng	square
广大	guǎngdà	vast
广泛	guǎngfàn	wide range
广告	guǎnggào	advertising
逛	guàng	visit
归纳	guīnà	induction
规定	guīdìng	provisions
规矩	guījǔ	rule
规律	guīlǜ	law
规模	guīmó	size
规则	guīzé	rules
柜台	guìtái	counter
贵	guì	expensive
滚	gǔn	roll
锅	guō	pot
国籍	guójí	country of citizenship
国际	guójì	international
国家	guójiā	country
国庆节	guóqìng jié	national day
国王	guówáng	king

果然	guǒrán	really
果实	guǒshí	fruit
果汁	guǒ zhī	fruit juice
过（动词）	guò (dòngcí)	pass
过程	guòchéng	process
过分	guòfèn	too much
过敏	guòmǐn	allergy
过期	guòqí	expired
过去	guò qù	past
过（助词）	guò (zhùcí)	excuse me
哈	hā	ah
还（副词）	hái (fùcí)	also (adverb)
还是	háishì	still is
孩子	háizi	child
海关	hǎiguān	customs
海鲜	hǎixiān	seafood
海洋	hǎiyáng	ocean
害怕	hàipà	fear
害羞	hàixiū	shy
寒假	hánjià	winter vacation
喊	hǎn	shout
汉语	hànyǔ	Chinese
汗	hàn	sweat
行业	hángyè	industry
航班	hángbān	flight
豪华	háohuá	luxury
好	hǎo	good
好吃	hào chī	good to eat
好处	hǎochù	benefit
好像	hǎoxiàng	like
号	hào	number
号码	hàomǎ	number
好客	hàokè	hospitable
好奇	hàoqí	curious
喝	hē	drink

合法	héfǎ	legal
合格	hégé	qualified
合理	hélǐ	reasonable
合适	héshì	suitable
合同	hétóng	contract
合影	héyǐng	group photo
合作	hézuò	cooperation
何必	hébì	why
何况	hékuàng	not to mention
和	hé	with
和平	hépíng	peace
核心	héxīn	core
盒子	hézi	box
黑	hēi	black
黑板	hēibǎn	blackboard
很	hěn	very
恨	hèn	hate
红	hóng	red
猴子	hóuzi	monkey
后背	hòu bèi	back
后果	hòu guǒ	as a result of
后悔	hòuhuǐ	regret
后来	hòulái	later
后面	hòumiàn	behind
厚	hòu	thick
呼吸	hūxī	breathe
忽然	hūrán	suddenly
忽视	hūshì	neglect
胡说	húshuō	nonsense
胡同	hútòng	alley
壶	hú	pot
蝴蝶	húdié	butterfly
糊涂	hútú	confused
互联网	hùliánwǎng	the Internet
互相	hùxiāng	each other

护士	hùshì	nurse
护照	hùzhào	passport
花（名词）	huā (míngcí)	flower
花生	huāshēng	peanuts
花（动词）	huā (dòngcí)	spend (verb)
划	huà	draw
华裔	huáyì	Chinese origin
滑	Huá	slippery
化学	huàxué	chemistry
画	huà	painting
话题	huàtí	topic
怀念	huáiniàn	miss
怀疑	huáiyí	doubt
怀孕	huáiyùn	pregnancy
坏	huài	bad
欢迎	huānyíng	welcome
还（动词）	huán (dòngcí)	return (verb)
环境	huánjìng	surroundings
缓解	huǎnjiě	ease
幻想	huànxiǎng	fantasy
换	huàn	change
慌张	huāngzhāng	twitter
黄河	huánghé	Yellow River
黄金	huángjīn	gold
灰	huī	gray
灰尘	huīchén	dust
灰心	huīxīn	discouraged
挥	huī	play
恢复	huīfù	restore
回	huí	back
回答	huídá	reply
回忆	huíyì	memories
汇率	huìlǜ	exchange rate
会	huì	meeting
会议	huìyì	meeting

婚礼	hūnlǐ	wedding
婚姻	hūnyīn	marriage
活动	huódòng	activity
活泼	huópō	lively
活跃	huóyuè	active
火	huǒ	fire
火柴	huǒchái	match
火车站	huǒchē zhàn	train station
伙伴	huǒbàn	partner
或许	huòxǔ	perhaps
或者	huòzhě	or
获得	huòdé	get
几乎	jīhū	almost
机场	jīchǎng	airport
机会	jīhuì	opportunity
机器	jīqì	machine
肌肉	jīròu	muscle
鸡蛋	jīdàn	egg
积极	jījí	positive
积累	jīlěi	accumulation
基本	jīběn	basic
基础	jīchǔ	basis
激动	jīdòng	excitement
激烈	jīliè	fierce
及格	jígé	pass
及时	jíshí	timely
极	jí	pole
极其	jíqí	extremely
即使	jíshǐ	even if
急忙	jímáng	hurry
急诊	jízhěn	emergency
集合	jíhé	set
集体	jítǐ	collective
集中	jízhōng	concentrate
几	jǐ	few

计划	jìhuà	plan
计算	jìsuàn	calculate
记得	jìdé	remember
记录	jìlù	record
记忆	jìyì	memory
记者	jìzhě	reporter
纪录	jìlù	record
纪律	jìlǜ	discipline
纪念	jìniàn	memorial
技术	jìshù	technology
系领带	xì lǐngdài	wear a tie
季节	jìjié	season
既然	jìrán	since
继续	jìxù	carry on
寄	jì	send
寂寞	jìmò	lonely
加班	jiābān	overtime
加油站	jiāyóu zhàn	gas station
夹子	jiázi	clips
家	jiā	family
家具	jiājù	furniture
家庭	jiātíng	family
家务	jiāwù	housework
家乡	jiāxiāng	hometown
嘉宾	jiābīn	guest
甲	jiǎ	first
假	jiǎ	false
假如	jiǎrú	if
假设	jiǎshè	assumptions
假装	jiǎzhuāng	pretend
价格	jiàgé	price
价值	jiàzhí	value
驾驶	jiàshǐ	driving
嫁	jià	marry
坚持	jiānchí	adhere to

坚决	jiānjué	resolute
坚强	jiānqiáng	strong
肩膀	jiānbǎng	shoulder
艰巨	jiān jù	difficult
艰苦	jiānkǔ	hard
兼职	jiānzhí	part time
捡	jiǎn	pick up
检查	jiǎnchá	an examination
减肥	jiǎnféi	lose weight
减少	jiǎnshǎo	cut back
剪刀	jiǎndāo	scissors
简单	jiǎndān	simple
简历	jiǎnlì	resume
简直	jiǎnzhí	simply
见面	jiànmiàn	meet
件	jiàn	piece
建立	jiànlì	set up
建设	jiànshè	construction
建议	jiànyì	suggest
建筑	jiànzhú	building
健康	jiànkāng	health
健身	jiànshēn	fitness
键盘	jiànpán	keyboard
将来	jiānglái	future
讲	jiǎng	speak
讲究	jiǎngjiù	pay attention to
讲座	jiǎngzuò	lecture
奖金	jiǎngjīn	bonus
降低	jiàngdī	reduce
降落	jiàngluò	landing
酱油	jiàngyóu	soy sauce
交	jiāo	cross
交换	jiāohuàn	exchange
交际	jiāojì	communication
交流	jiāoliú	communicate with

交通	jiāotōng	traffic
交往	jiāowǎng	communication
郊区	jiāoqū	suburbs
浇	jiāo	poured
骄傲	jiāo'ào	proud
胶水	jiāoshuǐ	glue
教	jiào	teach
角	jiǎo	angle
角度	jiǎodù	angle
狡猾	jiǎohuá	cunning
饺子	jiǎozi	dumplings
脚	jiǎo	foot
叫	jiào	call
教材	jiàocái	teaching material
教练	jiàoliàn	coach
教室	jiàoshì	classroom
教授	jiàoshòu	professor
教训	jiàoxùn	lesson
教育	jiàoyù	education
阶段	jiēduàn	stage
结实	jiēshi	strong
接	jiē	pick up
接触	jiēchù	contact
接待	jiēdài	reception
接近	jiējìn	close to
接受	jiēshòu	accept
接着	jiēzhe	then
街道	jiēdào	street
节	jié	festival
节目	jiémù	program
节日	jiérì	festival
节省	jiéshěng	save
节约	jiéyuē	saving
结构	jiégòu	structure
结果	jiéguǒ	result

结合	jiéhé	combined
结婚	jiéhūn	marry
结论	jiélùn	in conclusion
结束	jiéshù	end
结账	jiézhàng	check out
姐姐	jiějiě	sister
解决	jiějué	solve
解释	jiěshì	explanation
介绍	jièshào	introduction
戒	jiè	ring
戒指	jièzhǐ	rings
届	jiè	session
借	jiè	borrow
借口	jièkǒu	excuse
今天	jīntiān	today
金属	jīnshǔ	metal
尽管	jǐnguǎn	in spite of
尽快	jǐnkuài	asap
尽量	jǐnliàng	try hard
紧急	jǐnjí	urgent
紧张	jǐnzhāng	tension
谨慎	jǐnshèn	be cautious
尽力	jìnlì	try one's best
进	jìn	enter
进步	jìnbù	progress
进口	jìnkǒu	import
进行	jìnxíng	get on
近	jìn	nearly
近代	jìndài	modern
禁止	jìnzhǐ	prohibited
京剧	jīngjù	Beijing Opera
经常	jīngcháng	often
经典	jīngdiǎn	classic
经过	jīngguò	after
经济	jīngjì	economic

经理	jīnglǐ	manager
经历	jīnglì	experience
经商	jīngshāng	business
经验	jīngyàn	experience
经营	jīngyíng	business
精彩	jīngcǎi	wonderful
精力	jīnglì	energy
精神	jīngshén	spirit
景色	jǐngsè	scenery
警察	jǐngchá	policemen
竞争	jìngzhēng	competition
竟然	jìngrán	unexpectedly
镜子	jìngzi	mirror
究竟	jiūjìng	exactly
九	jiǔ	nine
久	jiǔ	long
酒吧	jiǔbā	bar
旧	jiù	old
救	jiù	save
救护车	jiùhù chē	ambulance
就	jiù	on
舅舅	jiùjiu	uncle
居然	jūrán	unexpectedly
桔子	júzi	oranges
举	jǔ	lift
举办	jǔbàn	organized
举行	jǔxíng	hold
巨大	jùdà	huge
句子	jùzi	sentence
拒绝	jùjué	refuse
具备	jùbèi	have
具体	jùtǐ	specific
俱乐部	jùlèbù	club
据说	jùshuō	it is said
距离	jùlí	distance

聚会	jùhuì	get together
捐	juān	donate
决定	juédìng	decided
决赛	juésài	final
决心	juéxīn	determined
角色	juésè	character
觉得	juédé	think
绝对	juéduì	absolute
军事	jūnshì	military
均匀	jūnyún	evenly
咖啡	kāfēi	coffee
卡车	kǎchē	truck
开	kāi	open
开发	kāifā	development
开放	kāifàng	open
开幕式	kāimù shì	opening ceremony
开始	kāishǐ	start
开水	kāishuǐ	boiling water
开玩笑	kāiwánxiào	joke
开心	kāixīn	happy
砍	kǎn	cut
看	kàn	look
看不起	kànbùqǐ	look down
看法	kànfǎ	view
看见	kànjiàn	see
看望	kànwàng	visit
考虑	kǎolǜ	consider
考试	kǎoshì	examination
烤鸭	kǎoyā	roast duck
靠	kào	by
科学	kēxué	science
棵	kē	piece
颗	kē	piece
咳嗽	késòu	cough
可爱	kě'ài	lovely

可见	kějiàn	visible
可靠	kěkào	reliable
可怜	kělián	poor
可能	kěnéng	may
可怕	kěpà	horrible
可是	kěshì	but
可惜	kěxí	unfortunately
可以	kěyǐ	can
渴	kě	thirsty
克	kè	gram
克服	kèfú	get over
刻	kè	engraved
刻苦	kèkǔ	hardworking
客观	kèguān	objective
客人	kèrén	the guests
客厅	kètīng	living room
课	kè	lesson
课程	kèchéng	courses
肯定	kěndìng	sure
空	kōng	air
空间	kōngjiān	space
空气	kōngqì	air
空调	kòngtiáo	air conditioning
恐怕	kǒngpà	I am afraid
空闲	kòngxián	free
控制	kòngzhì	control
口	kǒu	mouth
口味	kǒuwèi	taste
哭	kū	cry
苦	kǔ	bitter
裤子	kùzi	pants
夸	kuā	boast
夸张	kuāzhāng	exaggeration
会计	kuàijì	accounting
块	kuài	piece

快	kuài	fast
快乐	kuàilè	happy
筷子	kuàizi	chopsticks
宽	kuān	width
矿泉水	kuàngquán shuǐ	mineral water
昆虫	kūnchóng	insect
困	kùn	sleepy
困难	kùnnán	difficult
扩大	kuòdà	expand
垃圾桶	lèsè tǒng	trash can
拉	lā	pull
辣	là	hot
辣椒	làjiāo	pepper
来	lái	come
来不及	láibují	too late
来得及	láidéjí	there's still time
来自	láizì	from
拦	lán	stop
蓝	lán	blue
懒	lǎn	lazy
烂	làn	rotten
朗读	lǎngdú	read aloud
浪费	làngfèi	waste
浪漫	làngmàn	romantic
劳动	láodòng	labor
劳驾	láojià	excuse me
老	lǎo	old
老百姓	lǎobǎixìng	ordinary people
老板	lǎobǎn	boss
老虎	lǎohǔ	tiger
老婆	lǎopó	wife
老师	lǎoshī	teacher
老实	lǎoshí	honest
老鼠	lǎoshǔ	mouse
姥姥	lǎolao	grandma

乐观	lè guān	optimistic
了	le	it's
雷	léi	thunder
类型	lèixíng	types of
累	lèi	tired
冷	lěng	cold
冷淡	lěngdàn	cold
冷静	lěngjìng	calm
厘米	límǐ	cm
离	lí	from
离婚	líhūn	divorce
离开	líkāi	go away
梨	lí	pear
礼拜天	lǐbài tiān	sunday
礼貌	lǐmào	courtesy
礼物	lǐwù	gift
里	lǐ	in
理发	lǐfà	haircut
理解	lǐjiě	understanding
理论	lǐlùn	theory
理想	lǐxiǎng	ideal
理由	lǐyóu	reason
力量	lìliàng	power
力气	lìqì	strength
历史	lìshǐ	history
厉害	lìhài	amazing
立即	lìjí	immediately
立刻	lìkè	immediately
利润	lìrùn	profit
利息	lìxí	interest
利益	lìyì	interests
利用	lìyòng	use
例如	lìrú	e.g
俩	liǎ	both
连	lián	even

连忙	liánmáng	quickly
连续	liánxù	continuous
联合	liánhé	union
联系	liánxì	contact
脸	liǎn	face
练习	liànxí	exercise
恋爱	liàn'ài	in love
良好	liáng hǎo	good
凉快	liángkuai	cool
粮食	liángshí	food
两	liǎng	two
亮	liàng	bright
辆	liàng	piece
聊天	liáotiān	to chat with
了不起	liǎobùqǐ	great
了解	liǎojiě	understand
列车	lièchē	train
邻居	línjū	neighbor
临时	línshí	temporary
灵活	línghuó	flexible
铃	líng	bell
零	líng	zero
零件	líng jiàn	components
零钱	língqián	small change
零食	língshí	snacks
领导	lǐngdǎo	leadership
领域	lǐngyù	field
另外	lìngwài	in addition
浏览	liúlǎn	browse
留	liú	stay
留学	liúxué	study abroad
流传	liúchuán	spread
流泪	liúlèi	tears
流利	liúlì	fluent
流行	liúxíng	popular

六	liù	six
龙	lóng	dragon
楼	lóu	floor
漏	lòu	leakage
陆地	lùdì	land
陆续	lùxù	one after another
录取	lùqǔ	admission
录音	lùyīn	recording
路	lù	road
旅行	lǚxíng	travel
旅游	lǚyóu	travel
律师	lǜshī	lawyer
绿	lǜ	green
乱	luàn	chaos
轮流	lúnliú	take turns
论文	lùnwén	papers
逻辑	luójí	logic
落后	luòhòu	backward
妈妈	māmā	mom
麻烦	máfan	trouble
马	mǎ	horse
马虎	mǎhǔ	careless
马上	mǎshàng	immediately
骂	mà	scolded
吗	ma	(particle)
买	mǎi	buy
麦克风	màikèfēng	microphone
卖	mài	sell
馒头	mántou	bread
满	mǎn	full
满意	mǎnyì	satisfaction
满足	mǎnzú	satisfy
慢	màn	slow
忙	máng	busy
猫	māo	cat

毛	máo	hair
毛病	máo bìng	problems
毛巾	máojīn	towel
矛盾	máodùn	contradiction
冒险	màoxiǎn	adventure
贸易	màoyì	trade
帽子	màozi	hat
没关系	méiguānxì	it's ok
没有	méiyǒu	no
眉毛	méimáo	eyebrow
媒体	méitǐ	media
煤炭	méitàn	coal
每	měi	each
美丽	měilì	beautiful
美术	měishù	art
妹妹	mèimei	younger sister
魅力	mèilì	charm
门	mén	door
梦	mèng	dream
梦想	mèngxiǎng	dream
迷路	mílù	get lost
米	mǐ	meter
米饭	mǐfàn	rice
秘密	mìmì	secret
秘书	mìshū	secretary
密码	mìmǎ	password
密切	mìqiè	closely
蜜蜂	mìfēng	bee
免费	miǎnfèi	free
面包	miànbāo	bread
面对	miàn duì	face
面积	miànjī	area
面临	miànlín	facing
面条	miàntiáo	noodles
苗条	miáotiáo	slim

描写	miáoxiě	describe
秒	miǎo	second
民族	mínzú	ethnic
敏感	mǐngǎn	sensitive
名牌	míngpái	brand name
名片	míngpiàn	business card
名胜古迹	míngshèng gǔjī	places of interest
名字	míngzì	first name
明白	míngbái	understand
明确	míngquè	clear
明天	míngtiān	tomorrow
明显	míngxiǎn	obvious
明星	míngxīng	celebrity
命令	mìnglìng	command
命运	mìngyùn	destiny
摸	mō	touch
模仿	mófǎng	imitation
模糊	móhú	blurry
模特	mótè	model
摩托车	mótuō chē	motorcycle
陌生	mòshēng	strange
某	mǒu	certain
母亲	mǔqīn	mother
木头	mùtou	wood
目标	mùbiāo	aims
目的	mùdì	purpose
目录	mùlù	table of contents
目前	mùqián	currently
拿	ná	take
哪	nǎ	where
哪儿	nǎ'er	where
哪怕	nǎpà	even though
那	nà	that
奶奶	nǎinai	grandmother
耐心	nàixīn	patient

男	nán	male
南	nán	south
难	nán	difficult
难道	nándào	could it be said that
难怪	nánguài	no wonder
难过	nánguò	sad
难免	nánmiǎn	inevitable
难受	nánshòu	uncomfortable
脑袋	nǎodai	head
呢	ne	(particle)
内	nèi	inside
内部	nèibù	internal
内科	nèikē	internal medicine
内容	nèiróng	content
嫩	nèn	tender
能	néng	can
能干	nénggàn	competent
能力	nénglì	ability
能源	néngyuán	energy
嗯	ń	ok
你	nǐ	you
年	nián	year
年代	niándài	age
年级	niánjí	grade
年纪	niánjì	age
年龄	niánlíng	age
年轻	niánqīng	young
念	niàn	read
鸟	niǎo	bird
您	nín	you
宁可	nìngkě	rather
牛奶	niúnǎi	milk
牛仔裤	niúzǎikù	jeans
农村	nóngcūn	countryside
农民	nóngmín	peasants

农业	nóngyè	agriculture
浓	nóng	concentrate
弄	nòng	do
努力	nǔlì	work hard
女	nǚ	female
女儿	nǚ'ér	daughter
女士	nǚshì	Ms
暖和	nuǎnhuo	warm
欧洲	ōuzhōu	europe
偶尔	ǒu'ěr	occasionally
偶然	ǒurán	by chance
爬山	páshān	mountain climbing
拍	pāi	shoot
排队	páiduì	line up
排列	páiliè	arrangement
派	pài	send
盘子	pánzi	plate
判断	pànduàn	judgment
盼望	pànwàng	hope
旁边	pángbiān	next to
胖	pàng	fat
跑步	pǎobù	run
陪	péi	accompany
培训	péixùn	training
培养	péiyǎng	cultivate
赔偿	péicháng	compensation
佩服	pèifú	admire
配合	pèihé	cooperation
盆	pén	pots
朋友	péngyǒu	friend
碰	pèng	bump
批	pī	batch
批评	pīpíng	criticism
批准	pīzhǔn	approved
披	pī	wrap around

皮肤	pífū	skin
皮鞋	píxié	leather shoes
疲劳	píláo	fatigue
啤酒	píjiǔ	beer
脾气	píqì	temper
匹	pǐ	piece
篇	piān	articles
便宜	piányí	cheaper
片	piàn	piece
片面	piànmiàn	one-sided
骗	piàn	cheat
飘	piāo	float
票	piào	tickets
漂亮	piàoliang	pretty
拼音	pīnyīn	pinyin
频道	píndào	channel
乒乓球	pīngpāng qiú	pingpong
平	píng	flat
平安	píng'ān	peaceful
平常	píngcháng	normal
平等	píngděng	equality
平方	píngfāng	square
平衡	pínghéng	balance
平静	píngjìng	calm
平均	píngjūn	average
平时	píngshí	usually
评价	píngjià	evaluation
苹果	píngguǒ	apple
凭	píng	with
瓶子	píngzi	bottle
迫切	pòqiè	urgent
破	pò	broken
破产	pòchǎn	bankruptcy
破坏	pòhuài	destroy
葡萄	pútáo	grape

普遍	pǔbiàn	universal
普通话	pǔtōnghuà	mandarin
七	qī	seven
妻子	qīzi	wife
期待	qídài	expect
期间	qíjiān	period
其次	qícì	second
其实	qíshí	in fact
其他	qítā	other
其余	qíyú	the remaining
其中	qízhōng	among them
奇怪	qíguài	strange
奇迹	qíjī	miracle
骑	qí	ride
企业	qǐyè	business
启发	qǐfā	inspired
起床	qǐchuáng	get up
起飞	qǐfēi	take off
起来	qǐlái	stand up
气氛	qìfēn	atmosphere
气候	qìhòu	climate
汽油	qìyóu	gasoline
千	qiān	thousands
千万	qiān wàn	thousands
铅笔	qiānbǐ	pencil
谦虚	qiānxū	modest
签	qiān	sign
签证	qiānzhèng	visa
前面	qiánmiàn	front
前途	qiántú	future
钱	qián	money
浅	qiǎn	shallow
欠	qiàn	owe
枪	qiāng	gun
强调	qiángdiào	emphasize

强烈	qiángliè	strongly
墙	qiáng	wall
抢	qiǎng	grab
悄悄	qiāoqiāo	quietly
敲	qiāo	knock
桥	qiáo	bridge
瞧	qiáo	look
巧克力	qiǎokèlì	chocolate
巧妙	qiǎomiào	clever
切	qiè	cut
亲爱	qīn'ài	dear
亲戚	qīnqī	relative
亲切	qīnqiè	kind
亲自	qīnzì	personally
勤奋	qínfèn	hardworking
青	qīng	green
青春	qīngchūn	youth
青少年	qīngshàonián	teens
轻	qīng	light
轻视	qīngshì	despise
轻松	qīngsōng	easy
轻易	qīngyì	easily
清楚	qīng chǔ	clear
清淡	qīngdàn	light
情景	qíngjǐng	scene
情况	qíngkuàng	happening
情绪	qíngxù	emotions
晴	qíng	clear
请	qǐng	please
请假	qǐngjià	ask for leave
请求	qǐngqiú	request
庆祝	qìngzhù	celebrate
穷	qióng	poor
秋	qiū	autumn
球迷	qiúmí	fans

区别	qūbié	the difference
趋势	qūshì	trend
取	qǔ	take
取消	qǔxiāo	cancel
娶	qǔ	marry
去	qù	go
去年	qùnián	last year
去世	qùshì	died
圈	quān	circle
权力	quánlì	power
权利	quánlì	right
全部	quánbù	all
全面	quánmiàn	comprehensive
劝	quàn	advise
缺点	quēdiǎn	disadvantages
缺乏	quēfá	lack of
缺少	quēshǎo	lack
却	què	but
确定	quèdìng	ascertain
确认	quèrèn	confirm
确实	quèshí	indeed
裙子	qúnzi	skirt
群	qún	group
然而	rán'ér	however
然后	ránhòu	then
燃烧	ránshāo	burning
让	ràng	let
绕	rào	winding
热	rè	hot
热爱	rè'ài	love
热烈	rèliè	warm
热闹	rènào	lively
热情	rèqíng	enthusiasm
热心	rèxīn	enthusiastic
人	rén	people

人才	réncái	talent
人口	rénkǒu	population
人类	rénlèi	humanity
人民币	rénmínbì	RMB
人生	rénshēng	life
人事	rénshì	personnel
人物	rénwù	people
人员	rényuán	staff
忍不住	rěn bù zhù	can not help it
认识	rènshì	understanding
认为	rènwéi	think
认真	rènzhēn	serious
任何	rènhé	any
任务	rènwù	task
扔	rēng	throw
仍然	réngrán	still
日	rì	day
日常	rìcháng	everyday
日程	rìchéng	schedule
日记	rìjì	diary
日历	rìlì	calendar
日期	rìqí	date
日用品	rìyòngpǐn	daily necessities
日子	rìzi	day
容易	róngyì	easy
如果	rúguǒ	in case
如何	rúhé	how
如今	rújīn	today
入口	rùkǒu	entrance
软	ruǎn	soft
软件	ruǎnjiàn	software
弱	ruò	weak
洒	sǎ	sprinkle
三	sān	three
伞	sǎn	umbrella

散步	sànbù	walking
嗓子	sǎngzi	throat
色彩	sècǎi	color
森林	sēnlín	forest
杀	shā	kill
沙发	shāfā	sofa
沙漠	shāmò	desert
沙滩	shātān	beach
傻	shǎ	stupid
晒	shài	show
删除	shānchú	delete
闪电	shǎndiàn	lightning
扇子	shànzi	fans
善良	shànliáng	kind
善于	shànyú	be good at
伤害	shānghài	hurt
伤心	shāngxīn	sad
商店	Shāngdiàn	store
商量	shāngliáng	discuss
商品	shāngpǐn	commodity
商务	shāngwù	business
商业	shāngyè	business
上	shàng	on
上班	shàngbān	go to work
上当	shàngdàng	be fooled
上网	shàngwǎng	surf the Internet
上午	shàngwǔ	morning
稍微	shāowéi	a little
勺子	sháozi	spoon
少	shǎo	less
蛇	shé	snake
舍不得	shěbudé	reluctant
设备	shèbèi	equipment
设计	shèjì	design
设施	shèshī	facilities

社会	shèhuì	society
射击	shèjí	shooting
摄影	shèyǐng	photography
谁	shéi	who
申请	shēnqǐng	application
伸	shēn	stretch
身材	shēncái	stature
身份	shēnfèn	identity
身体	shēntǐ	body
深	shēn	deep
深刻	shēnkè	profound
什么	shénme	what
神话	shénhuà	myth
神秘	shénmì	mysterious
甚至	shènzhì	even
升	shēng	rise
生病	shēngbìng	ill
生产	shēngchǎn	produce
生动	shēngdòng	vivid
生活	shēnghuó	life
生命	shēngmìng	life
生气	shēngqì	pissed off
生日	shēngrì	birthday
生意	shēngyì	business
生长	shēngzhǎng	grow
声调	shēngdiào	tone
声音	shēngyīn	sound
绳子	shéngzi	rope
省	shěng	province
省略	shěnglüè	omitted
胜利	shènglì	victory
剩	shèng	left
失败	shībài	failure
失眠	shīmián	insomnia
失去	shīqù	lost

失望	shīwàng	disappointed
失业	shīyè	unemployed
师傅	shīfù	master
诗	shī	poem
狮子	shīzi	lion
湿润	shīrùn	moist
十	shí	ten
十分	shí fēn	very
石头	shítou	stone
时差	shíchā	jet lag
时代	shídài	times
时候	shíhòu	time
时间	shíjiān	time
时刻	shíkè	moment
时髦	shímáo	vogue
时期	shíqí	period
时尚	shíshàng	fashion
实话	shíhuà	honestly
实际	shíjì	actual
实践	shíjiàn	practice
实习	shíxí	internship
实现	shíxiàn	realize
实验	shíyàn	experiment
实用	shíyòng	practical
实在	shízài	really
食物	shíwù	food
使	shǐ	make
使劲儿	shǐjìn er	make effort
使用	shǐyòng	use
始终	shǐzhōng	always
士兵	shìbīng	soldier
世纪	shìjì	century
世界	shìjiè	world
市场	shìchǎng	market
似的	shì de	like

事情	shìqíng	things
事实	shìshí	fact
事物	shìwù	things
事先	shì xiān	prior
试	shì	test
试卷	shìjuàn	paper
是	shì	yes
是否	shìfǒu	whether
适合	shìhé	suitable for
适应	shìyìng	adapt
收	shōu	close
收获	shōuhuò	reward
收据	shōujù	receipt
收入	shōurù	income
收拾	shōushí	pack
手表	shǒubiǎo	watch
手工	shǒugōng	manual
手机	shǒujī	cell phone
手术	shǒushù	surgery
手套	shǒutào	gloves
手续	shǒuxù	procedures
手指	shǒuzhǐ	finger
首	shǒu	first
首都	shǒudū	capital
首先	shǒuxiān	first of all
寿命	shòumìng	life
受不了	shòu bùliǎo	can not stand it
受到	shòudào	received
受伤	shòushāng	injured
售货员	shòuhuòyuán	salesman
瘦	shòu	thin
书	shū	book
书架	shūjià	bookshelf
叔叔	shūshu	uncle
梳子	shūzi	comb

舒服	shūfú	comfortable
舒适	shūshì	comfortable
输	shū	lose
输入	shūrù	enter
蔬菜	shūcài	vegetables
熟练	shúliàn	skilled
熟悉	shúxī	familiar with
属于	shǔyú	belong
鼠标	shǔbiāo	mouse
数	shù	number
树	shù	tree
数据	shùjù	data
数量	shùliàng	quantity
数码	shùmǎ	digital
数学	shùxué	mathematics
数字	shùzì	digital
刷牙	shuāyá	brushing teeth
摔倒	shuāi dǎo	fall
甩	shuǎi	rejection
帅	shuài	handsome
双	shuāng	double
双方	shuāngfāng	both sides
水	shuǐ	water
水果	shuǐguǒ	fruit
水平	shuǐpíng	level
税	shuì	taxes
睡觉	shuìjiào	go to bed
顺便	shùnbiàn	by the way
顺利	shùnlì	smoothly
顺序	shùnxù	order
说	shuō	say
说不定	shuō bu dìng	maybe
说服	shuōfú	convince
说话	shuōhuà	speak
说明	shuōmíng	description

硕士	shuòshì	master's degree
司机	sījī	driver
丝绸	sīchóu	silk
丝毫	sīháo	slightest
私人	sīrén	private
思考	sīkǎo	thinking
思想	sīxiǎng	thought
撕	sī	tear
死	sǐ	dead
四	sì	four
似乎	sìhū	it seems
送	sòng	give away
搜索	sōusuǒ	search for
速度	sùdù	speed
宿舍	sùshè	dorm room
塑料袋	sùliào dài	plastic bags
酸	suān	acid
虽然……但是……	suīrán……dànshì……	however, although……
随便	suíbiàn	casual
随身	suíshēn	carry
随时	suíshí	anytime
随手	suíshǒu	readily
随着	suízhe	along with
岁	suì	year
碎	suì	broken
孙子	sūnzi	grandson
损失	sǔnshī	loss
缩短	suōduǎn	shorten
所	suǒ	house
所有	suǒyǒu	all
锁	suǒ	lock
他	tā	he
它	tā	it
她	tā	she
台	tái	station

台阶	táijiē	stairs
抬	tái	lift
太	tài	too
太极拳	tài jí quán	tai chi
太太	tàitài	Mrs
太阳	tàiyáng	Sun
态度	tàidù	attitude
谈	tán	talk
谈判	tánpàn	negotiation
弹钢琴	dàn gāngqín	play piano
坦率	tǎnshuài	frankly
汤	tāng	soup
糖	táng	sugar
躺	tǎng	lie down
烫	tàng	hot
趟	tàng	trip
逃	táo	escape
逃避	táobì	escape
桃	táo	peach
淘气	táoqì	naughty
讨价还价	tǎojiàhuánjià	bargain
讨论	tǎolùn	discuss
讨厌	tǎoyàn	hate
套	tào	set
特别	tèbié	especially
特点	tèdiǎn	features
特色	tèsè	features
特殊	tèshū	special
特征	tèzhēng	feature
疼	téng	pain
疼爱	téng'ài	love
踢足球	tī zúqiú	play football
提	tí	carry
提倡	tíchàng	advocate
提纲	tígāng	outline

提高	tígāo	improve
提供	tígōng	provide
提前	tíqián	in advance
提问	tíwèn	ask questions
提醒	tíxǐng	remind
题	tí	question
题目	tímù	title
体会	tǐhuì	experience
体贴	tǐtiē	thoughtful
体现	tǐxiàn	reflected
体验	tǐyàn	experience
体育	tǐyù	physical education
天空	tiānkōng	sky
天气	tiānqì	weather
天真	tiānzhēn	naive
甜	tián	sweet
填空	tiánkòng	fill in the blank
条	tiáo	article
条件	tiáojiàn	condition
调皮	tiáopí	naughty
调整	tiáozhěng	adjustment
挑战	tiǎozhàn	challenge
跳舞	tiàowǔ	dancing
听	tīng	listen
停	tíng	stop
挺	tǐng	very
通常	tōngcháng	usually
通过	tōngguò	by
通知	tōngzhī	notice
同情	tóngqíng	sympathy
同时	tóngshí	simultaneously
同事	tóngshì	colleague
同学	tóngxué	classmate
同意	tóngyì	agree
统一	tǒngyī	unite

痛苦	tòngkǔ	painful
痛快	tòngkuài	happy
偷	tōu	steal
头发	tóufǎ	hair
投入	tóurù	put in
投资	tóuzī	investment
透明	tòumíng	transparent
突出	túchū	prominent
突然	túrán	suddenly
图书馆	túshū guǎn	library
土地	tǔ dì	land
土豆	tǔdòu	potato
吐	tǔ	threw up
兔子	tùzǐ	rabbit
团	tuán	group
推	tuī	push
推迟	tuīchí	put off
推辞	tuīcí	decline
推广	tuīguǎng	promotion
推荐	tuījiàn	recommend
腿	tuǐ	leg
退	tuì	retreat
退步	tuìbù	backward
退休	tuìxiū	retired
脱	tuō	off
袜子	wàzi	sock
歪	wāi	crooked
外	wài	outside
外公	wàigōng	grandpa
外交	wàijiāo	diplomacy
完	wán	finish
完成	wánchéng	carry out
完美	wánměi	perfect
完全	wánquán	complete
完善	wánshàn	perfect

完整	wánzhěng	complete
玩	wán	play
玩具	wánjù	toys
晚上	wǎnshàng	night
碗	wǎn	bowl
万	wàn	million
万一	wàn yī	just in case
王子	wángzǐ	prince
网络	wǎngluò	the Internet
网球	wǎngqiú	tennis
网站	wǎngzhàn	website
往	wǎng	to
往返	wǎng fǎn	round trip
往往	wǎngwǎng	often
忘记	wàngjì	forget
危害	wéihài	hazard
危险	wéixiǎn	danger
威胁	wēixié	threats
微笑	wéixiào	smile
违反	wéifǎn	violation
围巾	wéijīn	scarf
围绕	wéirào	around
唯一	wéiyī	only
维修	wéixiū	service
伟大	wěidà	great
尾巴	wěibā	tail
委屈	wěiqu	wronged
卫生间	wèishēngjiān	bathroom
为	wèi	for
为了	wèile	in order to
为什么	wèishéme	why
未必	wèibì	not necessarily
未来	wèilái	the future
位	wèi	place
位于	wèiyú	lie in

位置	wèizhì	location
味道	wèidào	taste
胃	wèi	stomach
胃口	wèikǒu	appetite
喂（叹词）	wèi (tàn cí)	hello (interjection)
温度	wēndù	temperature
温暖	wēnnuǎn	warm
温柔	wēnróu	gentle
文化	wénhuà	culture
文件	wénjiàn	file
文具	wénjù	stationery
文明	wénmíng	civilization
文学	wénxué	literature
文章	wénzhāng	article
文字	wénzì	writing
闻	wén	smell
吻	wěn	kiss
稳定	wěndìng	stable
问	wèn	ask
问候	wènhòu	greetings
问题	wèntí	question
我	wǒ	I
我们	wǒmen	we
卧室	wòshì	bedroom
握手	wòshǒu	shake hands
污染	wūrǎn	pollution
屋子	wūzi	room
无	wú	no
无聊	wúliáo	bored
无论	wúlùn	regardless
无奈	wúnài	helpless
无数	wúshù	numerous
无所谓	wúsuǒwèi	it does not matter
五	wǔ	fives
武术	wǔshù	martial arts

勿	wù	do not
物理	wùlǐ	physics
物质	wùzhí	material
误会	wùhuì	misunderstanding
雾	wù	fog
西	xī	west
西瓜	xīguā	watermelon
西红柿	xīhóngshì	tomato
吸取	xīqǔ	draw
吸收	xīshōu	absorbed
吸引	xīyǐn	attract
希望	xīwàng	hope
习惯	xíguàn	habit
洗	xǐ	wash
洗手间	xǐshǒujiān	rest room
洗澡	xǐzǎo	take a bath
喜欢	xǐhuān	like
戏剧	xìjù	drama
系	xì	system
系统	xìtǒng	system
细节	xìjié	details
瞎	xiā	blind
下	xià	down
下午	xiàwǔ	afternoon
下雨	xià yǔ	rain
下载	xiàzài	download
吓	xià	scared
夏	xià	summer
夏令营	xiàlìngyíng	summer camp
先	xiān	first
先生	xiānshēng	Mr
鲜艳	xiānyàn	vivid
咸	xián	salty
显得	xiǎndé	looks like
显然	xiǎnrán	obviously

显示	xiǎnshì	show
县	xiàn	county
现代	xiàndài	modern
现金	xiànjīn	cash
现实	xiànshí	realistic
现象	xiànxiàng	phenomenon
现在	xiànzài	just now
限制	xiànzhì	limit
羡慕	xiànmù	envy
相处	xiāngchǔ	get along
相当	xiāngdāng	quite
相对	xiāngduì	relative
相反	xiāngfǎn	in contrast
相关	xiāngguān	related
相似	xiāngsì	similar
相同	xiāngtóng	the same
相信	xiāngxìn	believe
香	xiāng	fragrant
香肠	xiāngcháng	sausage
香蕉	xiāngjiāo	banana
详细	xiángxì	detailed
享受	xiǎngshòu	enjoy
响	xiǎng	ring
想	xiǎng	think
想念	xiǎngniàn	miss
想象	xiǎngxiàng	imagine
向	xiàng	to
项	xiàng	item
项链	xiàngliàn	necklace
项目	xiàngmù	project
象棋	xiàngqí	chess
象征	xiàngzhēng	symbol
像	xiàng	like
橡皮	xiàngpí	rubber
消费	xiāofèi	consumption

消化	xiāohuà	digestion
消极	xiāojí	negative
消失	xiāoshī	disappear
消息	xiāoxī	news
销售	xiāoshòu	sales
小	xiǎo	small
小吃	xiǎochī	snack
小伙子	xiǎohuǒzi	young man
小姐	xiǎojiě	Miss
小麦	xiǎomài	wheat
小气	xiǎoqì	stingy
小时	xiǎoshí	hour
小说	xiǎoshuō	fiction
小心	xiǎoxīn	be careful
孝顺	xiàoshùn	filial piety
校长	xiàozhǎng	principal
笑	xiào	laugh
笑话	xiàohuà	joke
效果	xiàoguǒ	effect
效率	xiàolǜ	effectiveness
些	xiē	some
歇	xiē	rest
斜	xié	oblique
写	xiě	write
写作	xiězuò	writing
血	xuè	blood
谢谢	xièxiè	thank
心理	xīnlǐ	psychology
心情	xīnqíng	mood
心脏	xīnzàng	heart
辛苦	xīnkǔ	hard
欣赏	xīnshǎng	enjoy
新	xīn	new
新闻	xīnwén	news
新鲜	xīnxiān	fresh

信封	xìnfēng	envelope
信号	xìnhào	signal
信任	xìnrèn	trust
信息	xìnxī	information
信心	xìnxīn	confidence
信用卡	xìnyòngkǎ	credit card
兴奋	xīngfèn	excited
星期	xīngqí	week
行	xíng	row
行动	xíngdòng	action
行李箱	xínglǐ xiāng	trunk
行人	xíngrén	pedestrian
行为	xíngwéi	behavior
形成	xíngchéng	formed
形容	xíngróng	describe
形式	xíngshì	form
形势	xíngshì	situation
形象	xíngxiàng	image
形状	xíngzhuàng	shape
醒	xǐng	wake
幸福	xìngfú	happy
幸亏	xìngkuī	fortunately
幸运	xìngyùn	lucky
性别	xìngbié	gender
性格	xìnggé	character
性质	xìngzhì	nature
姓	xìng	last name
兄弟	xiōngdì	brothers
胸	xiōng	chest
熊猫	xióngmāo	panda
休息	xiūxí	rest
休闲	xiūxián	leisure
修改	xiūgǎi	modify
修理	xiūlǐ	repair
虚心	xūxīn	open-minded

需要	xūyào	need
许多	xǔduō	a lot of
叙述	xùshù	narrative
宣布	xuānbù	announced
宣传	xuānchuán	publicity
选择	xuǎnzé	select
学历	xuélì	educational background
学期	xuéqí	semester
学生	xuéshēng	student
学术	xuéshù	academic
学问	xuéwèn	learning
学习	xuéxí	learn
学校	xuéxiào	school
雪	xuě	snow
寻找	xúnzhǎo	look for
询问	xúnwèn	ask
训练	xùnliàn	training
迅速	xùnsù	rapid
压力	yālì	pressure
呀	ya	yeah
押金	yājīn	deposit
牙齿	yáchǐ	tooth
牙膏	yágāo	toothpaste
亚洲	yàzhōu	asia
延长	yáncháng	extend
严格	yángé	strict
严肃	yánsù	serious
严重	yánzhòng	serious
研究	yánjiū	study
盐	yán	salt
颜色	yánsè	colour
眼睛	yǎnjīng	eyes
眼镜	yǎnjìng	glasses
演出	yǎnchū	show
演讲	yǎnjiǎng	speech

演员	yǎnyuán	actor
宴会	yànhuì	banquet
羊肉	yángròu	lamb
阳光	yángguāng	sunlight
阳台	yángtái	balcony
养成	yǎng chéng	develop
痒	yǎng	itchy
样式	yàngshì	style
样子	yàngzi	appearance
要求	yāoqiú	claim
腰	yāo	waist
邀请	yāoqǐng	invite
摇	yáo	shake
咬	yǎo	bite
药	yào	medicine
要	yào	want
要不	yào bù	otherwise
要是	yàoshi	if
钥匙	yào shi	key
爷爷	yéyé	grandfather
也	yě	also
也许	yěxǔ	maybe
业务	yèwù	business
业余	yèyú	amateur
叶子	yèzi	leaf
页	yè	page
夜	yè	night
一	yī	one
一般	yībān	general
一辈子	yībèizi	lifetime
一边	yībiān	one side
一旦	yīdàn	once
一点儿	yīdiǎn er	a little
一定	yīdìng	for sure
一共	yīgòng	altogether

一会儿	yīhuǐ'er	a while
一律	yīlǜ	all
一起	yīqǐ	together
一切	yīqiè	all
一下	yīxià	one time
一样	yīyàng	same
一再	yīzài	repeatedly
一直	yīzhí	always
一致	yīzhì	consistent
衣服	yīfú	clothes
医生	yīshēng	doctors
医院	yīyuàn	hospital
依然	yīrán	still
移动	yídòng	move
移民	yímín	immigration
遗憾	yíhàn	sorry
疑问	yíwèn	doubt
乙	yǐ	second
已经	yǐjīng	already
以	yǐ	to
以及	yǐjí	as well as
以来	yǐlái	since
以前	yǐqián	before
以为	yǐwéi	think
椅子	yǐzi	chair
亿	yì	a hundred million
义务	yìwù	obligation
艺术	yìshù	art
议论	yìlùn	discussion
意见	yìjiàn	opinion
意思	yìsi	meaning
意外	yìwài	unexpected
意义	yìyì	meaning
因此	yīncǐ	therefore
因而	yīn'ér	thus

因素	yīnsù	factors
因为……所以……	yīnwèi……suǒyǐ……	because therefore……
阴	yīn	overcast
音乐	yīnyuè	music
银	yín	silver
银行	yínháng	bank
引起	yǐnqǐ	cause
饮料	yǐnliào	drink
印刷	yìnshuā	print
印象	yìnxiàng	impression
应该	yīnggāi	should
英俊	yīngjùn	handsome
英雄	yīngxióng	hero
迎接	yíngjiē	welcome
营养	yíngyǎng	nutrition
营业	yíngyè	open
赢	yíng	win
影响	yǐngxiǎng	influences
影子	yǐngzi	shadow
应付	yìngfù	handle
应聘	yìngpìn	employment
应用	yìngyòng	application
硬	yìng	hard
硬件	yìngjiàn	hardware
拥抱	yǒngbào	hug
拥挤	yǒngjǐ	crowded
永远	yǒngyuǎn	forever and always
勇敢	yǒnggǎn	brave
勇气	yǒngqì	courage
用	yòng	use
用功	yònggōng	work hard
用途	yòngtú	use
优点	yōudiǎn	advantage
优惠	yōuhuì	discount
优美	yōuměi	beautiful

优势	yōushì	advantage
优秀	yōuxiù	excellent
幽默	yōumò	humor
悠久	yōujiǔ	long
尤其	yóuqí	especially
由	yóu	by
由于	yóuyú	due to
邮局	yóujú	post office
犹豫	yóuyù	hesitate
油炸	yóu zhá	fried
游览	yóulǎn	tour
游戏	yóuxì	game
游泳	yóuyǒng	swim
友好	yǒuhǎo	friendly
友谊	yǒuyì	friendship
有	yǒu	have
有利	yǒulì	beneficial
有名	yǒumíng	famous
有趣	yǒuqù	interesting
又	yòu	also
右边	yòubiān	right
幼儿园	yòu'éryuán	kindergarten
于是	yúshì	then
鱼	yú	fish
娱乐	yúlè	entertainment
愉快	yúkuài	happy
与	yǔ	versus
与其	yǔqí	not so much
羽毛球	yǔmáoqiú	badminton
语法	yǔfǎ	grammar
语气	yǔqì	tone
语言	yǔyán	language
玉米	yùmǐ	corn
预报	yùbào	forecast
预订	yùdìng	booking

预防	yùfáng	prevention
预习	yùxí	preview
遇到	yù dào	encounter
元	yuán	yuan
元旦	yuándàn	New Year's Day
员工	yuángōng	employee
原来	yuánlái	original
原谅	yuánliàng	forgive
原料	yuánliào	raw materials
原因	yuányīn	reason
原则	yuánzé	in principle
圆	yuán	round
远	yuǎn	far
愿望	yuànwàng	wish
愿意	yuànyì	willing
约会	yuēhuì	appointment
月	yuè	month
月亮	yuèliàng	moon
乐器	yuèqì	musical instruments
阅读	yuèdú	read
越	yuè	more
晕	yūn	dizzy
云	yún	cloud
允许	yǔnxǔ	allow
运动	yùndòng	exercise
运气	yùnqì	luck
运输	yùnshū	transportation
运用	yùnyòng	use
杂志	zázhì	magazine
灾害	zāihài	disaster
再	zài	again
再见	zàijiàn	goodbye
再三	zàisān	again and again
在	zài	in
在乎	zàihū	care

在于	zàiyú	lie in
咱们	zánmen	we
暂时	zànshí	temporarily
赞成	zànchéng	approve
赞美	zànměi	praise
脏	zàng	dirty
糟糕	zāogāo	oops
早上	zǎoshang	morning
造成	zàochéng	cause
则	zé	then
责备	zébèi	blame
责任	zérèn	responsibility
怎么	zěnme	how
怎么样	zěnme yàng	how about it
增加	zēngjiā	increase
摘	zhāi	pick
窄	zhǎi	narrow
粘贴	zhāntiē	paste
展开	zhǎnkāi	expand
展览	zhǎnlǎn	exhibition
占	zhàn	take up
占线	zhànxiàn	busy
战争	zhànzhēng	war
站	zhàn	station
张	zhāng	zhang, stretch
长（动词）	zhǎng (dòngcí)	grow (verb)
长辈	zhǎngbèi	elder
涨	zhǎng	rise
掌握	zhǎngwò	master
丈夫	zhàngfū	husband
账户	zhànghù	account
招待	zhāodài	hospitality
招聘	zhāopìn	recruitment
着火	zháohuǒ	on fire
着急	zhāojí	anxious

着凉	zháoliáng	cool
找	zhǎo	find
召开	zhàokāi	held
照	zhào	according to
照常	zhàocháng	as usual
照顾	zhàogù	take care
照片	zhàopiàn	photo
照相机	zhàoxiàngjī	camera
哲学	zhéxué	philosophy
这	zhè	this
着	zhe	with
针对	zhēnduì	targeted
珍惜	zhēnxī	cherish
真	zhēn	really
真实	zhēnshí	true
真正	zhēnzhèng	real
诊断	zhěnduàn	diagnosis
阵	zhèn	array
振动	zhèndòng	vibration
争论	zhēnglùn	argument
争取	zhēngqǔ	fight for
征求	zhēngqiú	solicit
睁	zhēng	open
整个	zhěnggè	whole
整理	zhěnglǐ	sort out
整齐	zhěngqí	neat
整体	zhěngtǐ	overall
正	zhèng	positive
正常	zhèngcháng	normal
正好	zhènghǎo	exactly
正确	zhèngquè	correct
正式	zhèngshì	formal
正在	zhèngzài	in the process of
证件	zhèngjiàn	document
证据	zhèngjù	evidence

证明	zhèngmíng	prove
政府	zhèngfǔ	government
政治	zhèngzhì	politics
挣	zhēng	earn
之	zhī	it
支	zhī	support
支持	zhīchí	stand by
支票	zhīpiào	check
只（量词）	zhǐ (liàngcí)	piece
知道	zhīdào	know
知识	zhīshi	knowledge
执照	zhízhào	license
直	zhí	straight
直接	zhíjiē	direct
值得	zhídé	be worth
职业	zhíyè	occupation
植物	zhíwù	plant
只（副词）	zhǐ (fùcí)	only (adverb)
只好	zhǐhǎo	only
只要	zhǐyào	as long as
只有……才……	zhǐyǒu……cái……	only ...
指	zhǐ	direct
指导	zhǐdǎo	guidance
指挥	zhǐhuī	command
至今	Zhìjīn	to date
至少	zhìshǎo	at least
至于	zhìyú	as for
志愿者	zhìyuàn zhě	volunteer
制定	zhìdìng	make
制度	zhìdù	system
制造	zhìzào	manufacture
制作	zhìzuò	production
质量	zhìliàng	quality
治疗	zhìliáo	treatment
秩序	zhìxù	order

智慧	zhìhuì	wisdom
中国	zhōngguó	China
中间	zhōngjiān	intermediate
中介	zhōngjiè	intermediary
中文	zhōngwén	Chinese
中午	zhōngwǔ	noon
中心	zhōngxīn	center
中旬	zhōngxún	mid
终于	zhōngyú	at last
种（量词）	zhǒng (liàngcí)	species (quantifiers)
种类	zhǒnglèi	category
重	zhòng	heavy
重大	zhòngdà	major
重点	zhòngdiǎn	focus
重量	zhòngliàng	weight
重视	zhòngshì	pay attention
重要	zhòngyào	important
周到	zhōudào	thoughtful
周末	zhōumò	weekend
周围	zhōuwéi	around
猪	zhū	pig
竹子	zhúzi	bamboo
逐步	zhúbù	step by step
逐渐	zhújiàn	gradually
主持	zhǔchí	host
主动	zhǔdòng	initiative
主观	zhǔguān	subjective
主人	zhǔrén	the host
主任	zhǔrèn	director
主题	zhǔtí	theme
主席	zhǔxí	chairman
主要	zhǔyào	main
主意	zhǔyì	idea
主张	zhǔzhāng	advocate
煮	zhǔ	cook

住	zhù	live
注册	zhùcè	register
注意	zhùyì	note
祝福	zhùfú	blessings
祝贺	zhùhè	congratulate
著名	zhùmíng	famous
抓	zhuā	grab
抓紧	zhuājǐn	pay close attention
专家	zhuānjiā	expert
专门	zhuānmén	specialized
专心	zhuānxīn	concentrate
专业	zhuānyè	profession
转	zhuǎn	turn
转变	zhuǎnbiàn	change
转告	zhuǎngào	tell
赚	zhuàn	earn
装	zhuāng	loaded
装饰	zhuāngshì	decoration
装修	zhuāngxiū	decoration
状况	zhuàngkuàng	condition
状态	zhuàngtài	state
撞	zhuàng	hit
追	zhuī	chase
追求	zhuīqiú	pursuit
准备	zhǔnbèi	ready
准确	zhǔnquè	accurate
准时	zhǔnshí	on time
桌子	zhuōzi	table
咨询	zīxún	consultation
姿势	zīshì	posture
资格	zīgé	qualifications
资金	zījīn	funds
资料	zīliào	information
资源	zīyuán	resources
仔细	zǐxì	careful

紫	zǐ	purple
自从	zìcóng	since
自动	zìdòng	automatic
自豪	zìháo	proud
自己	zìjǐ	myself
自觉	zìjué	consciously
自然	zìrán	natural
自私	zìsī	selfish
自信	zìxìn	confidence
自行车	zìxíngchē	bicycle
自由	zìyóu	free
自愿	zìyuàn	volunteer
字	zì	word
字母	zìmǔ	letter
字幕	zìmù	subtitles
综合	zònghé	synthesis
总裁	zǒngcái	president
总共	zǒnggòng	total
总结	zǒngjié	to sum up
总理	zǒnglǐ	prime minister
总是	zǒng shì	always
总算	zǒngsuàn	finally
总统	zǒngtǒng	president
总之	zǒngzhī	in short
走	zǒu	go
租	zū	rent
阻止	zǔzhǐ	stop
组	zǔ	group
组成	zǔchéng	composition
组合	zǔhé	combination
组织	zǔzhī	organization
嘴	zuǐ	mouth
最	zuì	most
最初	zuìchū	initially
最好	zuì hǎo	the best

最后	zuìhòu	at last
最近	zuìjìn	recent
醉	zuì	drunk
尊敬	zūnjìng	respect
尊重	zūnzhòng	respect
遵守	zūnshǒu	comply with
昨天	zuótiān	yesterday
左边	zuǒbiān	left
左右	zuǒyòu	about
作家	zuòjiā	writer
作品	zuòpǐn	works
作为	zuòwéi	as
作文	zuòwén	composition
作业	zuòyè	operation
作用	zuòyòng	effect
作者	zuòzhě	author
坐	zuò	sit
座	zuò	seat
座位	zuòwèi	seat
做	zuò	do

5000 VOCABULARY COMPLETE LISTS

New HSK Level Six 5000 Words

词汇	Pinyin	English
阿姨	Āyí	auntie
啊	a	what
哎	āi	hey
唉	āi	ugh
挨	āi	suffer
癌症	áizhèng	cancer
矮	ǎi	short
爱	ài	love
爱不释手	àibùshìshǒu	cannot put it down
爱戴	àidài	love to wear
爱好	àihào	hobbies
爱护	àihù	love
爱情	àiqíng	love
爱惜	àixī	cherish
爱心	àixīn	love
暧昧	àimèi	ambiguous
安静	ānjìng	be quiet
安宁	ānníng	peaceful
安排	ānpái	arrangement
安全	ānquán	safety
安慰	ānwèi	comfort
安详	ānxiáng	serene
安置	ānzhì	place
安装	ānzhuāng	install
岸	àn	shore
按摩	ànmó	massage
按时	ànshí	on time
按照	ànzhào	according to
案件	ànjiàn	case
案例	ànlì	case

暗	àn	dark
暗示	ànshì	implied
昂贵	ángguì	expensive
凹凸	āotú	bump
熬	áo	boil
熬夜	áoyè	stay up late
奥秘	àomì	mystery
八	bā	eight
巴不得	bābudé	anxious
巴结	bājié	fawn on
扒	bā	dig up
疤	bā	scar
拔苗助长	bámiáozhùzhǎng	destructive enthusiasm
把	bǎ	put
把关	bǎguān	check
把手	bǎshǒu	handle
把握	bǎwò	grasp
爸爸	bàba	dad
罢工	bàgōng	strike
霸道	bàdào	overbearing
吧	ba	(auxiliary word)
掰	bāi	break
白	bái	white
百	bǎi	one hundred
百分之	bǎi fēn zhī	percent
摆	bǎi	put
摆脱	bǎituō	get rid of
败坏	bàihuài	corrupt
拜访	bàifǎng	visit
拜年	bàinián	wish sb. a happy new year
拜托	bàituō	please
班	bān	class
颁布	bānbù	promulgated
颁发	bānfā	issued
斑	bān	spot

搬	bān	move
版本	bǎnběn	version
办法	bànfǎ	method
办公室	bàngōngshì	office
办理	bànlǐ	handle
半	bàn	half
半途而废	bàntú'érfèi	give up halfway
扮演	bànyǎn	play
伴侣	bànlǚ	companion
伴随	bànsuí	accompanied
帮忙	bāngmáng	help
帮助	bāngzhù	help
绑架	bǎngjià	kidnapping
榜样	bǎngyàng	example
棒	bàng	excellent
傍晚	bàngwǎn	evening
磅	bàng	lb
包	bāo	package
包庇	bāobì	shelter
包袱	bāofú	burden
包裹	bāoguǒ	package
包含	bāohán	contains
包括	bāokuò	include
包围	bāowéi	surrounded
包装	bāozhuāng	package
包子	bāozi	bun
薄	báo	thin
饱	bǎo	full
饱和	bǎohé	saturation
饱经沧桑	bǎo jīng cāng sāng	experienced vicissitudes of life
宝贝	bǎobèi	baby
宝贵	bǎoguì	valuable
保持	bǎochí	keep it
保存	bǎocún	save
保管	bǎoguǎn	custody

保护	bǎohù	protection
保留	bǎoliú	keep
保密	bǎomì	confidentiality
保姆	bǎomǔ	nanny
保守	bǎoshǒu	conservative
保卫	bǎowèi	defend
保险	bǎoxiǎn	insurance
保养	bǎoyǎng	maintenance
保障	bǎozhàng	protection
保证	bǎozhèng	guarantee
保重	bǎozhòng	take care
报仇	bàochóu	revenge
报酬	bàochóu	reward
报答	bàodá	repay
报到	bàodào	check in
报道	bàodào	reported
报复	bàofù	revenge
报告	bàogào	report
报警	bàojǐng	call the police
报名	bàomíng	sign up
报社	bàoshè	newspaper
报销	bàoxiāo	reimbursement
报纸	bàozhǐ	newspaper
抱	bào	hold
抱负	bàofù	ambition
抱歉	bàoqiàn	sorry
抱怨	bàoyuàn	complain
暴力	bàolì	violence
暴露	bàolù	exposed
曝光	pùguāng	exposure
爆发	bàofā	break out
爆炸	bàozhà	explosion
杯子	bēizi	cup
卑鄙	bēibǐ	mean
背	bèi	back

悲哀	bēi'āi	sorrow
悲惨	bēicǎn	tragic
悲观	bēiguān	pessimistic
北方	běifāng	north
北极	běijí	arctic
北京	běijīng	Beijing
贝壳	bèiké	shell
备份	bèifèn	backup
备忘录	bèiwànglù	memorandum
背景	bèijǐng	background
背叛	bèipàn	betray
背诵	bèisòng	recite
倍	bèi	times
被	bèi	be
被动	bèidòng	passive
被告	bèigào	defendant
被子	bèizi	quilt
奔波	bēnbō	running around
奔驰	bēnchí	run quickly
本	běn	original
本科	běnkē	undergraduate
本来	běnlái	originally
本领	běnlǐng	ability
本能	běnnéng	instinct
本钱	běnqián	capital
本人	běnrén	self
本身	běnshēn	itself
本事	běnshì	ability
本质	běnzhí	nature
笨	bèn	stupid
笨拙	bènzhuō	clumsy
崩溃	bēngkuì	collapse
甭	béng	don't
迸发	bèngfā	burst
蹦	bèng	jump

逼迫	bīpò	force
鼻涕	bítì	nasal mucus
鼻子	bízi	nose
比	bǐ	than
比方	bǐ fāng	for example
比较	bǐjiào	compare
比例	bǐlì	proportion
比如	bǐrú	such as
比赛	bǐsài	game
比喻	bǐyù	metaphor
比重	bǐzhòng	proportion
彼此	bǐcǐ	each other
笔记本	bǐjìběn	notebook
鄙视	bǐshì	despise
必然	bì rán	necessary
必须	bìxū	have to
必要	bìyào	necessary
毕竟	bìjìng	after all
毕业	bìyè	graduation
闭塞	bìsè	blocked
弊病	bìbìng	ills
弊端	bìduān	disadvantages
避免	bìmiǎn	avoid
臂	bì	arm
边疆	biānjiāng	frontier
边界	biānjiè	boundary
边境	biānjìng	border
边缘	biānyuán	edge
编辑	biānjí	edit
编织	biānzhī	weaving
鞭策	biāncè	spur
鞭炮	biānpào	firecracker
贬低	biǎndī	belittle
贬义	biǎnyì	pejorative
扁	biǎn	flat

变故	biàngù	misfortune
变化	biànhuà	variety
变迁	biànqiān	change
变质	biànzhí	go bad
便	biàn	will
便利	biànlì	convenient
便条	biàntiáo	note
便于	biànyú	easy to
遍	biàn	all over
遍布	biànbù	all over
辨认	biànrèn	identify
辩护	biànhù	defend
辩解	biànjiě	excuse
辩论	biànlùn	debate
辩证	biànzhèng	dialectical
辫子	biànzi	braid
标本	biāoběn	specimen
标点	biāodiǎn	punctuation
标记	biāojì	mark
标题	biāotí	title
标志	biāozhì	sign
标准	biāozhǔn	standard
表达	biǎodá	expression
表格	biǎogé	form
表决	biǎojué	vote
表面	biǎomiàn	surface
表明	biǎomíng	show that
表情	biǎoqíng	expression
表示	biǎoshì	said
表态	biǎotài	stand
表现	biǎoxiàn	behave
表演	biǎoyǎn	performance
表扬	biǎoyáng	praise
表彰	biǎozhāng	commendation
憋	biē	hold back

别	bié	do not
别人	biérén	other people
别墅	biéshù	villa
别致	biézhì	chic
别扭	bièniu	awkward
宾馆	bīnguǎn	hotel
濒临	bīnlín	on the verge of
冰雹	bīngbáo	hail
冰激凌	bīngjīlíng	ice cream
冰箱	bīngxiāng	refrigerator
丙	bǐng	third
饼干	bǐnggān	cookies
并非	bìngfēi	no
并列	bìngliè	side by side
并且	bìngqiě	and
病毒	bìngdú	virus
拨	bō	dial
波浪	bōlàng	wave
波涛	bōtāo	waves
玻璃	bōlí	glass
剥削	bōxuè	exploitation
播放	bòfàng	play
播种	bōzhòng	sowing
伯母	bómǔ	aunt
脖子	bózi	neck
博大精深	bódàjīngshēn	broad and profound
博览会	bólǎnhuì	expo
博士	bóshì	Dr.
博物馆	bówùguǎn	museum
搏斗	bódòu	fight
薄弱	bóruò	weak
补偿	bǔcháng	make up
补充	bǔ chōng	supplement
补救	bǔjiù	remedy
补贴	bǔtiē	subsidy

捕捉	bǔzhuō	capture
哺乳	bǔrǔ	breast-feeding
不	bù	do not
不安	bù'ān	uneasy
不但……而且……	bùdàn……érqiě……	not only but also……
不得不	bùdé bù	have to
不得了	bùdéle	incredible
不得已	bùdéyǐ	last resort
不断	bùduàn	constantly
不妨	bùfáng	may wish
不敢当	bù gǎndāng	do not be afraid
不顾	bùgù	regardless of
不管	bùguǎn	regardless of
不过	bùguò	but
不见得	bùjiàn dé	not necessarily
不禁	bùjīn	can not help but
不仅	bùjǐn	not only
不堪	bùkān	unbearable
不可思议	bùkěsīyì	unbelievable
不客气	bù kèqì	you're welcome
不愧	bùkuì	deserved
不料	bùliào	unexpectedly
不免	bùmiǎn	inevitably
不耐烦	bù nàifán	impatient
不然	bùrán	otherwise
不如	bùrú	not as good
不时	bùshí	from time to time
不惜	bùxī	not at all
不相上下	bù xiāng shàngxià	comparable
不像话	bù xiànghuà	outrageous
不屑一顾	bùxiè yī gù	dismissive
不言而喻	bù yán ér yù	it goes without saying
不要紧	bùyàojǐn	it does not matter
不由得	bùyóudé	can not help but
不择手段	bùzéshǒuduàn	play hard

不止	bùzhǐ	more than
不足	bùzú	insufficient
布	bù	cloth
布告	bùgào	notice
布局	bùjú	layout
布置	bùzhì	arrangement
步伐	bùfá	pace
步骤	bùzhòu	step
部分	bùfèn	section
部门	bùmén	department
部署	bùshǔ	deploy
部位	bùwèi	site
擦	cā	rub
猜	cāi	guess
才干	cáigàn	competence
材料	cáiliào	material
财产	cáichǎn	property
财富	cáifù	wealth
财务	cáiwù	finance
财政	cáizhèng	financial
裁缝	cáiféng	tailor
裁判	cáipàn	referee
裁员	cáiyuán	layoffs
采访	cǎifǎng	interview
采购	cǎigòu	purchase
采集	cǎijí	collection
采纳	cǎinà	adoption
采取	cǎiqǔ	take
彩虹	cǎihóng	rainbow
彩票	cǎipiào	lottery
踩	cǎi	step on
菜	cài	dish
菜单	càidān	menu
参观	cānguān	visit
参加	cānjiā	participate

参考	cānkǎo	reference
参谋	cānmóu	give advice
参与	cānyù	participate
参照	cānzhào	reference
餐厅	cāntīng	restaurant
残疾	cánjí	disability
残酷	cánkù	cruel
残留	cánliú	residual
残忍	cánrěn	cruel
惭愧	cánkuì	ashamed
灿烂	cànlàn	brilliant
仓促	cāngcù	hurry
仓库	cāngkù	warehouse
苍白	cāngbái	pale
舱	cāng	cabin
操场	cāochǎng	playground
操劳	cāoláo	work hard
操练	cāoliàn	practice
操心	cāoxīn	worry
操纵	cāozòng	manipulate
操作	cāozuò	operating
嘈杂	cáozá	noisy
草	cǎo	grass
草案	cǎo'àn	draft
草率	cǎoshuài	hasty
册	cè	book
厕所	cèsuǒ	rest room
侧面	cèmiàn	side
测量	cèliáng	measuring
测验	cèyàn	quiz
策划	cèhuà	plan
策略	cèlüè	strategy
层	céng	floor
层出不穷	céngchūbùqióng	an endless stream
层次	céngcì	level

曾经	céngjīng	once
叉子	chāzi	fork
差别	chābié	difference
差距	chājù	gap
插	chā	insert
插座	chāzuò	outlet
茶	chá	tea
查获	cháhuò	seized
岔	chà	fork
刹那	chànà	moment
诧异	chàyì	surprised
差	chà	difference
差不多	chàbùduō	almost
拆	chāi	remove
柴油	cháiyóu	diesel
搀	chān	mix
馋	chán	greedy
缠绕	chánrào	winding
产品	chǎnpǐn	product
产生	chǎnshēng	produced
产业	chǎnyè	industry
阐述	chǎnshù	explain
颤抖	chàndǒu	trembling
昌盛	chāngshèng	prosperity
长（形容词）	cháng (xíngróngcí)	long (adjective)
长城	chángchéng	Great Wall
长江	chángjiāng	Yangtze
长途	chángtú	long distance
尝	cháng	taste
尝试	chángshì	try
常识	chángshì	common sense
偿还	chánghuán	repay
场	chǎng	field
场合	chǎnghé	occasion
场面	chǎngmiàn	scene

场所	chǎngsuǒ	place
敞开	chǎngkāi	open
畅通	chàngtōng	smooth
畅销	chàngxiāo	best-selling
倡导	chàngdǎo	advocacy
倡议	chàngyì	initiative
唱歌	chànggē	singing
抄	chāo	copy
钞票	chāopiào	paper money
超过	chāoguò	exceed
超级	chāojí	super
超市	chāoshì	supermarket
超越	chāoyuè	beyond
巢穴	cháoxué	nest
朝	cháo	towards
朝代	cháodài	dynasty
嘲笑	cháoxiào	mock
潮流	cháoliú	trend
潮湿	cháoshī	wet
吵	chǎo	noisy
吵架	chǎojià	quarrel
炒	chǎo	fried
车库	chēkù	garage
车厢	chēxiāng	car
彻底	chèdǐ	thoroughly
撤退	chètuì	retreat
撤销	chèxiāo	undo
沉淀	chéndiàn	precipitation
沉闷	chénmèn	boring
沉默	chénmò	silence
沉思	chénsī	meditation
沉重	chénzhòng	heavy
沉着	chénzhuó	calm
陈旧	chénjiù	obsolete
陈列	chénliè	display

陈述	chénshù	statement
衬衫	chènshān	shirt
衬托	chèntuō	set off
称心如意	chènxīn rúyì	good luck
趁	chèn	take advantage of
称	chēng	said
称号	chēnghào	title
称呼	chēnghu	call
称赞	chēngzàn	praise
成本	chéngběn	cost
成分	chéngfèn	ingredients
成功	chénggōng	success
成果	chéngguǒ	results
成绩	chéngjī	score
成交	chéngjiāo	deal
成就	chéngjiù	achievements
成立	chénglì	set up
成人	chéngrén	adult
成熟	chéngshú	mature
成天	chéngtiān	all day
成为	chéngwéi	become
成效	chéngxiào	effective
成心	chéng xīn	deliberately
成语	chéngyǔ	idioms
成员	chéngyuán	member
成长	chéngzhǎng	growing up
呈现	chéngxiàn	rendered
诚恳	chéngkěn	sincere
诚实	chéngshí	honest
诚挚	chéngzhì	sincere
承办	chéngbàn	undertake
承包	chéngbāo	contract
承担	chéngdān	bear
承诺	chéngnuò	committed to
承认	chéngrèn	admit

承受	chéngshòu	bear
城堡	chéngbǎo	castle
城市	chéngshì	city
乘	chéng	multiply
乘坐	chéngzuò	ride
盛	shèng	carry
程度	chéngdù	degree
程序	chéngxù	program
惩罚	chéngfá	punishment
澄清	chéngqīng	clarify
橙	chéng	orange
秤	chèng	scales
吃	chī	eat
吃惊	chījīng	be surprised
吃苦	chīkǔ	hardship
吃亏	chīkuī	loss
吃力	chīlì	strenuous
池塘	chítáng	pond
迟到	chídào	to be late
迟钝	chídùn	slow
迟缓	chíhuǎn	slow
迟疑	chíyí	hesitate
迟早	chízǎo	sooner or later
持久	chíjiǔ	lasting
持续	chíxù	continued
尺子	chǐzi	ruler
赤道	chìdào	equatorial
赤字	chìzì	deficit
翅膀	chìbǎng	wings
冲	chōng	rush
冲动	chōngdòng	impulse
冲击	chōngjí	impact
冲突	chōngtú	conflict
充当	chōngdāng	act as
充电器	chōngdiàn qì	charger

充分	chōngfèn	full
充满	chōngmǎn	full
充沛	chōngpèi	abundant
充实	chōngshí	full
充足	chōngzú	adequate
重叠	chóngdié	overlapping
重复	chóngfù	repeat
重新	chóngxīn	re-
崇拜	chóngbài	worship
崇高	chónggāo	sublime
崇敬	chóngjìng	respect
宠物	chǒngwù	pet
抽屉	chōuti	drawer
抽象	chōuxiàng	abstraction
抽烟	chōuyān	smokes
稠密	chóumì	dense
筹备	chóubèi	preparation
丑	chǒu	ugly
丑恶	chǒu'è	ugly
臭	chòu	smelly
出	chū	out
出版	chūbǎn	published
出差	chūchāi	business trip
出发	chūfā	set off
出口	chūkǒu	export
出路	chūlù	way out
出卖	chūmài	sell
出色	chūsè	excellent
出身	chūshēn	origin
出神	chūshén	exulting
出生	chūshēng	born
出示	chūshì	show
出息	chūxī	out of interest
出席	chūxí	attend
出现	chūxiàn	appear

出租车	chūzū chē	taxi
初步	chūbù	preliminary
初级	chūjí	beginner
除	chú	except
除非	chúfēi	unless
除了	chúle	apart from
除夕	chúxì	New Year's Eve
厨房	chúfáng	kitchen
处分	chǔfèn	disposition
处境	chǔjìng	situation
处理	chǔlǐ	deal with
处置	chǔzhì	disposal
储备	chúbèi	reserve
储存	chúcún	store
储蓄	chúxù	savings
触犯	chùfàn	offended
川流不息	chuānliúbùxī	stream endless
穿	chuān	wear
穿越	chuānyuè	through
传播	chuánbò	spread
传达	chuándá	convey
传单	chuándān	flyer
传染	chuánrǎn	infection
传授	chuánshòu	teach
传说	chuánshuō	legend
传统	chuántǒng	tradition
传真	chuánzhēn	fax
船	chuán	ship
船舶	chuánbó	ships
喘气	chuǎnqì	pant
串	chuàn	string
窗户	chuānghù	window
窗帘	chuānglián	curtains
床单	chuángdān	sheets
闯	chuǎng	rush

创立	chuànglì	created
创新	chuàngxīn	innovation
创业	chuàngyè	entrepreneurship
创造	chuàngzào	create
创作	chuàngzuò	creation
吹	chuī	blow
吹牛	chuīniú	boast
吹捧	chuīpěng	touted
炊烟	chuīyān	smoke
垂直	chuízhí	vertical
锤	chuí	hammer
春	chūn	spring
纯粹	chúncuì	purely
纯洁	chúnjié	pure
词典	cídiǎn	dictionary
词汇	cíhuì	vocabulary
词语	cíyǔ	words
辞职	cízhí	resign
慈善	císhàn	charitable
慈祥	cíxiáng	kindly
磁带	cídài	tape
雌雄	cíxióng	male and female
此外	cǐwài	in addition
次	cì	times
次品	cì pǐn	defective
次序	cìxù	order
次要	cì yào	secondary
伺候	cìhòu	serve
刺	cì	thorn
刺激	cìjī	stimulation
匆忙	cōngmáng	hurry
聪明	cōngmíng	clever
从	cóng	from
从此	cóngcǐ	from then on
从而	cóng'ér	thus

从来	cónglái	never
从前	cóngqián	formerly
从容	cóngróng	calmly
从事	cóngshì	engaged
丛	cóng	cluster
凑合	còuhé	improvise
粗糙	cūcāo	rough
粗鲁	cūlǔ	rude
粗心	cūxīn	careless
促进	cùjìn	promote
促使	cùshǐ	promote
醋	cù	vinegar
窜	cuàn	channeling
催	cuī	reminder
摧残	cuīcán	destroyed
脆弱	cuìruò	fragile
存	cún	save
存在	cúnzài	exist
搓	cuō	twist
磋商	cuōshāng	consultation
挫折	cuòzhé	frustration
措施	cuòshī	measures
错	cuò	wrong
错误	cuòwù	wrong
搭	dā	take
搭档	dādàng	partner
搭配	dāpèi	with
答应	dāyìng	promise
达成	dáchéng	reached
达到	dádào	reached
答案	dá'àn	answer
答辩	dábiàn	reply
答复	dáfù	reply
打扮	dǎbàn	dress up
打包	dǎbāo	bale

打电话	dǎ diànhuà	call
打工	dǎgōng	work
打官司	dǎ guānsī	litigation
打击	dǎjí	hit
打架	dǎjià	fight
打交道	dǎjiāodào	deal with
打篮球	dǎ lánqiú	play basketball
打量	dǎliang	looked
打猎	dǎliè	hunt
打喷嚏	dǎ pēntì	sneeze
打扰	dǎrǎo	disturb
打扫	dǎsǎo	clean
打算	dǎsuàn	intend
打听	dǎtīng	inquire
打印	dǎyìn	print
打仗	dǎzhàng	fight
打招呼	dǎ zhāo hū	say hello
打折	dǎzhé	discount
打针	dǎzhēn	injections
大	dà	big
大不了	dàbùliǎo	big deal
大臣	dàchén	minister
大方	dàfāng	generous
大概	dàgài	probably
大伙儿	dàhuǒ er	everyone
大家	dàjiā	everyone
大厦	dàshà	building
大使馆	dàshǐ guǎn	embassy
大肆	dàsì	wantonly
大体	dàtǐ	in general
大象	dà xiàng	elephant
大型	dàxíng	large
大意	dàyì	main idea
大约	dàyuē	about
大致	dàzhì	approximately

呆	dāi	stay
歹徒	dǎitú	gangsters
大夫	dàfū	doctor
代表	dàibiǎo	representative
代价	dàijià	cost
代理	dàilǐ	proxy
代替	dàitì	instead
带	dài	band
带领	dàilǐng	lead
贷款	dàikuǎn	loan
待遇	dàiyù	treatment
怠慢	dàimàn	neglect
逮捕	dàibǔ	arrest
戴	dài	wore
担保	dānbǎo	guarantee
担任	dānrèn	hold a post
担心	dānxīn	worry
单纯	dānchún	simple
单调	dāndiào	monotonous
单独	dāndú	alone
单位	dānwèi	unit
单元	dānyuán	unit
耽误	dānwù	hold up
胆怯	dǎnqiè	timid
胆小鬼	dǎnxiǎoguǐ	cowardly
诞辰	dànchén	birthday
诞生	dànshēng	birth
淡	dàn	light
淡季	dàn jì	low season
淡水	dànshuǐ	freshwater
蛋白质	dànbáizhí	protein
蛋糕	dàngāo	cake
当	dāng	when
当场	dāngchǎng	on the spot
当初	dāngchū	at first

当代	dāngdài	contemporary
当地	dāngdì	local
当面	dāngmiàn	face to face
当前	dāngqián	current
当然	dāngrán	of course
当时	dāngshí	then
当事人	dāngshìrén	party
当务之急	dāngwùzhījí	top priority
当心	dāngxīn	be careful
当选	dāngxuǎn	elected
挡	dǎng	block
党	dǎng	party
档案	dǎng'àn	file
档次	dàngcì	grade
刀	dāo	knife
导弹	dǎodàn	missile
导航	dǎoháng	navigation
导向	dǎoxiàng	guide
导演	dǎoyǎn	director
导游	dǎoyóu	tourist guide
导致	dǎozhì	resulting in
岛屿	dǎoyǔ	islands
捣乱	dǎoluàn	make trouble
倒闭	dǎobì	collapse
倒霉	dǎoméi	unlucky
到	dào	to
到处	dàochù	everywhere
到达	dàodá	arrivals
到底	dàodǐ	in the end
倒	dào	down
盗窃	dàoqiè	theft
道德	dàodé	morality
道理	dàolǐ	reason
道歉	dàoqiàn	apologize
稻谷	dào gǔ	rice

得不偿失	débùchángshī	not worth the candle
得力	délì	effective
得天独厚	détiāndúhòu	blessed
得意	déyì	proud
得罪	dézuì	offend
地（助词）	de (zhùcí)	(particle)
的	de	of
得（助词）	dé (zhùcí)	(particle)
得（助动词）	dé (zhùdòngcí)	get
灯	dēng	light
灯笼	dēnglóng	lantern
登机牌	dēng jī pái	boarding pass
登记	dēngjì	registration
登陆	dēnglù	land
登录	dēnglù	log in
蹬	dēng	pedaling
等（助词）	děng (zhùcí)	etc.
等（动词）	děng (dòngcí)	wait (verb)
等待	děngdài	waiting
等候	děnghòu	waiting
等级	děngjí	grade
等于	děngyú	equal
瞪	dèng	stare
低	dī	low
堤坝	dībà	dam
滴	dī	drop
的确	díquè	indeed
敌人	dírén	enemy
敌视	díshì	hostile
抵达	dǐdá	arrival
抵抗	dǐkàng	resistance
抵制	dǐzhì	resist
底	dǐ	bottom
地步	dìbù	extent
地道	dìdào	authentic

地点	dìdiǎn	location
地方	dìfāng	place
地理	dìlǐ	geography
地球	dìqiú	earth
地区	dìqū	area
地势	dìshì	terrain
地毯	dìtǎn	carpet
地铁	dìtiě	subway
地图	dìtú	map
地位	dìwèi	status
地震	dìzhèn	earthquake
地址	dìzhǐ	address
地质	dìzhí	geology
弟弟	dìdi	little brother
递	dì	hand
递增	dìzēng	increment
第一	dì yī	the first
颠簸	diānbǒ	bumpy
颠倒	diāndǎo	reverse
典礼	diǎnlǐ	ceremony
典型	diǎnxíng	typical
点	diǎn	point
点心	diǎn xīn	dessert
点缀	diǎnzhuì	embellishment
电池	diànchí	battery
电脑	diànnǎo	computer
电视	diànshì	TV
电台	diàntái	radio
电梯	diàntī	elevator
电影	diànyǐng	the film
电源	diànyuán	power supply
电子邮件	diànzǐ yóujiàn	e-mail
垫	diàn	pad
惦记	diànjì	bear in mind
奠定	diàndìng	establish

叼	diāo	hold in the mouth
雕刻	diāokè	engrave
雕塑	diāosù	sculpture
吊	diào	hang
钓	diào	fishing
调查	diàochá	survey
调动	diàodòng	deploy
掉	diào	off
跌	diē	fall
丁	dīng	fourth
叮嘱	dīngzhǔ	told
盯	dīng	stare
顶	dǐng	top
定期	dìngqī	regular
定义	dìngyì	definition
丢	diū	throw
丢人	diūrén	shameful
丢三落四	diūsānlàsì	miss this and that
东	dōng	east
东道主	dōngdàozhǔ	host
东西	dōngxī	thing
东张西望	dōngzhāngxīwàng	looking around
冬	dōng	winter
董事长	dǒngshì zhǎng	chairman
懂	dǒng	understand
动荡	dòngdàng	turmoil
动画片	dònghuà piàn	cartoon
动机	dòngjī	motivation
动静	dòngjìng	movement
动力	dònglì	power
动脉	dòngmài	artery
动身	dòngshēn	leave
动手	dòngshǒu	start work
动态	dòngtài	dynamic
动物	dòngwù	animal

动员	dòngyuán	mobilization
动作	dòngzuò	action
冻	dòng	frozen
冻结	dòngjié	freeze
栋	dòng	building
洞	dòng	hole
都	dōu	all
兜	dōu	pocket
陡峭	dǒuqiào	steep
斗争	dòuzhēng	struggle
豆腐	dòufu	Tofu
逗	dòu	funny
督促	dūcù	urge
毒品	dúpǐn	drug
独裁	dúcái	dictatorship
独立	dúlì	independent
独特	dútè	unique
读	dú	read
堵车	dǔchē	traffic jam
堵塞	dǔsè	clogged
赌博	dǔbó	gambling
杜绝	dùjué	put an end to
肚子	dùzi	belly
度过	dùguò	spend
端	duān	end
端午节	duānwǔ jié	dragon boat festival
端正	duānzhèng	correct
短	duǎn	short
短促	duǎncù	short
短信	duǎnxìn	sms
段	duàn	segment
断	duàn	off
断定	duàndìng	concluded
断绝	duànjué	cut off
锻炼	duànliàn	work out

堆	duī	heap
堆积	duījī	accumulation
队伍	duìwǔ	team
对（形容词）	duì (xíngróngcí)	right (adjective)
对（介词）	duì (jiècí)	to (preposition)
对比	duìbǐ	compared
对不起	duìbùqǐ	I am sorry
对策	duìcè	countermeasures
对称	duìchèn	symmetry
对待	duìdài	treat
对方	duìfāng	other side
对付	duìfù	deal with
对话	duìhuà	dialogue
对抗	duìkàng	confrontation
对立	duìlì	opposition
对联	duìlián	couplet
对面	duìmiàn	opposite
对手	duìshǒu	opponent
对象	duìxiàng	object
对应	duìyìng	correspond
对于	duìyú	for
对照	duìzhào	control
兑换	duìhuàn	exchange
兑现	duìxiàn	cash
吨	dūn	ton
蹲	dūn	squatting
顿	dùn	pause
顿时	dùnshí	suddenly
多	duō	many
多亏	duōkuī	thanks
多么	duōme	how
多少	duōshǎo	how many
多余	duōyú	excess
多元化	duōyuán huà	diversification
哆嗦	duōsuō	shiver

朵	duǒ	piece
躲藏	duǒcáng	hiding
堕落	duòluò	fallen
额外	éwài	additional
恶心	ěxīn	nausea
恶化	èhuà	deterioration
恶劣	èliè	bad
饿	è	hungry
遏制	èzhì	contain
恩怨	ēnyuàn	resentment
儿童	értóng	child
儿子	érzi	son
而	ér	and
而已	éryǐ	only
耳朵	ěrduǒ	ear
耳环	ěrhuán	earring
二	èr	two
二氧化碳	èryǎnghuàtàn	carbon dioxide
发	fā	hair
发表	fābiǎo	posted
发布	fābù	release
发财	fācái	make a fortune
发愁	fāchóu	worried
发达	fādá	developed
发呆	fādāi	daze
发动	fādòng	launch
发抖	fādǒu	shivering
发挥	fāhuī	play
发觉	fājué	find
发明	fāmíng	invention
发票	fāpiào	invoice
发烧	fāshāo	fever
发射	fāshè	emission
发生	fāshēng	occur
发誓	fāshì	swear

发现	fāxiàn	find
发行	fāxíng	issued
发言	fāyán	speaking
发炎	fāyán	inflammation
发扬	fāyáng	carry forward
发育	fāyù	development
发展	fāzhǎn	development of
罚款	fákuǎn	fine
法律	fǎlǜ	law
法人	fǎrén	legal person
法院	fǎyuàn	court
番	fān	piece
翻	fān	turn
翻译	fānyì	translation
凡是	fánshì	all
烦恼	fánnǎo	upset
繁华	fánhuá	bustling
繁忙	fánmáng	busy
繁荣	fánróng	prosperity
繁体字	fántǐ zì	traditional Chinese
繁殖	fánzhí	breeding
反驳	fǎnbó	refute
反常	fǎncháng	unusual
反对	fǎnduì	oppose
反而	fǎn ér	instead
反复	Fǎnfù	repeatedly
反感	fǎngǎn	disgusted
反抗	fǎnkàng	rebel
反馈	fǎnkuì	feedback
反面	fǎnmiàn	opposite
反射	fǎnshè	reflection
反思	fǎnsī	reflection
反问	fǎnwèn	asked back
反应	fǎnyìng	reaction
反映	fǎnyìng	reflect

反正	fǎnzhèng	anyway
反之	fǎnzhī	on the contrary
饭店	fàndiàn	restaurant
泛滥	fànlàn	flood
范畴	fànchóu	category
范围	fànwéi	range
贩卖	fànmài	sell
方	fāng	square
方案	fāng'àn	plan
方便	fāngbiàn	convenience
方法	fāngfǎ	method
方面	fāngmiàn	aspect
方式	fāngshì	the way
方位	fāngwèi	position
方向	fāngxiàng	direction
方言	fāngyán	dialect
方圆	fāngyuán	neighbourhood
方针	fāngzhēn	policy
防守	fángshǒu	defense
防御	fángyù	defense
防止	fángzhǐ	prevent
防治	fángzhì	prevention and treatment
妨碍	fáng'ài	hinder
房东	fángdōng	landlord
房间	fángjiān	room
仿佛	fǎngfú	as if
访问	fǎngwèn	access
纺织	fǎngzhī	textile
放	fàng	put
放大	fàngdà	enlarge
放弃	fàngqì	give up
放射	fàngshè	radiation
放暑假	fàng shǔjià	summer holiday
放松	fàngsōng	relax
放心	fàngxīn	rest assured

飞机	fēijī	aircraft
飞禽走兽	fēiqín zǒushòu	birds and beasts
飞翔	fēixiáng	fly
飞跃	fēiyuè	leap
非	fēi	wrong
非常	fēicháng	very much
非法	fēifǎ	illegal
肥沃	féiwò	fertile
肥皂	féizào	soap bar
诽谤	fěibàng	defamation
肺	fèi	lung
废除	fèichú	abolition
废话	fèihuà	nonsense
废寝忘食	fèiqǐnwàngshí	avidly
废墟	fèixū	ruins
沸腾	fèiténg	boiling
分	fēn	seperate
分辨	fēnbiàn	distinguish
分别	fēnbié	leave each other
分布	fēnbù	distribution
分寸	fēncùn	sense of propriety
分红	fēnhóng	dividends
分解	fēnjiě	break down
分裂	fēnliè	split
分泌	fēnmì	secretion
分明	fēnmíng	distinct
分配	fēnpèi	distribution
分歧	fēnqí	disagreement
分散	fēnsàn	dispersion
分手	fēnshǒu	break up
分析	fēnxī	analysis
分钟	fēnzhōng	minutes
吩咐	fēnfù	commanded
纷纷	fēnfēn	in succession
坟墓	fénmù	grave

粉末	fěnmò	powder
粉色	fěnsè	pink
粉碎	fěnsuì	smash
分量	fènliàng	component
份	fèn	copies
奋斗	fèndòu	struggle
愤怒	fènnù	anger
丰富	fēngfù	rich
丰满	fēngmǎn	full
丰盛	fēngshèng	rich
丰收	fēngshōu	harvest
风暴	fēngbào	storm
风度	fēngdù	demeanor
风格	fēnggé	style
风光	fēngguāng	scenery
风景	fēngjǐng	landscape
风气	fēngqì	atmosphere
风趣	fēngqù	funny
风俗	fēngsú	custom
风土人情	fēngtǔ rénqíng	local customs and practices
风味	fēngwèi	flavor
风险	fēngxiǎn	risk
封闭	fēngbì	closed
封建	fēngjiàn	feudal
封锁	fēngsuǒ	blockade
疯狂	fēngkuáng	crazy
锋利	fēnglì	sharp
逢	féng	every
讽刺	fěngcì	ironically
奉献	fèngxiàn	dedication
否定	fǒudìng	negative
否决	fǒujué	veto
否认	fǒurèn	denied
否则	fǒuzé	otherwise
夫妇	fūfù	couple

夫人	fūrén	lady
敷衍	fūyǎn	perfunctory
扶	fú	hold up
服从	fúcóng	obey
服气	fúqì	serve
服务员	fúwùyuán	waiter
服装	fúzhuāng	clothing
俘虏	fúlǔ	captive
符号	fúhào	symbol
符合	fúhé	accord with
幅	fú	width
幅度	fúdù	range
辐射	fúshè	radiation
福利	fúlì	welfare
福气	fúqi	blessing
抚摸	fǔmō	touch
抚养	fǔyǎng	raise
俯视	fǔshì	looking down
辅导	fǔdǎo	tutor
辅助	fǔzhù	auxiliary
腐败	fǔbài	corruption
腐烂	fǔlàn	rot
腐蚀	fǔshí	corrosion
腐朽	fǔxiǔ	decay
父亲	fùqīn	father
付款	fùkuǎn	payment
负担	fùdān	burden
负责	fùzé	be responsible for
妇女	fùnǚ	women
附和	fùhè	go along
附件	fùjiàn	annex
附近	fùjìn	nearby
附属	fùshǔ	subordinate
复活	fùhuó	resurrection
复习	fùxí	review

复兴	fùxīng	revival
复印	fùyìn	copy
复杂	fùzá	complex
复制	fùzhì	copy
副	fù	vice
赋予	fùyǔ	give
富	fù	rich
富裕	fùyù	rich
腹泻	fùxiè	diarrhea
覆盖	fùgài	cover
改变	gǎibiàn	change
改革	gǎigé	reform
改进	gǎijìn	improve
改良	gǎiliáng	improved
改善	gǎishàn	improve
改正	gǎizhèng	correct
钙	gài	calcium
盖	gài	cover
盖章	gài zhāng	stamp
概括	gàikuò	summarized
概念	gàiniàn	concept
干杯	gānbēi	cheers
干脆	gāncuì	simply
干旱	gānhàn	drought
干净	gānjìng	clean
干扰	gān rǎo	interference
干涉	gānshè	put one's oar in
干预	gānyù	intervention
干燥	gānzào	dry
尴尬	gāngà	awkward
赶	gǎn	rush
赶紧	gǎnjǐn	hurry up
赶快	gǎnkuài	hurry up
敢	gǎn	dare
感动	gǎndòng	moving

感激	gǎnjī	grateful
感觉	gǎnjué	feel
感慨	gǎnkǎi	emotion
感冒	gǎnmào	cold
感情	gǎnqíng	feeling
感染	gǎnrǎn	infection
感受	gǎnshòu	feel
感想	gǎnxiǎng	feelings
感谢	gǎnxiè	thank
感兴趣	gǎn xìngqù	interested
干	gàn	dry
干活儿	gàn huó er	work
干劲	gànjìng	drive
刚	gāng	just
刚才	gāng cái	just now
纲领	gānglǐng	program
钢铁	gāngtiě	steel
岗位	gǎngwèi	post
港口	gǎngkǒu	port
港湾	gǎngwān	harbor
杠杆	gànggǎn	lever
高	gāo	high
高超	gāochāo	superb
高潮	gāocháo	climax
高档	gāodàng	high-end
高峰	gāofēng	peak
高级	gāojí	advanced
高明	gāomíng	clever
高尚	gāoshàng	noble
高速公路	gāosù gōnglù	highway
高兴	gāoxìng	happy
高涨	gāozhàng	soaring
搞	gǎo	engage
稿件	gǎojiàn	manuscripts
告别	gàobié	say goodbye

告辞	gàocí	leave
告诫	gàojiè	warned
告诉	gàosù	tell
疙瘩	gēda	pimple
哥哥	gēgē	brother
胳膊	gēbó	arm
鸽子	gēzi	pigeon
搁	gē	put
割	gē	cut
歌颂	gēsòng	chant
革命	gémìng	revolution
格局	géjú	pattern
格式	géshì	format
格外	géwài	particularly
隔壁	gébì	next door
隔阂	géhé	gap
隔离	gélí	isolation
个	gè	piece
个别	gèbié	individually
个人	gèrén	personal
个体	gètǐ	individual
个性	gèxìng	personality
个子	gèzi	stature
各	gè	each
各抒己见	gèshūjǐjiàn	express their own views
各自	gèzì	each
给	gěi	give
根	gēn	root
根本	gēnběn	essential
根据	gēnjù	according to
根深蒂固	gēnshēndìgù	ingrained
根源	gēnyuán	source
跟	gēn	with
跟前	gēnqián	in front of
跟随	gēnsuí	follow

跟踪	gēnzōng	track
更新	gēngxīn	updated
更正	gēngzhèng	correct
耕地	gēngdì	arable land
更	gèng	more
工厂	gōngchǎng	factory
工程师	gōngchéngshī	engineer
工具	gōngjù	tool
工人	gōng rén	worker
工业	gōng yè	industry
工艺品	gōngyìpǐn	crafts
工资	gōngzī	wage
工作	gōngzuò	jobs
公安局	gōng'ān jú	public security bureau
公布	gōngbù	announced
公道	gōngdào	justice
公告	gōnggào	announcement
公共汽车	gōnggòng qìchē	bus
公关	gōngguān	pr
公斤	gōngjīn	kg
公开	gōngkāi	open
公里	gōnglǐ	km
公民	gōngmín	citizen
公平	gōngpíng	fair
公然	gōngrán	openly
公认	gōngrèn	accepted
公式	gōngshì	formula
公司	gōngsī	the company
公务	gōngwù	business
公寓	gōngyù	apartment
公元	gōngyuán	AD
公园	gōngyuán	park
公正	gōngzhèng	just
公证	gōngzhèng	notarization
公主	gōngzhǔ	princess

功夫	gōngfū	effort
功劳	gōngláo	credit
功能	gōngnéng	features
功效	gōngxiào	effect
攻击	gōngjí	attack
攻克	gōngkè	capture
供不应求	gōngbùyìngqiú	in short supply
供给	gōngjǐ	supply
宫殿	gōngdiàn	palace
恭敬	gōngjìng	respectful
恭喜	gōngxǐ	congratulations
巩固	gǒnggù	consolidation
共和国	gònghéguó	republic
共计	gòngjì	total
共鸣	gòngmíng	resonance
共同	gòngtóng	common
贡献	gòngxiàn	contribute
勾结	gōujié	collusion
沟通	gōutōng	communicate
钩子	gōuzi	hook
狗	gǒu	dog
构成	gòuchéng	composition
构思	gòusī	idea
购物	gòuwù	shopping
够	gòu	enough
估计	gūjì	estimate
孤独	gūdú	lonely
孤立	gūlì	isolated
姑姑	gūgū	aunt
姑娘	gūniáng	girl
姑且	gūqiě	tentatively
辜负	gūfù	let down
古代	gǔdài	ancient
古典	gǔdiǎn	classical
古董	gǔdǒng	antique

古怪	gǔguài	eccentric
股东	gǔdōng	shareholder
股份	gǔfèn	shares
股票	gǔpiào	stocks
骨干	gǔgàn	backbone
骨头	gǔtou	bone
鼓动	gǔdòng	agitate
鼓励	gǔlì	encourage
鼓舞	gǔwǔ	inspired
鼓掌	gǔzhǎng	applaud
固定	gùdìng	fixed
固然	gùrán	of course
固体	gùtǐ	solid
固有	gùyǒu	inherent
固执	gùzhí	stubborn
故事	gùshì	story
故乡	gùxiāng	home
故意	gùyì	deliberately
故障	gùzhàng	malfunction
顾客	gùkè	customer
顾虑	gùlǜ	concern
顾问	gùwèn	consultant
雇佣	gùyōng	hire
刮风	guā fēng	windy
挂	guà	hang
挂号	guàhào	registered
乖	guāi	be good
拐弯	guǎiwān	turn
拐杖	guǎizhàng	crutch
怪不得	guàibùdé	no wonder
关	guān	turn off
关闭	guānbì	shut down
关怀	guānhuái	care
关键	guānjiàn	the essential
关系	guānxì	relationship

关心	guānxīn	concern
关于	guānyú	on
关照	guānzhào	care
观察	guānchá	observed
观点	guāndiǎn	view
观光	guānguāng	go sightseeing
观念	guānniàn	concept
观众	guānzhòng	audience
官	guān	officer
官方	guānfāng	official
管理	guǎnlǐ	management
管辖	guǎnxiá	jurisdiction
管子	guǎnzi	pipe
贯彻	guànchè	implement
冠军	guànjūn	champion
惯例	guànlì	conventions
灌溉	guàngài	irrigation
罐	guàn	tank
光	guāng	light
光彩	guāngcǎi	brilliance
光滑	guānghuá	smooth
光辉	guānghuī	brilliant
光临	guānglín	come
光芒	guāngmáng	light
光明	guāngmíng	bright
光盘	guāngpán	cd
光荣	guāngróng	glory
广播	guǎngbò	broadcast
广场	guǎngchǎng	square
广大	guǎngdà	vast
广泛	guǎngfàn	wide range
广告	guǎnggào	advertising
广阔	guǎngkuò	broad
逛	guàng	visit
归根到底	guīgēn dàodǐ	in the final analysis

归还	guīhuán	return
归纳	guīnà	induction
规定	guīdìng	provisions
规范	guīfàn	specification
规格	guīgé	specification
规划	guīhuà	planning
规矩	guījǔ	rule
规律	guīlǜ	law
规模	guīmó	size
规则	guīzé	rules
规章	guīzhāng	regulations
轨道	guǐdào	track
柜台	guìtái	counter
贵	guì	expensive
贵族	guìzú	noble
跪	guì	kneel
滚	gǔn	roll
棍棒	gùnbàng	sticks
锅	guō	pot
国防	guófáng	national defense
国籍	guójí	country of citizenship
国际	guójì	international
国家	guójiā	country
国庆节	guóqìng jié	national day
国王	guówáng	king
国务院	guówùyuàn	state department
果断	guǒduàn	decisive
果然	guǒrán	really
果实	guǒshí	fruit
果汁	guǒ zhī	fruit juice
过（动词）	guò (dòngcí)	pass
过程	guòchéng	process
过度	guòdù	over
过渡	guòdù	transition
过分	guòfèn	too much

过奖	guòjiǎng	over prize
过滤	guòlǜ	filter
过敏	guòmǐn	allergy
过期	guòqí	expired
过去	guòqù	past
过失	guòshī	fault
过问	guòwèn	ask
过瘾	guòyǐn	enjoyable
过于	guò yú	too
过（助词）	guò (zhùcí)	excuse me
哈	hā	ah
嗨	hāi	hi
还（副词）	hái (fùcí)	also (adverb)
还是	háishì	still is
孩子	háizi	child
海拔	hǎibá	altitude
海滨	hǎibīn	seaside
海关	hǎiguān	customs
海鲜	hǎixiān	seafood
海洋	hǎiyáng	ocean
害怕	hàipà	fear
害羞	hàixiū	shy
含糊	hánhú	vague
含义	hányì	meaning
寒假	hánjià	winter vacation
寒暄	hánxuān	greeting
罕见	hǎnjiàn	rare
喊	hǎn	shout
汉语	hànyǔ	Chinese
汗	hàn	sweat
捍卫	hànwèi	defend
行列	hángliè	ranks
行业	hángyè	industry
航班	hángbān	flight
航空	hángkōng	aviation

航天	hángtiān	aerospace
航行	hángxíng	sailing
毫米	háomǐ	mm
毫无	háo wú	nothing
豪华	háohuá	luxury
豪迈	háomài	heroic
好	hǎo	good
好吃	hào chī	good to eat
好处	hǎochù	benefit
好像	hǎoxiàng	like
号	hào	number
号码	hàomǎ	number
号召	hàozhào	call
好客	hàokè	hospitable
好奇	hàoqí	curious
耗费	hàofèi	spent
呵	hē	ah
喝	hē	drink
合并	hébìng	merge
合成	héchéng	synthesis
合法	héfǎ	legal
合格	hégé	qualified
合伙	héhuǒ	partnership
合理	hélǐ	reasonable
合适	héshì	suitable
合算	hésuàn	cost-effective
合同	hétóng	contract
合影	héyǐng	group photo
合作	hézuò	cooperation
何必	hébì	why
何况	hékuàng	not to mention
和	hé	with
和蔼	hé'ǎi	kind
和解	héjiě	reconciliation
和睦	hémù	harmony

和平	hépíng	peace
和气	héqì	gentle
和谐	héxié	harmonious
核心	héxīn	core
盒子	hézi	box
黑	hēi	black
黑板	hēibǎn	blackboard
嘿	hēi	hey
痕迹	hénjī	trace
很	hěn	very
狠心	hěnxīn	heartless
恨	hèn	hate
恨不得	hènbudé	can not wait
横	héng	horizontal
哼	hēng	humph
轰动	hōngdòng	sensation
烘	hōng	bake
红	hóng	red
宏观	hóngguān	macro
宏伟	hóngwěi	magnificent
洪水	hóngshuǐ	flood
哄	hōng	coax
喉咙	hóulóng	throat
猴子	hóuzi	monkey
吼	hǒu	roar
后背	hòu bèi	back
后代	hòu dài	offspring
后顾之忧	hòugùzhīyōu	worry about
后果	hòuguǒ	as a result of
后悔	hòuhuǐ	regret
后来	hòulái	later
后面	hòumiàn	behind
后勤	hòuqín	logistics
厚	hòu	thick
候选	hòuxuǎn	candidates

呼唤	hūhuàn	call
呼吸	hūxī	breathe
呼啸	hūxiào	whistling
呼吁	hūyù	call
忽略	hūlüè	ignore
忽然	hūrán	suddenly
忽视	hūshì	neglect
胡乱	húluàn	casually
胡说	húshuō	nonsense
胡同	hútòng	alley
胡须	húxū	beard
壶	hú	pot
湖泊	húbó	lake
蝴蝶	húdié	butterfly
糊涂	hútú	confused
互联网	hùliánwǎng	the Internet
互相	hùxiāng	each other
护士	hùshì	nurse
护照	hùzhào	passport
花（名词）	huā (míngcí)	flower
花瓣	huābàn	petal
花蕾	huālěi	bud
花生	huāshēng	peanuts
花（动词）	huā (dòngcí)	spend (verb)
划	huà	draw
华丽	huálì	gorgeous
华侨	huáqiáo	overseas Chinese
华裔	huáyì	Chinese origin
滑	huá	slippery
化肥	huàféi	fertilizer
化石	huàshí	fossil
化学	huàxué	chemistry
化验	huàyàn	assay
化妆	huàzhuāng	make up
划分	huàfēn	divided

画	huà	painting
画蛇添足	huàshétiānzú	superfluous
话题	huàtí	topic
话筒	huàtǒng	microphone
怀念	huáiniàn	miss
怀疑	huáiyí	doubt
怀孕	huáiyùn	pregnancy
坏	huài	bad
欢乐	huānlè	joy
欢迎	huānyíng	welcome
还（动词）	huán (dòngcí)	return (verb)
还原	huányuán	reduction
环节	huánjié	links
环境	huánjìng	surroundings
缓和	huǎnhé	ease
缓解	huǎnjiě	ease
幻想	huànxiǎng	fantasy
换	huàn	change
患者	huànzhě	patient
荒凉	huāngliáng	desolate
荒谬	huāngmiù	absurd
荒唐	huāngtáng	absurd
慌张	huāngzhāng	twitter
皇帝	huángdì	emperor
皇后	huánghòu	queen
黄河	huánghé	Yellow River
黄昏	huánghūn	dusk
黄金	huángjīn	gold
恍然大悟	huǎngrándàwù	suddenly realized
晃	huǎng	shake
灰	huī	gray
灰尘	huīchén	dust
灰心	huīxīn	discouraged
挥	huī	play
挥霍	huīhuò	squandered

恢复	huīfù	recover
辉煌	huīhuáng	brilliant
回	huí	back
回报	huíbào	return
回避	huíbì	avoid
回答	huídá	reply
回顾	huígù	review
回收	huíshōu	recycling
回忆	huíyì	memories
悔恨	huǐhèn	remorse
毁灭	huǐmiè	destroy
汇报	huìbào	report
汇率	huìlǜ	exchange rate
会	huì	meeting
会晤	huìwù	meeting
会议	huìyì	meeting
贿赂	huìlù	bribe
昏迷	hūnmí	coma
荤	hūn	meat dish
婚礼	hūnlǐ	wedding
婚姻	hūnyīn	marriage
浑身	húnshēn	whole body
混合	hùnhé	mixing
混乱	hǔnluàn	confusion
混淆	hùnxiáo	confused
混浊	húnzhuó	turbid
活动	huódòng	activity
活该	huógāi	deserve it
活力	huólì	vitality
活泼	huópō	lively
活跃	huóyuè	active
火	huǒ	fire
火柴	huǒchái	match
火车站	huǒchē zhàn	train station
火箭	huǒjiàn	rocket

火焰	huǒyàn	flame
火药	huǒyào	gunpowder
伙伴	huǒbàn	partner
或许	huòxǔ	perhaps
或者	huòzhě	or
货币	huòbì	currency
获得	huòdé	get
几乎	jīhū	almost
讥笑	jīxiào	ridiculed
饥饿	jī'è	hunger
机场	jīchǎng	airport
机动	jīdòng	motorized
机构	jīgòu	mechanism
机会	jīhuì	opportunity
机灵	jīling	clever
机密	jīmì	confidential
机器	jīqì	machine
机械	jīxiè	mechanical
机遇	jīyù	opportunity
机智	jīzhì	witty
肌肉	jīròu	muscle
鸡蛋	jīdàn	egg
积极	jījí	positive
积累	jīlěi	accumulation
基本	jīběn	basic
基础	jīchǔ	basis
基地	jīdì	base
基金	jījīn	fund
基因	jīyīn	gene
激动	jīdòng	excitement
激发	jīfā	stimulate
激励	jīlì	inspire
激烈	jīliè	fierce
激情	jīqíng	passion
及格	jígé	pass

及时	jíshí	timely
及早	jízǎo	early
吉祥	jíxiáng	auspicious
级别	jíbié	level
极	jí	pole
极端	jíduān	extreme
极其	jíqí	extremely
极限	jíxiàn	limit
即便	jíbiàn	even if
即将	jíjiāng	coming soon
即使	jíshǐ	even if
急功近利	jígōngjìnlì	quick success
急剧	jíjù	sharp
急忙	jímáng	hurry
急切	jíqiè	eager
急于求成	jíyú qiú chéng	eager to find
急躁	jízào	impatient
急诊	jízhěn	emergency
疾病	jíbìng	disease
集合	jíhé	set
集体	jítǐ	collective
集团	jítuán	group
集中	jízhōng	concentrate
嫉妒	jídù	jealous
籍贯	jíguàn	native place
几	jǐ	few
给予	jǐyǔ	give
计划	jìhuà	plan
计较	jìjiào	care about
计算	jìsuàn	calculate
记得	jìdé	remember
记录	jìlù	record
记性	jìxìng	memory
记忆	jìyì	memory
记载	jìzǎi	record

记者	jìzhě	reporter
纪录	jìlù	record
纪律	jìlǜ	discipline
纪念	jìniàn	memorial
纪要	jìyào	summary
技巧	jìqiǎo	skill
技术	jìshù	technology
系领带	xì lǐngdài	wear a tie
忌讳	jìhuì	taboo
季度	jìdù	quarterly
季节	jìjié	season
季军	jìjūn	runner-up
迹象	jīxiàng	sign
既然	jìrán	since
继承	jìchéng	inherit
继续	jìxù	carry on
寄	jì	send
寄托	jìtuō	sustenance
寂静	jìjìng	silence
寂寞	jìmò	lonely
加班	jiābān	overtime
加工	jiāgōng	processing
加剧	jiājù	exacerbated
加油站	jiāyóu zhàn	gas station
夹杂	jiázá	inclusion
夹子	jiāzi	clips
佳肴	jiāyáo	delicacies
家	jiā	family
家常	jiācháng	homely
家伙	jiāhuo	guy
家具	jiājù	furniture
家属	jiāshǔ	family members
家庭	jiātíng	family
家务	jiāwù	housework
家乡	jiāxiāng	hometown

家喻户晓	jiāyùhùxiǎo	be known to every household
嘉宾	jiābīn	guest
甲	jiǎ	first
假	jiǎ	false
假如	jiǎrú	if
假设	jiǎshè	assumptions
假装	jiǎzhuāng	pretend
价格	jiàgé	price
价值	jiàzhí	value
驾驶	jiàshǐ	driving
嫁	jià	marry
尖端	jiānduān	tip
尖锐	jiānruì	sharp
坚持	jiānchí	adhere to
坚定	jiāndìng	firm
坚固	jiāngù	strong
坚决	jiānjué	resolute
坚强	jiānqiáng	strong
坚韧	jiānrèn	tough
坚实	jiānshí	solid
坚硬	jiānyìng	hard
肩膀	jiānbǎng	shoulder
艰巨	jiānjù	difficult
艰苦	jiānkǔ	hard
艰难	jiānnán	difficult
监督	jiāndū	supervision
监视	jiānshì	surveillance
监狱	jiānyù	prison
兼职	jiānzhí	part time
煎	jiān	fried
拣	jiǎn	pick
捡	jiǎn	pick up
检查	jiǎnchá	an examination
检讨	jiǎntǎo	self-criticism
检验	jiǎnyàn	test

减肥	jiǎnféi	lose weight
减少	jiǎnshǎo	cut back
剪彩	jiǎncǎi	cut the ribbon
剪刀	jiǎndāo	scissors
简单	jiǎndān	simple
简化	jiǎnhuà	simplify
简历	jiǎnlì	resume
简陋	jiǎnlòu	simple
简体字	jiǎntǐzì	simplified character
简要	jiǎnyào	brief
简直	jiǎnzhí	simply
见多识广	jiàn duō shì guǎng	knowledgeable
见解	jiànjiě	opinion
见面	jiànmiàn	meet
见闻	jiànwén	knowledge
见义勇为	jiànyìyǒngwéi	courageous
件	jiàn	piece
间谍	jiàndié	spy
间隔	jiàngé	interval
间接	jiànjiē	indirect
建立	jiànlì	set up
建设	jiànshè	construction
建议	jiànyì	suggest
建筑	jiànzhú	building
剑	jiàn	sword
健康	jiànkāng	health
健全	jiànquán	sound
健身	jiànshēn	fitness
舰艇	jiàntǐng	ship
践踏	jiàntà	trample
溅	jiàn	splash
鉴别	jiànbié	identification
鉴定	jiàndìng	identification
鉴于	jiànyú	given that
键盘	jiànpán	keyboard

将近	jiāngjìn	nearly
将就	jiāng jiù	will be
将军	jiāngjūn	general
将来	jiānglái	future
僵硬	jiāngyìng	stiff
讲	jiǎng	speak
讲究	jiǎngjiù	pay attention to
讲座	jiǎngzuò	lecture
奖金	jiǎngjīn	bonus
奖励	jiǎnglì	reward
奖赏	jiǎngshǎng	reward
桨	jiǎng	paddle
降低	jiàngdī	reduce
降临	jiànglín	come
降落	jiàngluò	landing
酱油	jiàngyóu	soy sauce
交	jiāo	cross
交叉	jiāochā	cross
交代	jiāodài	explain
交换	jiāohuàn	exchange
交际	jiāojì	communication
交流	jiāoliú	communicate with
交涉	jiāoshè	negotiation
交通	jiāotōng	traffic
交往	jiāowǎng	communication
交易	jiāoyì	transaction
郊区	jiāoqū	suburbs
浇	jiāo	poured
娇气	jiāoqì	soft
骄傲	jiāo'ào	proud
胶水	jiāoshuǐ	glue
教	jiào	teach
焦点	jiāodiǎn	focus
焦急	jiāojí	anxious
角	jiǎo	angle

角度	jiǎodù	angle
角落	jiǎoluò	corner
侥幸	jiǎoxìng	lucky
狡猾	jiǎohuá	cunning
饺子	jiǎozi	dumplings
脚	jiǎo	foot
搅拌	jiǎobàn	stir
缴纳	jiǎonà	pay
叫	jiào	call
较量	jiàoliàng	bout
教材	jiàocái	teaching material
教练	jiàoliàn	coach
教室	jiàoshì	classroom
教授	jiàoshòu	professor
教训	jiàoxùn	lesson
教养	jiàoyǎng	correctional
教育	jiàoyù	education
阶层	jiēcéng	stratum
阶段	jiēduàn	stage
皆	jiē	all
结实	jiēshi	strong
接	jiē	pick up
接触	jiēchù	contact
接待	jiēdài	reception
接近	jiējìn	close to
接连	jiēlián	connected
接受	jiēshòu	accept
接着	jiēzhe	then
揭露	jiēlù	uncover
街道	jiēdào	street
节	jié	festival
节目	jiémù	program
节日	jiérì	festival
节省	jiéshěng	save
节约	jiéyuē	saving

节制	jiézhì	control
节奏	jiézòu	rhythm
杰出	jiéchū	outstanding
结构	jiégòu	structure
结果	jiéguǒ	result
结合	jiéhé	combined
结婚	jiéhūn	marry
结晶	jiéjīng	crystallization
结局	jiéjú	ending
结论	jiélùn	in conclusion
结束	jiéshù	end
结算	jiésuàn	settlement
结账	jiézhàng	check out
截止	jiézhǐ	deadline
截至	jiézhì	as of
竭尽全力	jiéjìn quánlì	do one's best
姐姐	jiějiě	sister
解除	jiěchú	lifted
解放	jiěfàng	liberation
解雇	jiěgù	dismissal
解决	jiějué	solve
解剖	jiěpōu	anatomy
解散	jiěsàn	dissolve
解释	jiěshì	explanation
解体	jiětǐ	disintegration
介绍	jièshào	introduction
戒	jiè	ring
戒备	jièbèi	alert
戒指	jièzhǐ	rings
届	jiè	session
界限	jièxiàn	limit
借	jiè	borrow
借鉴	jièjiàn	learn from
借口	jièkǒu	excuse
借助	jièzhù	with the help of

今天	jīntiān	today
金融	jīnróng	financial
金属	jīnshǔ	metal
津津有味	jīnjīnyǒuwèi	relish
尽管	jǐnguǎn	in spite of
尽快	jǐnkuài	asap
尽量	jǐnliàng	try hard
紧急	jǐnjí	urgent
紧迫	jǐnpò	urgent
紧张	jǐnzhāng	tension
锦上添花	jǐnshàngtiānhuā	icing on the cake
谨慎	jǐnshèn	be cautious
尽力	jìnlì	try one's best
进	jìn	enter
进步	jìnbù	progress
进而	jìn'ér	and then
进攻	jìngōng	attack
进化	jìnhuà	evolution
进口	jìnkǒu	import
进行	jìnxíng	get on
进展	jìnzhǎn	progress
近	jìn	nearly
近代	jìndài	modern
近来	jìnlái	recently
晋升	jìnshēng	promotion
浸泡	jìnpào	soak
禁止	jìnzhǐ	prohibited
茎	jīng	stem
京剧	jīngjù	Beijing Opera
经常	jīngcháng	often
经典	jīngdiǎn	classic
经费	jīngfèi	funding
经过	jīngguò	after
经济	jīngjì	economic
经理	jīnglǐ	manager

经历	jīnglì	experience
经商	jīngshāng	business
经纬	jīngwěi	latitude and longitude
经验	jīngyàn	experience
经营	jīngyíng	business
惊动	jīngdòng	disturb
惊奇	jīngqí	surprise
惊讶	jīngyà	surprised
兢兢业业	jīngjīngyèyè	work diligently
精彩	jīngcǎi	wonderful
精打细算	jīngdǎxìsuàn	careful
精华	jīnghuá	essence
精简	jīngjiǎn	simplify
精力	jīnglì	energy
精密	jīngmì	precise
精确	jīngquè	accurate
精神	jīngshén	spirit
精通	jīngtōng	proficient
精心	jīngxīn	careful
精益求精	jīngyìqiújīng	keep improving
精致	jīngzhì	exquisite
井	jǐng	well
颈椎	jǐngchuí	cervical spine
景色	jǐngsè	scenery
警察	jǐngchá	policemen
警告	jǐnggào	warn
警惕	jǐngtì	alert
竞赛	jìngsài	competition
竞选	jìngxuǎn	election
竞争	jìngzhēng	competition
竟然	jìngrán	unexpectedly
敬礼	jìnglǐ	salute
敬业	jìngyè	dedication
境界	jìngjiè	realm
镜头	jìngtóu	lens

镜子	jìngzi	mirror
纠纷	jiūfēn	dispute
纠正	jiūzhèng	correct
究竟	jiùjìng	exactly
九	jiǔ	nine
久	jiǔ	long
酒吧	jiǔbā	bar
酒精	jiǔjīng	alcohol
旧	jiù	old
救	jiù	save
救护车	Jiùhù chē	ambulance
救济	jiùjì	relief
就	jiù	on
就近	jiùjìn	nearby
就业	jiùyè	employment
就职	jiùzhí	inauguration
舅舅	jiùjiu	uncle
拘留	jūliú	detention
拘束	jūshù	bound
居民	jūmín	residents
居然	jūrán	unexpectedly
居住	jūzhù	live
鞠躬	jūgōng	bow
局部	júbù	partial
局面	júmiàn	situation
局势	júshì	situation
局限	júxiàn	limitations
桔子	júzi	oranges
咀嚼	jǔjué	chew
沮丧	jǔsàng	frustrated
举	jǔ	lift
举办	jǔbàn	organized
举动	jǔdòng	move
举世瞩目	jǔshì zhǔmù	world-renowned
举行	jǔxíng	hold

举足轻重	jǔzúqīngzhòng	important
巨大	jùdà	huge
句子	jùzi	sentence
拒绝	jùjué	refuse
具备	jùbèi	have
具体	jùtǐ	specific
俱乐部	jùlèbù	club
剧本	jùběn	script
剧烈	jùliè	severe
据说	jùshuō	it is said
据悉	jùxī	it is reported
距离	jùlí	distance
聚会	jùhuì	get together
聚精会神	jùjīnghuìshén	concentrate on
捐	juān	donate
卷	juǎn	volume
决策	juécè	decision making
决定	juédìng	decided
决赛	juésài	final
决心	juéxīn	determined
角色	juésè	character
觉得	juédé	think
觉悟	juéwù	consciousness
觉醒	juéxǐng	awakening
绝对	juéduì	absolutely
绝望	juéwàng	despair
倔强	juéjiàng	stubborn
军队	jūnduì	army
军事	jūnshì	military
均匀	jūnyún	evenly
君子	jūnzǐ	gentleman
咖啡	kāfēi	coffee
卡车	kǎchē	truck
卡通	kǎtōng	cartoon
开	kāi	open

开采	kāicǎi	mining
开除	kāichú	dismissed
开发	kāifā	development
开放	kāifàng	open
开阔	kāikuò	open
开朗	kāilǎng	cheerful
开明	kāimíng	enlightened
开幕式	kāimù shì	opening ceremony
开辟	kāipì	open up
开始	kāishǐ	start
开水	kāishuǐ	boiling water
开拓	kāità	open up
开玩笑	kāiwánxiào	joke
开心	kāixīn	happy
开展	kāizhǎn	carry out
开支	kāizhī	expenditure
刊登	kāndēng	published
刊物	kānwù	publication
勘探	kāntàn	exploration
侃侃而谈	kǎnkǎn ér tán	talk about
砍	kǎn	cut
砍伐	kǎnfá	felling
看	kàn	look
看不起	kàn bù qǐ	look down
看待	kàndài	treat
看法	kànfǎ	view
看见	kànjiàn	see
看望	kànwàng	visit
慷慨	kāngkǎi	generous
扛	káng	carry
抗议	kàngyì	protest
考察	kǎochá	inspected
考古	kǎogǔ	archeology
考核	kǎohé	assessment
考虑	kǎolǜ	consider

考试	kǎoshì	examination
考验	kǎoyàn	test
烤鸭	kǎoyā	roast duck
靠	kào	by
靠拢	kàolǒng	close up
科目	kēmù	subject
科学	kēxué	science
棵	kē	piece
颗	kē	piece
磕	kē	knock
咳嗽	késòu	cough
可爱	kě'ài	lovely
可观	kěguān	considerable
可见	kějiàn	visible
可靠	kěkào	reliable
可口	kěkǒu	tasty
可怜	kělián	poor
可能	kěnéng	may
可怕	kěpà	horrible
可是	kěshì	but
可恶	kěwù	hateful
可惜	kěxí	unfortunately
可行	kěxíng	feasible
可以	kěyǐ	can
渴	kě	thirsty
渴望	kěwàng	desire
克	kè	gram
克服	kèfú	get over
克制	kèzhì	restraint
刻	kè	engraved
刻不容缓	kèbùrónghuǎn	no delay
刻苦	kèkǔ	hardworking
客观	kèguān	objective
客户	kèhù	client
客人	kèrén	the guests

客厅	kètīng	living room
课	kè	lesson
课程	kèchéng	courses
课题	kètí	task
肯定	kěndìng	sure
恳切	kěnqiè	sincere
啃	kěn	bite
坑	kēng	pit
空	kōng	air
空洞	kōngdòng	empty
空间	kōngjiān	space
空气	kōngqì	air
空前绝后	kōngqiánjuéhòu	unprecedented
空调	kòngtiáo	air conditioning
空想	kōngxiǎng	fantasy
空虚	kōngxū	emptiness
孔	kǒng	hole
恐怖	kǒngbù	terror
恐吓	kǒnghè	intimidation
恐惧	kǒngjù	fear
恐怕	kǒngpà	I am afraid
空白	kòngbái	blank
空隙	kòngxì	void
空闲	kòngxián	free
控制	kòngzhì	control
口	kǒu	mouth
口气	kǒuqì	tone
口腔	kǒuqiāng	oral
口头	kǒutóu	oral
口味	kǒuwèi	taste
口音	kǒuyīn	accent
扣	kòu	buckle
枯萎	kūwěi	withered
枯燥	kūzào	dull
哭	kū	cry

哭泣	kūqì	cry
苦	kǔ	bitter
苦尽甘来	kǔjìngānlái	all sufferings have their reward
苦涩	kǔsè	bitter
裤子	kùzi	pants
夸	kuā	boast
夸张	kuāzhāng	exaggeration
挎	kuà	carry on the arm
跨	kuà	cross
会计	kuàijì	accounting
块	kuài	piece
快	kuài	fast
快活	kuàihuó	happy
快乐	kuàilè	happy
筷子	kuàizi	chopsticks
宽	kuān	width
宽敞	kuānchǎng	spacious
宽容	kuānróng	tolerant
款待	kuǎndài	treats
款式	kuǎnshì	style
筐	kuāng	basket
旷课	kuàngkè	absenteeism
况且	kuàngqiě	moreover
矿产	kuàngchǎn	mineral
矿泉水	kuàngquán shuǐ	mineral water
框架	kuàngjià	frame
亏待	kuīdài	dispute
亏损	kuīsǔn	loss
昆虫	kūnchóng	insect
捆绑	kǔnbǎng	bundled
困	kùn	sleepy
困难	kùnnán	difficult
扩充	kuòchōng	expansion
扩大	kuòdà	expand
扩散	kuòsàn	diffusion

扩张	kuòzhāng	expansion
垃圾桶	lèsè tǒng	trash can
拉	lā	pull
喇叭	lǎbā	speaker
蜡烛	làzhú	candle
辣	là	hot
辣椒	làjiāo	pepper
啦	la	la
来	lái	come
来不及	láibují	too late
来得及	láidéjí	there's still time
来历	láilì	origin
来源	láiyuán	source
来自	láizì	from
拦	lán	stop
栏目	lánmù	column
蓝	lán	blue
懒	lǎn	lazy
懒惰	lǎnduò	lazy
烂	làn	rotten
狼狈	lángbèi	embarrassed
狼吞虎咽	lángtūnhǔyàn	devour ravenously
朗读	lǎngdú	read aloud
浪费	làngfèi	waste
浪漫	làngmàn	romantic
捞	lāo	scoop up
劳动	láodòng	labor
劳驾	láojià	excuse me
牢固	láogù	firm
牢骚	láosāo	grumbling
唠叨	láo dāo	nagging
老	lǎo	old
老百姓	lǎobǎixìng	ordinary people
老板	lǎobǎn	boss
老虎	lǎohǔ	tiger

老婆	lǎopó	wife
老师	lǎoshī	teacher
老实	lǎoshí	honest
老鼠	lǎoshǔ	mouse
姥姥	lǎolao	grandma
乐观	lèguān	optimistic
乐趣	lèqù	pleasure
乐意	lè yì	willing
了	le	(particle)
雷	léi	thunder
雷达	léidá	radar
类似	lèisì	similar
类型	lèixíng	types of
累	lèi	tired
冷	lěng	cold
冷淡	lěngdàn	cold
冷静	lěngjìng	calm
冷酷	lěngkù	cold
冷落	lěngluò	left out
冷却	lěngquè	cool down
愣	lèng	blank
厘米	límǐ	cm
离	lí	from
离婚	líhūn	divorce
离开	líkāi	go away
梨	lí	pear
黎明	límíng	dawn
礼拜天	lǐbài tiān	sunday
礼节	lǐjié	etiquette
礼貌	lǐmào	courtesy
礼尚往来	lǐshàngwǎnglái	so the echo
礼物	lǐwù	gift
里	lǐ	in
里程碑	lǐchéngbēi	milestone
理睬	lǐ cǎi	ignore

理发	lǐfǎ	haircut
理解	lǐjiě	understanding
理论	lǐlùn	theory
理所当然	lǐsuǒdāngrán	of course
理想	lǐxiǎng	ideal
理由	lǐyóu	reason
理直气壮	lǐzhíqìzhuàng	confidently
理智	lǐzhì	reason
力量	lìliàng	power
力气	lìqì	strength
力求	lìqiú	strive
力所能及	lìsuǒnéngjí	within the power
力争	lìzhēng	strive
历代	lìdài	past generations
历来	lìlái	always
历史	lìshǐ	history
厉害	lìhài	amazing
立场	lìchǎng	position
立方	lìfāng	cube
立即	lìjí	immediately
立交桥	lìjiāoqiáo	overpass
立刻	lìkè	immediately
立体	lìtǐ	three-dimensional
立足	lìzú	based on
利害	lìhài	formidable
利润	lìrùn	profit
利息	lìxí	interest
利益	lìyì	interests
利用	lìyòng	use
例如	lìrú	e.g
例外	lìwài	exception
粒	lì	grain
俩	liǎ	both
连	lián	even
连忙	liánmáng	quickly

连年	liánnián	year after year
连锁	liánsuǒ	chain
连同	liántóng	together
连续	liánxù	continuous
联合	liánhé	union
联欢	liánhuān	get together
联络	liánluò	connection
联盟	liánméng	alliance
联系	liánxì	contact
联想	liánxiǎng	associate
廉洁	liánjié	clean
脸	liǎn	face
练习	liànxí	exercise
恋爱	liàn'ài	in love
良好	liánghǎo	good
良心	liángxīn	conscience
凉快	liángkuai	cool
粮食	liángshí	food
两	liǎng	two
亮	liàng	bright
谅解	liàngjiě	understanding
辆	liàng	piece
晾	liàng	air
辽阔	liáokuò	vast
聊天	liáotiān	to chat with
了不起	liǎobùqǐ	great
了解	liǎojiě	understand
列车	lièchē	train
列举	lièjǔ	list
邻居	línjū	neighbor
临床	línchuáng	clinical
临时	línshí	temporary
淋	lín	pour
吝啬	lìnsè	stingy
伶俐	línglì	clever

灵感	línggǎn	inspiration
灵魂	línghún	soul
灵活	línghuó	flexible
灵敏	língmǐn	sensitive
铃	líng	bell
凌晨	língchén	early morning
零	líng	zero
零件	líng jiàn	components
零钱	língqián	small change
零食	língshí	snacks
零星	língxīng	sporadic
领导	lǐngdǎo	leadership
领会	lǐnghuì	understand
领事馆	lǐngshìguǎn	consulate
领土	lǐngtǔ	territory
领悟	lǐngwù	comprehend
领先	lǐngxiān	leading
领袖	lǐngxiù	leader
领域	lǐngyù	field
另外	lìngwài	in addition
溜	liū	slip
浏览	liúlǎn	browse
留	liú	stay
留恋	liúliàn	nostalgia
留念	liúniàn	remember
留神	liúshén	watch out
留学	liúxué	study abroad
流传	liúchuán	spread
流浪	liúlàng	stray
流泪	liúlèi	tears
流利	liúlì	fluent
流露	liúlù	reveal
流氓	liúmáng	rogue
流通	liútōng	circulation
流行	liúxíng	popular

六	liù	six
龙	lóng	dragon
聋哑	lóng yǎ	deaf and dumb
隆重	lóngzhòng	grand
垄断	lǒngduàn	monopoly
笼罩	lóngzhào	shrouded
楼	lóu	floor
搂	lǒu	hug
漏	lòu	leakage
炉灶	lúzào	stove
陆地	lùdì	land
陆续	lùxù	one after another
录取	lùqǔ	admission
录音	lùyīn	recording
路	lù	road
旅行	lǚxíng	travel
旅游	lǚyóu	travel
屡次	lǚcì	repeatedly
履行	lǚxíng	fulfill
律师	lǜshī	lawyer
绿	lǜ	green
乱	luàn	chaos
掠夺	lüèduó	plunder
轮船	lúnchuán	ship
轮廓	lúnkuò	contour
轮流	lúnliú	take turns
轮胎	lúntāi	tire
论坛	lùntán	forum
论文	lùnwén	papers
论证	lùnzhèng	argument
啰唆	luōsuō	annoying
逻辑	luójí	logic
络绎不绝	luòyì bù jué	an endless stream
落成	luòchéng	completed
落后	luòhòu	backward

落实	luòshí	implement
妈妈	māmā	mom
麻痹	mábì	paralysis
麻烦	máfan	trouble
麻木	mámù	numbness
麻醉	mázuì	anesthesia
马	mǎ	horse
马虎	mǎhǔ	careless
马上	mǎshàng	immediately
码头	mǎtóu	pier
蚂蚁	mǎyǐ	ant
骂	mà	scolded
吗	ma	(particle)
嘛	ma	(particle)
埋伏	máifú	ambush
埋没	máimò	buried
埋葬	máizàng	bury
买	mǎi	buy
迈	mài	step
麦克风	màikèfēng	microphone
卖	mài	sell
脉搏	màibó	pulse
埋怨	mányuàn	complain
馒头	mántou	bread
满	mǎn	full
满意	mǎnyì	satisfaction
满足	mǎnzú	satisfy
蔓延	mànyán	spread
漫长	màncháng	long
漫画	mànhuà	comics
慢	màn	slow
慢性	màn xìng	chronic
忙	máng	busy
忙碌	mánglù	busy
盲目	mángmù	blind

茫茫	mángmáng	vast
茫然	mángrán	at a loss
猫	māo	cat
毛	máo	hair
毛病	máo bìng	problems
毛巾	máojīn	towel
矛盾	máodùn	contradiction
茂盛	màoshèng	lush
冒充	màochōng	pretend to be
冒犯	màofàn	offend
冒险	màoxiǎn	adventure
贸易	màoyì	trade
帽子	màozi	hat
没关系	méiguānxì	it's ok
没有	méiyǒu	no
枚	méi	pieces
眉毛	méimáo	eyebrow
媒介	méijiè	medium
媒体	méitǐ	media
煤炭	méitàn	coal
每	měi	each
美观	měiguān	beautiful
美丽	měilì	beautiful
美满	měimǎn	happy
美妙	měimiào	wonderful
美术	měishù	art
妹妹	mèimei	younger sister
魅力	mèilì	charm
门	mén	door
萌芽	méngyá	bud
猛烈	měngliè	violent
梦	mèng	dream
梦想	mèngxiǎng	dream
眯	mī	squint
弥补	míbǔ	make up

弥漫	mímàn	diffuse
迷惑	míhuò	confuse
迷路	mílù	get lost
迷人	mírén	charming
迷信	míxìn	superstition
谜语	míyǔ	riddle
米	mǐ	meter
米饭	mǐfàn	rice
秘密	mìmì	secret
秘书	mìshū	secretary
密度	mìdù	density
密封	mìfēng	seal
密码	mìmǎ	password
密切	mìqiè	closely
蜜蜂	mìfēng	bee
棉花	miánhuā	cotton
免得	miǎndé	lest
免费	miǎnfèi	free
免疫	miǎnyì	immune
勉励	miǎnlì	encouraged
勉强	miǎnqiáng	reluctantly
面包	miànbāo	bread
面对	miàn duì	face
面积	miànjī	area
面临	miànlín	facing
面貌	miànmào	face
面条	miàntiáo	noodles
面子	miànzi	face
苗条	miáotiáo	slim
描绘	miáohuì	painted
描写	miáoxiě	describe
瞄准	miáozhǔn	aim
秒	miǎo	second
渺小	miǎoxiǎo	small
蔑视	mièshì	contempt

灭亡	mièwáng	perish
蔑视	mièshì	contempt
民间	mínjiān	folk
民主	mínzhǔ	democracy
民族	mínzú	ethnic
敏感	mǐngǎn	sensitive
敏捷	mǐnjié	agile
敏锐	mǐnruì	keen
名次	míngcì	ranking
名额	míng'é	quota
名副其实	míngfùqíshí	veritable
名牌	míngpái	brand name
名片	míngpiàn	business card
名胜古迹	míngshèng gǔjī	places of interest
名誉	míngyù	reputation
名字	míngzì	first name
明白	míngbái	understand
明明	míngmíng	clearly
明确	míngquè	clear
明天	míngtiān	tomorrow
明显	míngxiǎn	obvious
明星	míngxīng	celebrity
明智	míngzhì	wise
命令	mìnglìng	command
命名	mìngmíng	name
命运	mìng yùn	destiny
摸	mō	touch
摸索	mōsuǒ	fumble
模范	mófàn	model
模仿	mófǎng	imitation
模糊	móhú	blurry
模式	móshì	mode
模特	mótè	model
模型	móxíng	model
膜	mó	membrane

摩擦	mócā	friction
摩托车	mótuō chē	motorcycle
磨合	móhé	run in
魔鬼	móguǐ	devil
魔术	móshù	magic
抹杀	mǒshā	denied
陌生	mòshēng	strange
莫名其妙	mòmíngqímiào	baffling
墨水儿	mòshuǐ er	ink
默默	mòmò	silently
谋求	móuqiú	seek
某	mǒu	certain
模样	múyàng	appearance
母亲	mǔqīn	mother
母语	mǔyǔ	native language
木头	mùtou	wood
目标	mùbiāo	aims
目的	mùdì	purpose
目睹	mùdǔ	witness
目光	mùguāng	look
目录	mùlù	table of contents
目前	mùqián	currently
沐浴	mùyù	bathing
拿	ná	take
拿手	náshǒu	good
哪	nǎ	where
哪儿	nǎ'er	where
哪怕	nǎpà	even though
那	nà	that
纳闷儿	nàmèn er	wonder
奶奶	nǎinai	grandmother
耐心	nàixīn	patient
耐用	nàiyòng	durable
男	nán	male
南	nán	south

南辕北辙	nányuánběizhé	the opposite direction
难	nán	difficult
难道	nándào	could it be said that
难得	nándé	rare
难怪	nánguài	no wonder
难过	nánguò	sad
难堪	nánkān	embarrassed
难免	nánmiǎn	inevitable
难能可贵	nánnéngkěguì	commendable
难受	nánshòu	uncomfortable
恼火	nǎohuǒ	annoyed
脑袋	nǎodai	head
呢	ne	(particle)
内	nèi	inside
内部	nèibù	internal
内涵	nèihán	connotation
内科	nèikē	internal medicine
内幕	nèimù	insider
内容	nèiróng	content
内在	nèizài	internal
嫩	nèn	tender
能	néng	can
能干	nénggàn	competent
能力	nénglì	ability
能量	néngliàng	energy
能源	néngyuán	energy
嗯	ń	ok
拟定	nǐdìng	proposed
你	nǐ	you
逆行	nìxíng	retrograde
年	nián	year
年代	niándài	age
年度	niándù	year
年级	niánjí	grade
年纪	niánjì	age

年龄	niánlíng	age
年轻	niánqīng	young
念	niàn	read
鸟	niǎo	bird
捏	niē	pinch
您	nín	you
凝固	nínggù	solidification
凝聚	níngjù	condensed
凝视	níngshì	gaze
拧	níng	screw
宁可	nìngkě	rather
宁肯	nìngkěn	would rather
宁愿	nìngyuàn	would rather
牛奶	niúnǎi	milk
牛仔裤	niúzǎikù	jeans
扭转	niǔzhuǎn	twist
纽扣儿	niǔkòu er	button
农村	nóngcūn	countryside
农历	nónglì	lunar calendar
农民	nóngmín	peasants
农业	nóngyè	agriculture
浓	nóng	concentrate
浓厚	nónghòu	strong
弄	nòng	do
奴隶	núlì	slave
努力	nǔlì	work hard
女	nǚ	female
女儿	nǚ'ér	daughter
女士	nǚshì	Ms
暖和	nuǎnhuo	warm
虐待	nüèdài	abuse
挪	nuó	move
哦	ó	oh
欧洲	ōuzhōu	europe
殴打	ōudǎ	beaten

呕吐	ǒutù	vomit
偶尔	ǒu'ěr	occasionally
偶然	ǒurán	by chance
偶像	ǒuxiàng	idol
趴	pā	lie
爬山	páshān	mountain climbing
拍	pāi	shoot
排斥	páichì	exclusion
排除	páichú	exclude
排队	páiduì	line up
排放	páifàng	emission
排练	páiliàn	rehearse
排列	páiliè	arrangement
徘徊	páihuái	wandering
派	pài	send
派别	pàibié	faction
派遣	pàiqiǎn	send
攀登	pāndēng	climb
盘旋	pánxuán	circling
盘子	pánzi	plate
判断	pànduàn	judgment
判决	pànjué	judgment
盼望	pànwàng	hope
畔	pàn	riverside
庞大	pángdà	huge
旁边	pángbiān	next to
胖	pàng	fat
抛弃	pāoqì	abandon
跑步	pǎobù	run
泡沫	pàomò	foam
陪	péi	accompany
培训	péixùn	training
培养	péiyǎng	cultivate
培育	péiyù	nurture
赔偿	péicháng	compensation

佩服	pèifú	admire
配备	pèibèi	equipped
配合	pèihé	cooperation
配偶	pèi'ǒu	spouse
配套	pèitào	supporting
盆	pén	pots
盆地	péndì	basin
烹饪	pēngrèn	cooking
朋友	péngyǒu	friend
捧	pěng	holding
碰	pèng	bump
批	pī	batch
批发	pīfā	wholesale
批判	pīpàn	criticism
批评	pīpíng	criticism
批准	pīzhǔn	approved
披	pī	wrap around
劈	pī	hack
皮肤	pífū	skin
皮革	pígé	leather
皮鞋	píxié	leather shoes
疲惫	píbèi	exhausted
疲倦	píjuàn	tired
疲劳	píláo	fatigue
啤酒	píjiǔ	beer
脾气	píqì	temper
匹	pǐ	piece
屁股	pìgu	butt
譬如	pìrú	for example
偏差	piānchā	deviation
偏见	piānjiàn	bias
偏僻	piānpì	remote
偏偏	piānpiān	deliberately
篇	piān	articles
便宜	piányí	cheaper

片	piàn	piece
片断	piànduàn	piece
片刻	piànkè	moment
片面	piàn miàn	one-sided
骗	piàn	cheat
漂浮	piāofú	float
飘	piāo	float
飘扬	piāoyáng	fluttering
票	piào	tickets
漂亮	piàoliang	pretty
撇	piē	write
拼搏	pīnbó	hard work
拼命	pīnmìng	desperately
拼音	pīnyīn	pinyin
贫乏	pínfá	poor
贫困	pínkùn	poor
频道	píndào	channel
频繁	pínfán	frequently
频率	pínlǜ	frequency
品尝	pǐncháng	taste
品德	pǐndé	character
品质	pǐnzhí	quality
品种	pǐnzhǒng	variety
乒乓球	pīngpāng qiú	pingpong
平	píng	flat
平安	píng'ān	peaceful
平常	píngcháng	normal
平等	píngděng	equality
平凡	píngfán	ordinary
平方	píngfāng	square
平衡	pínghéng	balance
平静	píngjìng	calm
平均	píngjūn	average
平面	píngmiàn	flat
平时	píngshí	usually

平坦	píngtǎn	flat
平行	píngxíng	parallel
平庸	píngyōng	mediocre
平原	píngyuán	plain
评估	pínggū	evaluation
评价	píngjià	evaluation
评论	pínglùn	comment
苹果	píngguǒ	apple
凭	píng	with
屏幕	píngmù	screen
屏障	píngzhàng	barrier
瓶子	píngzi	bottle
坡	pō	slope
泼	pō	splash
颇	pǒ	quite
迫不及待	pòbùjídài	can not wait
迫害	pòhài	persecution
迫切	pòqiè	urgent
破	pò	broken
破产	pòchǎn	bankruptcy
破坏	pòhuài	destroy
破例	pòlì	exceptions
魄力	pòlì	courage
扑	pū	throw oneself on
铺	pù	shop
葡萄	pútáo	grape
朴实	pǔshí	simple
朴素	pǔsù	simple
普遍	pǔbiàn	universal
普及	pǔjí	universal
普通话	pǔtōnghuà	mandarin
瀑布	pùbù	waterfall
七	qī	seven
妻子	qīzi	wife
凄凉	qīliáng	desolate

期待	qídài	expect
期间	qíjiān	period
期望	qīwàng	expect
期限	qíxiàn	term
欺负	qīfù	bully
欺骗	qīpiàn	deceive
齐全	qíquán	complete
齐心协力	qíxīn xiélì	work together
其次	qícì	second
其实	qíshí	in fact
其他	qítā	other
其余	qíyú	the remaining
其中	qízhōng	among them
奇怪	qíguài	strange
奇迹	qíjī	miracle
奇妙	qímiào	wonderful
歧视	qíshì	discrimination
骑	qí	ride
旗袍	qípáo	cheongsam
旗帜	qízhì	banner
乞丐	qǐgài	beggar
岂有此理	qǐyǒucǐlǐ	absurd
企图	qìtú	attempt
企业	qǐyè	business
启程	qǐchéng	departure
启发	qǐfā	inspired
启蒙	qǐméng	enlightenment
启示	qǐshì	inspiration
启事	qǐshì	notice
起草	qǐcǎo	drafting
起初	qǐchū	at first
起床	qǐchuáng	get up
起飞	qǐfēi	take off
起伏	qǐfú	ups and downs
起哄	qǐhòng	jeer

起来	qǐlái	stand up
起码	qǐmǎ	at least
起源	qǐyuán	origin
气氛	qìfēn	atmosphere
气概	qìgài	spirit
气功	qìgōng	qigong
气候	qìhòu	climate
气魄	qìpò	spiritual
气色	qìsè	color
气势	qìshì	momentum
气味	qìwèi	odor
气象	qìxiàng	meteorological
气压	qìyā	pressure
气质	qìzhí	temperament
迄今为止	qìjīn wéizhǐ	so far
汽油	qìyóu	gasoline
器材	qìcái	equipment
器官	qìguān	organ
掐	qiā	pinch
洽谈	qiàtán	negotiate
恰当	qiàdàng	appropriate
恰到好处	qiàdàohǎochù	just right
恰巧	qiàqiǎo	it happens
千	qiān	thousands
千方百计	qiānfāngbǎijì	do everything possible
千万	qiān wàn	thousands
迁就	qiānjiù	accommodate
迁徙	qiānxǐ	migration
牵	qiān	pull
牵扯	qiānchě	involve
牵制	qiānzhì	contain
铅笔	qiānbǐ	pencil
谦虚	qiānxū	modest
谦逊	qiānxùn	humble
签	qiān	sign

签署	qiānshǔ	sign
签证	qiānzhèng	visa
前景	qiánjǐng	prospect
前面	qiánmiàn	front
前提	qiántí	premise
前途	qiántú	future
钱	qián	money
潜力	qiánlì	potential
潜水	qiánshuǐ	diving
潜移默化	qiányímòhuà	subtle influence
浅	qiǎn	shallow
谴责	qiǎnzé	condemn
欠	qiàn	owe
枪	qiāng	gun
强调	qiángdiào	emphasize
强烈	qiángliè	strongly
强制	qiángzhì	mandatory
墙	qiáng	wall
抢	qiǎng	grab
抢劫	qiǎngjié	robbery
抢救	qiǎngjiù	rescue
强迫	qiǎngpò	force
悄悄	qiāoqiāo	quietly
敲	qiāo	knock
桥	qiáo	bridge
桥梁	qiáoliáng	bridge
瞧	qiáo	look
巧克力	qiǎokèlì	chocolate
巧妙	qiǎomiào	clever
窍门	qiàomén	tips
翘	qiào	curl up
切	qiè	cut
切实	qièshí	practical
锲而不舍	qiè'érbùshě	perseverance
钦佩	qīnpèi	admiration

侵犯	qīnfàn	violation
侵略	qīnlüè	aggression
亲爱	qīn'ài	dear
亲密	qīnmì	close
亲戚	qīnqī	relative
亲切	qīnqiè	kind
亲热	qīn rè	affectionate
亲自	qīnzì	personally
勤奋	qínfèn	hardworking
勤俭	qínjiǎn	thrifty
勤劳	qínláo	industrious
青	qīng	green
青春	qīngchūn	youth
青少年	qīngshàonián	teens
轻	qīng	light
轻视	qīngshì	despise
轻松	qīngsōng	easy
轻易	qīngyì	easily
倾听	qīngtīng	listen
倾向	qīngxiàng	tendency
倾斜	qīngxié	tilt
清澈	qīngchè	clear
清晨	qīngchén	early morning
清除	qīngchú	clear
清楚	qīngchǔ	clear
清淡	qīngdàn	light
清洁	qīngjié	clean
清理	qīnglǐ	clean up
清晰	qīngxī	clear
清醒	qīngxǐng	wide awake
清真	qīngzhēn	muslim
情报	qíngbào	intelligence
情节	qíngjié	plot
情景	qíngjǐng	scene
情况	qíngkuàng	happening

情理	qínglǐ	sense
情形	qíngxíng	situation
情绪	qíngxù	emotions
晴	qíng	clear
晴朗	qínglǎng	sunny
请	qǐng	please
请假	qǐngjià	ask for leave
请柬	qǐngjiǎn	invitation card
请教	qǐngjiào	consult
请求	qǐngqiú	request
请示	qǐngshì	request instruction
请帖	qǐng tiě	invitation
庆祝	qìngzhù	celebrate
穷	qióng	poor
丘陵	qiūlíng	hills
秋	qiū	autumn
球迷	qiúmí	fans
区别	qūbié	difference
区分	qūfēn	distinguish
区域	qūyù	area
曲折	qūzhé	tortuous
驱逐	qūzhú	expelled
屈服	qūfú	yield
趋势	qūshì	trend
渠道	qúdào	channel
曲子	qǔzi	song
取	qǔ	take
取缔	qǔdì	ban
取消	qǔxiāo	cancel
娶	qǔ	marry
去	qù	go
去年	qùnián	last year
去世	qùshì	died
趣味	qùwèi	taste
圈	quān	circle

圈套	quāntào	trap
权衡	quánhéng	weight
权力	quánlì	power
权利	quánlì	right
权威	quánwēi	authority
全部	quánbù	all
全局	quánjú	global
全力以赴	quánlì yǐ fù	go to all lengths
全面	quánmiàn	comprehensive
拳头	quántóu	fist
犬	quǎn	dog
劝	quàn	advise
缺点	quēdiǎn	disadvantages
缺乏	quēfá	lack of
缺口	quēkǒu	gap
缺少	quēshǎo	lack
缺席	quēxí	absence
缺陷	quēxiàn	defect
瘸	qué	lame
却	què	but
确保	quèbǎo	make sure
确定	quèdìng	ascertain
确立	quèlì	establish
确切	quèqiè	exact
确认	quèrèn	confirm
确实	quèshí	indeed
确信	quèxìn	confident
裙子	qúnzi	skirt
群	qún	group
群众	qúnzhòng	the masses
然而	Rán'ér	however
然后	ránhòu	then
燃烧	ránshāo	burning
染	rǎn	dye
嚷	rǎng	shout

让	ràng	let
让步	ràngbù	concession
饶恕	ráoshù	forgive
扰乱	rǎoluàn	disturb
绕	rào	winding
惹祸	rěhuò	court disaster
热	rè	hot
热爱	rè'ài	love
热泪盈眶	rèlèi yíng kuàng	tears filled the eyes
热烈	rèliè	warm
热门	rèmén	popular
热闹	rènào	lively
热情	rèqíng	enthusiasm
热心	rèxīn	enthusiastic
人	rén	people
人才	réncái	talent
人道	réndào	humane
人格	réngé	personality
人工	réngōng	artificial
人家	rénjiā	people
人间	rénjiān	world
人口	rénkǒu	population
人类	rénlèi	humanity
人民币	rénmínbì	RMB
人生	rénshēng	life
人士	rénshì	person
人事	rénshì	personnel
人为	rénwéi	man-made
人物	rénwù	people
人性	rénxìng	human nature
人员	rényuán	staff
人质	rénzhì	hostage
仁慈	réncí	kindness
忍不住	rěn bù zhù	can not help it
忍耐	rěnnài	patience

忍受	rěnshòu	endure
认定	rèndìng	certified
认可	rènkě	recognized
认识	rènshi	understanding
认为	rènwéi	think
认真	rènzhēn	serious
任何	rènhé	any
任命	rènmìng	appointment
任务	rènwù	task
任性	rènxìng	capricious
任意	rènyì	any
任重道远	rènzhòngdàoyuǎn	a long way to go
扔	rēng	throw
仍旧	réngjiù	still
仍然	réngrán	still
日	rì	day
日常	rìcháng	everyday
日程	rìchéng	schedule
日记	rìjì	diary
日历	rìlì	calendar
日期	rìqí	date
日新月异	rìxīnyuèyì	change rapidly
日益	rìyì	increasingly
日用品	rìyòngpǐn	daily necessities
日子	rìzi	day
荣幸	róngxìng	with pleasure
荣誉	róngyù	honor
容貌	róngmào	appearance
容纳	róngnà	accommodate
容器	róngqì	container
容忍	róngrěn	tolerate
容易	róngyì	easy
溶解	róngjiě	dissolved
融化	rónghuà	melt
融洽	róngqià	harmony

柔和	róuhé	soft
揉	róu	rub
如果	rúguǒ	in case
如何	rúhé	how
如今	rújīn	today
儒家	rújiā	confucianism
入口	rùkǒu	entrance
软	ruǎn	soft
软件	ruǎnjiàn	software
若干	ruògān	some
弱	ruò	weak
弱点	ruòdiǎn	weakness
撒谎	sā huǎng	lie
洒	sǎ	sprinkle
三	sān	three
伞	sǎn	umbrella
散文	sǎnwén	prose
散布	sànbù	spread
散步	sànbù	walking
散发	sànfà	distribute
嗓子	sǎngzi	throat
丧失	sàngshī	lost
骚扰	sāorǎo	harassment
嫂子	sǎozi	sister in law
色彩	sècǎi	color
森林	sēnlín	forest
杀	shā	kill
沙发	shāfā	sofa
沙漠	shāmò	desert
沙滩	shātān	beach
刹车	shāchē	brake
啥	shà	what
傻	shǎ	stupid
筛选	shāixuǎn	filter
晒	shài	show

山脉	shānmài	mountains
删除	shānchú	delete
闪电	shǎndiàn	lightning
闪烁	shǎnshuò	blinking
扇子	shànzi	fans
善良	shànliáng	kind
善于	shànyú	be good at
擅长	shàncháng	be good at
擅自	shànzì	unauthorized
伤害	shānghài	hurt
伤脑筋	shāng nǎojīn	troublesome
伤心	shāngxīn	sad
商标	shāngbiāo	trademark
商店	shāngdiàn	store
商量	shāngliáng	discuss
商品	shāngpǐn	commodity
商务	shāngwù	business
商业	shāngyè	business
上	shàng	on
上班	shàngbān	go to work
上当	shàngdàng	be fooled
上级	shàngjí	superior
上进	shàngjìn	progressive
上任	shàngrèn	take office
上网	shàngwǎng	surf the Internet
上午	shàngwǔ	morning
上瘾	shàngyǐn	addicted
上游	shàngyóu	upstream
尚且	shàngqiě	still
捎	shāo	take along
梢	shāo	shoot
稍微	shāowéi	a little
勺子	sháozi	spoon
少	shǎo	less
哨	shào	post

奢侈	shēchǐ	luxury
舌头	shétou	tongue
蛇	shé	snake
舍不得	shěbudé	reluctant
设备	shèbèi	equipment
设计	shèjì	design
设立	shèlì	set up
设施	shèshī	facilities
设想	shèxiǎng	imagine
设置	shèzhì	set
社会	shèhuì	society
社区	shèqū	community
射击	shèjí	shooting
涉及	shèjí	involved
摄氏度	shèshìdù	celsius
摄影	shèyǐng	photography
谁	shéi	who
申报	shēnbào	declare
申请	shēnqǐng	application
伸	shēn	stretch
身材	shēncái	stature
身份	shēnfèn	identity
身体	shēntǐ	body
呻吟	shēnyín	moan
绅士	shēnshì	gentleman
深	shēn	deep
深奥	shēn'ào	profound
深沉	shēnchén	deep
深刻	shēnkè	profound
深情厚谊	shēnqíng hòuyì	affectionate friendship
什么	shénme	what
神话	shénhuà	myth
神经	shénjīng	nerve
神秘	shénmì	mysterious
神奇	shén qí	magical

神气	shénqì	spirited
神圣	shénshèng	sacred
神态	shéntài	expression
神仙	shénxiān	immortal
审查	shěnchá	review
审理	shěnlǐ	trial
审美	shěnměi	aesthetic
审判	shěnpàn	judgment
甚至	shènzhì	even
渗透	shèntòu	penetration
慎重	shènzhòng	careful
升	shēng	rise
生病	shēngbìng	ill
生产	shēngchǎn	produce
生存	shēngcún	survive
生动	shēngdòng	vivid
生活	shēnghuó	life
生机	shēngjī	vitality
生理	shēnglǐ	physiological
生命	shēngmìng	life
生气	shēngqì	pissed off
生日	shēngrì	birthday
生疏	shēngshū	rusty
生态	shēngtài	ecology
生物	shēngwù	biological
生肖	shēngxiào	zodiac
生效	shēngxiào	effective
生锈	shēng xiù	rusty
生意	shēngyì	business
生育	shēngyù	fertility
生长	shēngzhǎng	grow
声调	shēngdiào	tone
声明	shēngmíng	statement
声势	shēngshì	momentum
声音	shēngyīn	sound

声誉	shēngyù	reputation
牲畜	shēngchù	livestock
绳子	shéngzi	rope
省	shěng	province
省会	shěnghuì	provincial capital
省略	shěnglüè	omitted
胜负	shèng fù	win or lose
胜利	shènglì	victory
盛产	shèngchǎn	rich
盛开	shèngkāi	bloom
盛情	shèngqíng	passion
盛行	shèngxíng	popular
剩	shèng	left
尸体	shītǐ	the body
失败	shībài	failure
失眠	shīmián	insomnia
失去	shīqù	lost
失事	shīshì	have an accident
失望	shīwàng	disappointed
失误	shīwù	mistakes
失业	shīyè	unemployed
失踪	shīzōng	missing
师范	shīfàn	teacher
师傅	shīfù	master
诗	shī	poem
狮子	shīzi	lion
施加	shījiā	apply
施展	shīzhǎn	put to good use
湿润	shīrùn	moist
十	shí	ten
十分	shí fēn	very
十足	shízú	full
石头	shítou	stone
石油	shíyóu	oil
时差	shíchā	jet lag

时常	shícháng	often
时代	shídài	times
时而	shí'ér	sometimes
时光	shíguāng	time
时候	shíhòu	time
时机	shíjī	opportunity
时间	shíjiān	time
时刻	shíkè	moment
时髦	shímáo	vogue
时期	shíqí	period
时尚	shíshàng	fashion
时事	shíshì	current events
识别	shìbié	recognize
实话	shíhuà	honestly
实惠	shíhuì	affordable
实际	shíjì	actual
实践	shíjiàn	practice
实力	shílì	strength
实施	shí shī	implementation
实事求是	shíshìqiúshì	seeking truth from facts
实习	shíxí	internship
实现	shíxiàn	realize
实行	shíxíng	implementation
实验	shíyàn	experiment
实用	shíyòng	practical
实在	shízài	really
实质	shízhì	substance
拾	shí	pickup
食物	shíwù	food
使	shǐ	make
使劲儿	shǐjìn er	make effort
使命	shǐmìng	mission
使用	shǐyòng	use
始终	shǐzhōng	always
士兵	shìbīng	soldier

示范	shìfàn	demonstration
示威	shìwēi	demonstration
示意	shìyì	sign
世代	shìdài	generation
世纪	shìjì	century
世界	shìjiè	world
市场	shìchǎng	market
似的	shì de	like
势必	shìbì	be bound to
势力	shìlì	power
事故	shìgù	accident
事迹	shìjì	deeds
事件	shìjiàn	event
事情	shìqíng	things
事实	shìshí	fact
事态	shìtài	situation
事务	shìwù	business
事物	shìwù	things
事先	shìxiān	prior
事项	shìxiàng	matter
事业	shìyè	cause
试	shì	test
试卷	shìjuàn	paper
试图	shìtú	attempt
试验	shìyàn	test
视力	shìlì	vision
视频	shìpín	video
视线	shìxiàn	sight
视野	shìyě	vision
是	shì	yes
是非	shìfēi	right and wrong
是否	shìfǒu	whether
适合	shìhé	suitable for
适宜	shìyí	suitable
适应	shìyìng	adapt

逝世	shìshì	passed away
释放	shìfàng	freed
收	shōu	close
收藏	shōucáng	collection
收获	shōuhuò	reward
收据	shōujù	receipt
收入	shōurù	income
收拾	shōushí	pack
收缩	shōusuō	shrink
收益	shōuyì	income
收音机	shōuyīnjī	radio
手表	shǒubiǎo	watch
手法	shǒufǎ	tactics
手工	shǒugōng	manual
手机	shǒujī	cell phone
手势	shǒushì	gesture
手术	shǒushù	surgery
手套	shǒutào	gloves
手续	shǒuxù	procedures
手艺	shǒuyì	craft
手指	shǒuzhǐ	finger
守护	shǒuhù	guard
首	shǒu	first
首都	shǒudū	capital
首饰	shǒushì	jewelry
首先	shǒuxiān	first of all
首要	shǒuyào	first
寿命	shòumìng	life
受不了	shòu bùliǎo	can not stand it
受到	shòudào	received
受伤	shòushāng	injured
受罪	shòuzuì	suffering
授予	shòuyǔ	granted
售货员	shòuhuòyuán	salesman
瘦	shòu	thin

书	shū	book
书法	shūfǎ	calligraphy
书籍	shūjí	books
书记	shūjì	secretary
书架	shūjià	bookshelf
书面	shūmiàn	written
叔叔	shūshu	uncle
梳子	shūzi	comb
舒畅	shūchàng	comfortable
舒服	shūfú	comfortable
舒适	shūshì	comfortable
疏忽	shūhū	negligence
疏远	shūyuǎn	alienated
输	shū	lose
输入	shūrù	enter
蔬菜	shūcài	vegetables
熟练	shúliàn	skilled
熟悉	shúxī	familiar with
属于	shǔyú	belong
鼠标	shǔbiāo	mouse
数	shù	number
束	shù	bundle
束缚	shùfù	bound
树	shù	tree
树立	shùlì	set up
竖	shù	vertical
数额	shù'é	amount
数据	shùjù	data
数量	shùliàng	quantity
数码	shùmǎ	digital
数学	shùxué	mathematics
数字	shùzì	digital
刷牙	shuāyá	brushing teeth
耍	shuǎ	play
衰老	shuāilǎo	senescence

衰退	shuāituì	decline
摔倒	shuāi dǎo	fall
甩	shuǎi	rejection
帅	shuài	handsome
率领	shuàilǐng	lead
涮火锅	shuàn huǒguō	hot pot
双	shuāng	double
双胞胎	shuāngbāotāi	twin
双方	shuāngfāng	both sides
爽快	shuǎngkuài	readily
水	shuǐ	water
水果	shuǐguǒ	fruit
水利	shuǐlì	water conservancy
水龙头	shuǐlóngtóu	faucet
水泥	shuǐní	cement
水平	shuǐpíng	level
税	shuì	taxes
睡觉	shuìjiào	go to bed
顺便	shùnbiàn	by the way
顺利	shùnlì	smoothly
顺序	shùnxù	order
瞬间	shùnjiān	moment
说	shuō	say
说不定	shuō bu dìng	maybe
说服	shuōfú	convince
说话	shuōhuà	speak
说明	shuōmíng	description
硕士	shuòshì	master's degree
司法	sīfǎ	judicial
司机	sījī	driver
司令	sīlìng	commander
丝绸	sīchóu	silk
丝毫	sīháo	slightest
私人	sīrén	private
私自	sīzì	privately

思考	sīkǎo	thinking
思念	sīniàn	miss
思索	sīsuǒ	thinking
思维	sīwéi	thinking
思想	sīxiǎng	thought
斯文	sīwén	gental
撕	sī	tear
死	sǐ	dead
死亡	sǐwáng	death
四	sì	four
四肢	sì zhī	limbs
寺庙	sìmiào	temple
似乎	sìhū	it seems
饲养	sìyǎng	feeding
肆无忌惮	sìwújìdàn	unscrupulous
耸	sǒng	towering
送	sòng	give away
搜索	sōusuǒ	search for
艘	sōu	ship
苏醒	sūxǐng	wake
俗话	súhuà	as the saying goes
诉讼	sùsòng	litigation
素食	sùshí	vegetarian
素质	sù zhì	quality
速度	sùdù	speed
宿舍	sùshè	dorm room
塑料袋	sùliào dài	plastic bags
塑造	sùzào	shape
酸	suān	acid
算数	suànshù	count
虽然……但是……	suīrán……dànshì……	however, although……
随便	suíbiàn	casual
随即	suíjí	immediately
随身	suíshēn	carry
随时	suíshí	anytime

随手	suíshǒu	readily
随意	suíyì	random
随着	suízhe	along with
岁	suì	year
岁月	suìyuè	years
碎	suì	broken
隧道	suìdào	tunnel
孙子	sūnzi	grandson
损坏	sǔnhuài	damage
损失	sǔnshī	loss
缩短	suōduǎn	shorten
所	suǒ	house
所有	suǒyǒu	all
索取	suǒqǔ	request
索性	suǒxìng	simply
锁	suǒ	lock
他	tā	he
它	tā	it
她	tā	she
塌	tā	collapse
踏实	tàshí	practical
塔	tǎ	tower
台	tái	station
台风	táifēng	typhoon
台阶	táijiē	stairs
抬	tái	lift
太	tài	too
太极拳	tài jí quán	tai chi
太空	tàikōng	space
太太	tàitài	Mrs
太阳	tàiyáng	Sun
态度	tàidù	attitude
泰斗	tàidǒu	a leading authority
贪婪	tānlán	greedy
贪污	tānwū	corruption

摊	tān	stand
瘫痪	tānhuàn	paralysis
谈	tán	talk
谈判	tánpàn	negotiation
弹钢琴	dàn gāngqín	play piano
弹性	tánxìng	elasticity
坦白	tǎnbái	frank
坦率	tǎnshuài	frankly
叹气	tànqì	sigh
探测	tàncè	probe
探索	tànsuǒ	explore
探讨	tàntǎo	discussion
探望	tànwàng	visit
汤	tāng	soup
糖	táng	sugar
倘若	tǎngruò	if
躺	tǎng	lie down
烫	tàng	hot
趟	tàng	trip
掏	tāo	dig
滔滔不绝	tāotāo bù jué	talking endlessly
逃	táo	escape
逃避	táobì	escape
桃	táo	peach
陶瓷	táocí	ceramics
陶醉	táozuì	revel
淘气	táoqì	naughty
淘汰	táotài	elimination
讨好	tǎohǎo	please
讨价还价	tǎojiàhuánjià	bargain
讨论	tǎolùn	discuss
讨厌	tǎoyàn	hate
套	tào	set
特别	tèbié	especially
特长	tècháng	specialty

特点	tèdiǎn	features
特定	tèdìng	specific
特色	tèsè	features
特殊	tèshū	special
特意	tèyì	specially
特征	tèzhēng	feature
疼	téng	pain
疼爱	téng'ài	love
踢足球	tī zúqiú	play football
提	tí	carry
提拔	tíbá	promoted
提倡	tíchàng	advocate
提纲	tígāng	outline
提高	tígāo	improve
提供	tígōng	provide
提炼	tíliàn	refining
提前	tíqián	in advance
提示	tíshì	prompt
提问	tíwèn	ask questions
提醒	tíxǐng	remind
提议	tí yì	proposal
题	tí	question
题材	tícái	theme
题目	tímù	title
体裁	tǐcái	genre
体会	tǐhuì	experience
体积	tǐjī	volume
体谅	tǐliàng	understanding
体面	tǐmiàn	decent
体贴	tǐtiē	thoughtful
体系	tǐxì	system
体现	tǐxiàn	reflected
体验	tǐyàn	experience
体育	tǐyù	physical education
天才	tiāncái	genius

天赋	tiānfù	talent
天空	tiānkōng	sky
天伦之乐	tiānlún zhī lè	family happiness
天气	tiānqì	weather
天然气	tiānránqì	natural gas
天生	tiānshēng	born
天堂	tiāntáng	heaven
天文	tiānwén	astronomy
天真	tiānzhēn	naive
田径	tiánjìng	track and field
田野	tiányě	field
甜	tián	sweet
填空	tiánkòng	fill in the blank
舔	tiǎn	lick
挑剔	tiāotì	picky
条	tiáo	article
条件	tiáojiàn	condition
条款	tiáokuǎn	terms
条理	tiáolǐ	organize
条约	tiáoyuē	treaty
调和	tiáohé	reconcile
调剂	tiáojì	adjust
调节	tiáojié	adjust
调解	tiáojiě	mediation
调料	tiáoliào	seasoning
调皮	tiáopí	naughty
调整	tiáozhěng	adjustment
挑拨	tiǎobō	foment
挑衅	tiǎoxìn	provocative
挑战	tiǎozhàn	challenge
跳舞	tiàowǔ	dancing
跳跃	tiàoyuè	jump
听	tīng	listen
亭子	tíngzi	pavilion
停	tíng	stop

停泊	tíngbó	mooring
停顿	tíngdùn	pause
停滞	tíngzhì	stagnation
挺	tǐng	very
挺拔	tǐngbá	tall and straight
通常	tōngcháng	usually
通过	tōngguò	by
通货膨胀	tōnghuò péngzhàng	inflation
通缉	tōngjī	wanted
通俗	tōngsú	popular
通讯	tōngxùn	communication
通用	tōngyòng	universal
通知	tōngzhī	notice
同胞	tóngbāo	sibs
同情	tóngqíng	sympathy
同时	tóngshí	simultaneously
同事	tóngshì	colleague
同学	tóngxué	classmate
同意	tóngyì	agree
同志	tóngzhì	comrade
铜	tóng	copper
童话	tónghuà	fairy tale
统筹兼顾	tǒngchóu jiāngù	overall planning
统计	tǒngjì	statistics
统统	tǒngtǒng	all
统一	tǒngyī	unite
统治	tǒngzhì	rule
痛苦	tòngkǔ	painful
痛快	tòngkuài	happy
偷	tōu	steal
头发	tóufǎ	hair
投机	tóujī	speculation
投票	tóupiào	vote
投入	tóurù	put in
投诉	tóusù	complaints

投降	tóuxiáng	surrender
投掷	tóuzhí	throwing
投资	tóuzī	investment
透露	tòulù	disclose
透明	tòumíng	transparent
秃	tū	bald
突出	túchū	prominent
突破	túpò	breakthrough
突然	túrán	suddenly
图案	tú'àn	pattern
图书馆	túshū guǎn	library
徒弟	túdì	apprentice
途径	tújìng	way
涂抹	túmǒ	smear
土地	tǔdì	land
土豆	tǔdòu	potato
土壤	tǔrǎng	soil
吐	tǔ	threw up
兔子	tùzǐ	rabbit
团	tuán	group
团结	tuánjié	united
团体	tuántǐ	group
团圆	tuányuán	reunion
推	tuī	push
推测	tuīcè	speculated
推迟	tuīchí	put off
推辞	tuīcí	decline
推翻	tuīfān	overthrow
推广	tuīguǎng	promotion
推荐	tuījiàn	recommend
推理	tuīlǐ	reasoning
推论	tuīlùn	inference
推销	tuīxiāo	promote sales
腿	tuǐ	leg
退	tuì	retreat

退步	tuìbù	backward
退休	tuìxiū	retired
吞吞吐吐	tūntūntǔtǔ	mutter and mumble
托运	tuōyùn	consign for shipment
拖延	tuōyán	procrastination
脱	tuō	off
脱离	tuōlí	detached
妥当	tuǒdang	appropriate
妥善	tuǒshàn	proper
妥协	tuǒxié	compromise
椭圆	tuǒyuán	oval
唾弃	tuòqì	cast aside
挖掘	wājué	dig
哇	wa	wow
娃娃	wáwá	baby
瓦解	wǎjiě	collapse
袜子	wàzi	sock
歪	wāi	crooked
歪曲	wāiqū	distort
外	wài	outside
外表	wàibiǎo	appearance
外公	wàigōng	grandpa
外行	wàiháng	layman
外交	wàijiāo	diplomacy
外界	wàijiè	outside world
外向	wàixiàng	outward
丸	wán	pill
完	wán	finish
完备	wánbèi	complete
完毕	wánbì	complete
完成	wánchéng	carry out
完美	wánměi	perfect
完全	wánquán	complete
完善	wánshàn	perfect
完整	wánzhěng	complete

玩	wán	play
玩具	wánjù	toys
玩弄	wànnòng	play
玩意儿	wányì er	thing
顽固	wángù	stubborn
顽强	wánqiáng	tenacious
挽回	wǎnhuí	recover
挽救	wǎnjiù	save
晚上	wǎnshàng	night
惋惜	wànxí	regret
碗	wǎn	bowl
万	wàn	million
万分	wàn fēn	extremely
万一	wàn yī	just in case
王子	wángzǐ	prince
网络	wǎngluò	the Internet
网球	wǎngqiú	tennis
网站	wǎngzhàn	website
往	wǎng	to
往常	wǎng cháng	as usual
往返	wǎngfǎn	round trip
往事	wǎngshì	past
往往	wǎngwǎng	often
妄想	wàngxiǎng	delusion
忘记	wàngjì	forget
危害	wéihài	hazard
危机	wéi jī	crisis
危险	wéixiǎn	danger
威风	wēifēng	prestige
威力	wēilì	power
威望	wēiwàng	prestige
威胁	wēixié	threats
威信	wēixìn	prestige
微不足道	wēibùzúdào	negligible
微观	wéiguān	microscopic

微笑	wēixiào	smile
为难	wéinán	difficult
为期	wéiqí	period
违背	wéibèi	violation
违反	wéifǎn	violation
围巾	wéijīn	scarf
围绕	wéirào	around
唯独	wéi dú	only
唯一	wéiyī	only
维持	wéichí	maintain
维护	wéihù	maintenance
维生素	wéishēngsù	vitamins
维修	wéixiū	service
伟大	wěidà	great
伪造	wěizào	forge
尾巴	wěibā	tail
委屈	wěiqu	wronged
委托	wěituō	commissioned
委员	wěiyuán	members
卫生间	wèishēngjiān	bathroom
卫星	wèixīng	satellite
为	wèi	for
为了	wèile	in order to
为什么	wèishéme	why
未必	wèibì	not necessarily
未来	wèilái	the future
未免	wèimiǎn	a bit too
位	wèi	place
位于	wèiyú	lie in
位置	wèizhì	location
味道	wèidào	taste
畏惧	wèijù	fear
胃	wèi	stomach
胃口	wèikǒu	appetite
喂（叹词）	wèi (tàn cí)	hello (interjection)

喂（动词）	wèi (dòngcí)	feed (verb)
蔚蓝	wèilán	blue
慰问	wèiwèn	condolences
温带	wēndài	temperate zone
温度	wēndù	temperature
温和	wēnhé	mild
温暖	wēnnuǎn	warm
温柔	wēnróu	gentle
文化	wénhuà	culture
文件	wénjiàn	file
文具	wénjù	stationery
文明	wénmíng	civilization
文凭	wénpíng	diploma
文物	wénwù	heritage
文献	wénxiàn	literature
文学	wénxué	literature
文雅	wényǎ	elegant
文艺	wényì	art
文章	wénzhāng	article
文字	wénzì	writing
闻	wén	smell
吻	wěn	kiss
稳定	wěndìng	stable
问	wèn	ask
问候	wènhòu	greetings
问世	wènshì	come out
问题	wèntí	question
窝	wō	nest
我	wǒ	I
我们	wǒmen	we
卧室	wòshì	bedroom
握手	wòshǒu	shake hands
乌黑	wūhēi	black
污蔑	wūmiè	slander
污染	wūrǎn	pollution

诬陷	wūxiàn	frame sb. up
屋子	wūzi	room
无	wú	no
无比	wúbǐ	incomparable
无偿	wúcháng	free
无耻	wúchǐ	shameless
无动于衷	wúdòngyúzhōng	indifferent
无非	wúfēi	nothing more
无辜	wúgū	innocent
无精打采	wújīngdǎcǎi	listlessness
无赖	wúlài	rogue
无理取闹	wúlǐqǔnào	unreasonable
无聊	wúliáo	bored
无论	wúlùn	regardless
无奈	wúnài	helpless
无能为力	wúnéngwéilì	powerless
无穷无尽	wúqióng wújìn	endless
无数	wúshù	numerous
无所谓	wúsuǒwèi	it does not matter
无微不至	wúwēibùzhì	in every possible way
无忧无虑	wú yōu wú lǜ	carefree
无知	wúzhī	ignorance
五	wǔ	fives
武器	wǔqì	arms
武术	wǔshù	martial arts
武侠	wǔxiá	martial arts
武装	wǔzhuāng	armed
侮辱	wǔrǔ	insult
舞蹈	wǔdǎo	dance
勿	wù	do not
务必	wùbì	be sure
物理	wùlǐ	physics
物美价廉	wùměi jià lián	cheap
物业	wùyè	property
物质	wùzhí	material

物资	wùzī	materials
误差	wùchā	error
误会	wùhuì	misunderstanding
误解	wùjiě	misunderstanding
雾	wù	fog
夕阳	xīyáng	sunset
西	xī	west
西瓜	xīguā	watermelon
西红柿	xīhóngshì	tomato
吸取	xīqǔ	draw
吸收	xīshōu	absorbed
吸引	xīyǐn	attract
希望	xīwàng	hope
昔日	xī rì	old days
牺牲	xīshēng	sacrifice
溪	xī	creek
熄灭	xímiè	extinguished
膝盖	xīgài	knee
习惯	xíguàn	habit
习俗	xísú	custom
袭击	xíjí	attack
媳妇	xífù	daughter in law
洗	xǐ	wash
洗手间	xǐshǒujiān	rest room
洗澡	xǐzǎo	take a bath
喜欢	xǐhuān	like
喜闻乐见	xǐwénlèjiàn	love to see
喜悦	xǐyuè	joy
戏剧	xìjù	drama
系	xì	department
系列	xìliè	series
系统	xìtǒng	system
细胞	xìbāo	cell
细节	xìjié	details
细菌	xìjùn	bacterial

细致	xìzhì	meticulous
瞎	xiā	blind
峡谷	xiágǔ	canyon
狭隘	xiá'ài	narrow
狭窄	xiázhǎi	narrow
霞	xiá	rosy clouds
下	xià	down
下属	xiàshǔ	subordinate
下午	xiàwǔ	afternoon
下雨	xià yǔ	rain
下载	xiàzài	download
吓	xià	scared
夏	xià	summer
夏令营	xiàlìngyíng	summer camp
先	xiān	first
先进	xiānjìn	advanced
先前	xiānqián	previously
先生	xiānshēng	Mr
纤维	xiānwéi	fiber
掀起	xiānqǐ	set off
鲜明	xiānmíng	clear
鲜艳	xiānyàn	vivid
闲话	xiánhuà	gossip
贤惠	xiánhuì	virtuous
弦	xián	string
咸	xián	salty
衔接	xiánjiē	connect
嫌	xián	dislike
嫌疑	xiányí	suspected
显得	xiǎndé	looks like
显然	xiǎnrán	obviously
显示	xiǎnshì	show
显著	xiǎnzhù	significant
县	xiàn	county
现场	xiànchǎng	on site

现成	xiànchéng	ready
现代	xiàndài	modern
现金	xiànjīn	cash
现实	xiànshí	realistic
现象	xiànxiàng	phenomenon
现在	xiànzài	just now
现状	xiànzhuàng	status quo
限制	xiànzhì	limit
线索	xiànsuǒ	clue
宪法	xiànfǎ	constitution
陷害	xiànhài	framed
陷阱	xiànjǐng	trap
陷入	xiànrù	fall in
馅儿	xiàn er	stuffing
羡慕	xiànmù	envy
乡镇	xiāngzhèn	township
相差	xiāngchà	difference
相处	xiāngchǔ	get along
相当	xiāngdāng	quite
相等	xiāngděng	equal
相对	xiāngduì	relative
相反	xiāngfǎn	in contrast
相辅相成	xiāngfǔxiāngchéng	complement each other
相关	xiāngguān	related
相似	xiāngsì	similar
相同	xiāngtóng	the same
相信	xiāngxìn	believe
相应	xiāngyìng	corresponding
香	xiāng	fragrant
香肠	xiāngcháng	sausage
香蕉	xiāngjiāo	banana
镶嵌	xiāngqiàn	mosaic
详细	xiángxì	detailed
享受	xiǎngshòu	enjoy
响	xiǎng	ring

响亮	xiǎngliàng	loud
响应	xiǎngyìng	response
想	xiǎng	think
想方设法	xiǎngfāngshèfǎ	find ways
想念	xiǎngniàn	miss
想象	xiǎngxiàng	imagine
向	xiàng	to
向导	xiàngdǎo	guide
向来	xiànglái	always
向往	xiàngwǎng	yearning
项	xiàng	item
项链	xiàngliàn	necklace
项目	xiàngmù	project
巷	xiàng	lane
相声	xiàngsheng	crosstalk
象棋	xiàngqí	chess
象征	xiàngzhēng	symbol
像	xiàng	like
橡皮	xiàngpí	rubber
削	xuē	cut
消除	xiāochú	eliminate
消毒	xiāodú	disinfection
消防	xiāofáng	fire control
消费	xiāofèi	consumption
消耗	xiāohào	consumption
消化	xiāohuà	digestion
消极	xiāojí	negative
消灭	xiāomiè	wipe out
消失	xiāoshī	disappear
消息	xiāoxī	news
销毁	xiāohuǐ	destroy
销售	xiāoshòu	sales
潇洒	xiāosǎ	chic
小	xiǎo	small
小吃	xiǎochī	snack

小伙子	xiǎohuǒzi	young man
小姐	xiǎojiě	Miss
小麦	xiǎomài	wheat
小气	xiǎoqì	stingy
小时	xiǎoshí	hour
小说	xiǎoshuō	fiction
小心	xiǎoxīn	be careful
小心翼翼	xiǎoxīnyìyì	careful
孝顺	xiàoshùn	filial piety
肖像	xiàoxiàng	portrait
校长	xiàozhǎng	principal
笑	xiào	laugh
笑话	xiàohuà	joke
效果	xiàoguǒ	effect
效率	xiàolǜ	effectiveness
效益	Xiàoyì	benefit
些	xiē	some
歇	xiē	rest
协会	xiéhuì	association
协商	xiéshāng	negotiation
协调	xiétiáo	coordination
协议	xiéyì	protocol
协助	xiézhù	assist
斜	xié	oblique
携带	xiédài	carry
写	xiě	write
写作	xiězuò	writing
血	xuè	blood
泄露	xièlòu	give way
泄气	xièqì	discouraged
屑	xiè	crumbs
谢绝	xièjué	decline
谢谢	xièxiè	thank
心得	xīndé	experience
心甘情愿	xīngānqíngyuàn	willingly

心理	xīnlǐ	psychology
心灵	xīnlíng	soul
心情	xīnqíng	mood
心态	xīntài	mentality
心疼	xīnténg	distressed
心血	xīnxuè	effort
心眼儿	xīnyǎn er	mind
心脏	xīnzàng	heart
辛苦	xīnkǔ	hard
辛勤	xīnqín	hardworking
欣赏	xīnshǎng	enjoy
欣慰	xīnwèi	happy
欣欣向荣	xīnxīnxiàngróng	thriving
新	xīn	new
新陈代谢	xīnchéndàixiè	metabolism
新郎	xīnláng	bridegroom
新娘	xīnniáng	bride
新闻	xīnwén	news
新鲜	xīnxiān	fresh
新颖	xīnyǐng	novel
薪水	xīnshuǐ	salary
信封	xìnfēng	envelope
信号	xìnhào	signal
信赖	xìnlài	trust
信念	xìnniàn	belief
信任	xìnrèn	trust
信息	xìnxī	information
信心	xìnxīn	confidence
信仰	xìnyǎng	faith
信用卡	xìnyòngkǎ	credit card
信誉	xìnyù	reputation
兴奋	xīngfèn	excited
兴隆	xīnglóng	prosperous
兴旺	xīngwàng	thriving
星期	xīngqí	week

腥	xīng	fishy
刑事	xíngshì	criminal
行	xíng	row
行动	xíngdòng	action
行李箱	xínglǐ xiāng	trunk
行人	xíngrén	pedestrian
行为	xíngwéi	behavior
行政	xíngzhèng	administrative
形成	xíngchéng	formed
形容	xíngróng	describe
形式	xíngshì	form
形势	xíngshì	situation
形态	xíngtài	form
形象	xíngxiàng	image
形状	xíngzhuàng	shape
醒	xǐng	wake
兴高采烈	xìnggāocǎiliè	elated
兴致勃勃	xìngzhì bóbó	high spirits
幸福	xìngfú	happy
幸亏	xìngkuī	fortunately
幸运	xìngyùn	lucky
性别	xìngbié	gender
性感	xìnggǎn	sexy
性格	xìnggé	character
性命	xìngmìng	life
性能	xìngnéng	performance
性质	xìngzhì	nature
姓	xìng	last name
凶恶	xiōng'è	ferocious
凶手	xiōngshǒu	murderer
兄弟	xiōng dì	brothers
汹涌	xiōngyǒng	turbulent
胸	xiōng	chest
胸怀	xiōnghuái	mind
胸膛	xiōngtáng	chest

雄厚	xiónghòu	strong
雄伟	xióngwěi	majestic
熊猫	xióngmāo	panda
休息	xiūxí	rest
休闲	xiūxián	leisure
修复	xiūfù	repair
修改	xiūgǎi	modify
修建	xiūjiàn	build
修理	xiūlǐ	repair
修养	xiūyǎng	training
羞耻	xiūchǐ	shame
绣	xiù	embroidered
嗅觉	xiùjué	smell
须知	xūzhī	notes
虚假	xūjiǎ	false
虚荣	xūróng	vanity
虚伪	xūwèi	hypocritical
虚心	xūxīn	open-minded
需求	xūqiú	demand
需要	xūyào	need
许多	xǔduō	a lot of
许可	xǔkě	license
序言	xùyán	preamble
叙述	xùshù	narrative
畜牧	xùmù	livestock
酗酒	xùjiǔ	alcoholism
宣布	xuānbù	announced
宣传	xuānchuán	publicity
宣誓	xuānshì	oath
宣扬	xuānyáng	propagate
喧哗	xuānhuá	noisy
悬挂	xuánguà	suspension
悬念	xuánniàn	suspense
悬殊	xuánshū	disparities
悬崖峭壁	xuányá qiàobì	cliffs

旋律	xuánlǜ	melody
旋转	xuánzhuǎn	rotate
选拔	xuǎnbá	selection
选举	xuǎnjǔ	election
选手	xuǎnshǒu	player
选择	xuǎnzé	select
炫耀	xuànyào	show off
削弱	xuēruò	weaken
学历	xuélì	educational background
学期	xuéqí	semester
学生	xuéshēng	student
学术	xuéshù	academic
学说	xuéshuō	theory
学位	xuéwèi	degree
学问	xuéwèn	learning
学习	xuéxí	learn
学校	xuéxiào	school
雪	xuě	snow
雪上加霜	xuěshàngjiāshuāng	worse
血压	xiěyā	blood pressure
熏陶	xūntáo	edify
寻觅	xúnmì	look for
寻找	xúnzhǎo	look for
巡逻	xúnluó	patrol
询问	xúnwèn	ask
循环	xúnhuán	cycle
循序渐进	xúnxùjiànjìn	step by step
训练	xùnliàn	training
迅速	xùnsù	rapid
压力	yālì	pressure
压迫	yāpò	oppression
压岁钱	yāsuìqián	New Year's Money
压缩	yāsuō	compression
压抑	yāyì	repressed
压榨	yāzhà	press

压制	yāzhì	suppress
呀	ya	yeah
押金	yājīn	deposit
鸦雀无声	yāquèwúshēng	silent
牙齿	yáchǐ	tooth
牙膏	yágāo	toothpaste
亚军	yàjūn	runner up
亚洲	yàzhōu	asia
烟花爆竹	yānhuā bào zhú	firecrackers
淹没	yānmò	submerged
延长	yáncháng	extend
延期	yánqí	extension
延伸	yánshēn	extend
延续	yánxù	continue
严格	yángé	strict
严寒	yánhán	cold
严禁	yánjìn	strictly prohibited
严峻	yánjùn	severe
严厉	yánlì	severe
严密	yánmì	tight
严肃	yánsù	serious
严重	yánzhòng	serious
言论	yánlùn	speech
岩石	yánshí	rock
炎热	yánrè	hot
沿海	yánhǎi	coastal
研究	yánjiū	study
盐	yán	salt
颜色	yánsè	colour
掩盖	yǎngài	cover
掩护	yǎnhù	cover
掩饰	yǎnshì	cover up
眼光	yǎnguāng	vision
眼睛	yǎnjīng	eyes
眼镜	yǎnjìng	glasses

眼色	yǎnsè	eye color
眼神	yǎnshén	eyes
演变	yǎnbiàn	evolution
演出	yǎnchū	show
演讲	yǎnjiǎng	speech
演习	yǎnxí	exercise
演绎	yǎnyì	interpretation
演员	yǎnyuán	actor
演奏	yǎnzòu	play
厌恶	yànwù	disgust
宴会	yànhuì	banquet
验收	yànshōu	acceptance
验证	yànzhèng	verification
羊肉	yángròu	lamb
阳光	yángguāng	sunlight
阳台	yángtái	balcony
养成	yǎng chéng	develop
氧气	yǎngqì	oxygen
痒	yǎng	itchy
样品	yàngpǐn	sample
样式	yàngshì	style
样子	yàngzi	appearance
要求	yāoqiú	claim
腰	yāo	waist
邀请	yāoqǐng	invite
谣言	yáoyán	rumor
摇	yáo	shake
摇摆	yáobǎi	swing
摇滚	yáogǔn	rock
遥控	yáokòng	remote control
遥远	yáoyuǎn	distant
咬	yǎo	bite
药	yào	medicine
要	yào	want
要不	yào bù	otherwise

要点	yào diǎn	key point
要命	yàomìng	extremely
要是	yàoshi	if
要素	yàosù	elements
钥匙	yàoshi	key
耀眼	yàoyǎn	dazzling
爷爷	yéye	grandfather
也	yě	also
也许	yěxǔ	maybe
野蛮	yěmán	brutal
野心	yěxīn	ambition
业务	yèwù	business
业余	yèyú	amateur
叶子	yèzi	leaf
页	yè	page
夜	yè	night
液体	yètǐ	liquid
一	yī	one
一般	yībān	general
一辈子	yībèizi	lifetime
一边	yībiān	one side
一旦	yīdàn	once
一点儿	yīdiǎn er	a little
一定	yīdìng	for sure
一度	yīdù	one time
一帆风顺	yīfānfēngshùn	go off smoothly
一共	yīgòng	altogether
一贯	yīguàn	consistent
一会儿	yī huǐ er	a while
一举两得	yījǔliǎngdé	kill two birds with one stone
一流	yīliú	first class
一律	yīlǜ	all
一目了然	yīmùliǎorán	at a glance
一起	yīqǐ	together
一切	yīqiè	all

一如既往	yīrújìwǎng	as always
一丝不苟	yīsībùgǒu	meticulous
一下	yīxià	one time
一向	yīxiàng	always
一样	yīyàng	same
一再	yīzài	repeatedly
一直	yīzhí	always
一致	yīzhì	consistent
衣服	yīfú	clothes
衣裳	yīshang	clothes
医生	yīshēng	doctors
医院	yīyuàn	hospital
依旧	yījiù	still
依据	yījù	in accordance with
依靠	yīkào	rely
依赖	yīlài	rely
依然	yīrán	still
依托	yītuō	rely on
仪器	yíqì	instrument
仪式	yíshì	ceremony
移动	yídòng	move
移民	yímín	immigration
遗产	yíchǎn	heritage
遗传	yíchuán	genetic
遗憾	yíhàn	sorry
遗留	yíliú	left
遗失	yíshī	lost
疑惑	yíhuò	doubt
疑问	yíwèn	doubt
乙	yǐ	second
已经	yǐjīng	already
以	yǐ	to
以便	yǐbiàn	so that
以及	yǐjí	as well as
以来	yǐlái	since

以免	yǐmiǎn	so as not to
以前	yǐqián	before
以往	yǐwǎng	in the past
以为	yǐwéi	think
以至	yǐzhì	as well
以致	yǐzhì	so
椅子	yǐzi	chair
亿	yì	a hundred million
义务	yìwù	obligation
艺术	yìshù	art
议论	yìlùn	discussion
亦	yì	also
异常	yìcháng	abnormal
意见	yìjiàn	opinion
意料	yìliào	expected
意识	yìshí	awareness
意思	yìsi	meaning
意图	yìtú	intention
意外	yìwài	unexpected
意味着	yìwèizhe	mean
意向	yìxiàng	intention
意义	yìyì	meaning
意志	yìzhì	will
毅力	yìlì	perseverance
毅然	yìrán	resolutely
翼	yì	wing
因此	yīncǐ	therefore
因而	yīn'ér	thus
因素	yīnsù	factors
因为……所以……	yīnwèi……suǒyǐ……	because therefore……
阴	yīn	overcast
阴谋	yīnmóu	conspiracy
音响	yīnxiǎng	sound
音乐	yīnyuè	music
银	yín	silver

银行	yínháng	bank
引导	yǐndǎo	guide
引起	yǐnqǐ	cause
引擎	yǐnqíng	engine
引用	yǐnyòng	quote
饮料	yǐnliào	drink
饮食	yǐnshí	diet
隐蔽	yǐnbì	hidden
隐患	yǐnhuàn	hidden trouble
隐瞒	yǐnmán	hide
隐私	yǐnsī	privacy
隐约	yǐnyuē	faint
印刷	yìnshuā	print
印象	yìnxiàng	impression
应该	yīnggāi	should
英俊	yīngjùn	handsome
英明	yīngmíng	wise
英雄	yīngxióng	hero
英勇	yīngyǒng	heroic
婴儿	yīng'ér	baby
迎接	yíngjiē	welcome
迎面	yíngmiàn	oncoming
盈利	yínglì	profit
营养	yíngyǎng	nutrition
营业	yíngyè	open
赢	yíng	win
影响	yǐngxiǎng	influences
影子	yǐngzi	shadow
应酬	yìngchóu	entertainment
应付	yìngfù	handle
应聘	yìngpìn	employment
应邀	yìngyāo	invited
应用	yìngyòng	application
硬	yìng	hard
硬件	yìngjiàn	hardware

拥抱	yǒngbào	hug
拥护	yǒnghù	support
拥挤	yǒngjǐ	crowded
拥有	yǒngyǒu	have
庸俗	yōngsú	vulgar
永恒	yǒnghéng	eternal
永远	yǒngyuǎn	forever and always
勇敢	yǒnggǎn	brave
勇气	yǒngqì	courage
勇于	yǒngyú	brave
涌现	yǒngxiàn	emerging
踊跃	yǒngyuè	actively
用	yòng	use
用功	yònggōng	work hard
用户	yònghù	user
用途	yòngtú	use
优点	yōudiǎn	advantage
优惠	yōuhuì	discount
优美	yōuměi	beautiful
优胜劣汰	yōushèngliètài	survival of the fittest
优势	yōushì	advantage
优先	yōuxiān	priority
优秀	yōuxiù	excellent
优异	yōuyì	excellent
优越	yōuyuè	superior
忧郁	yōuyù	melancholy
幽默	yōumò	humor
悠久	yōujiǔ	long
尤其	yóuqí	especially
由	yóu	by
由于	yóuyú	due to
邮局	yóujú	post office
犹如	yóurú	like
犹豫	yóuyù	hesitate
油腻	yóunì	greasy

油漆	yóuqī	paint
油炸	yóu zhá	fried
游览	yóulǎn	tour
游戏	yóuxì	game
游泳	yóuyǒng	swim
友好	yǒuhǎo	friendly
友谊	yǒuyì	friendship
有	yǒu	have
有利	yǒulì	beneficial
有名	yǒumíng	famous
有趣	yǒuqù	interesting
有条不紊	yǒutiáobùwěn	methodical
又	yòu	also
右边	yòu biān	right
幼儿园	yòu'éryuán	kindergarten
幼稚	yòuzhì	naive
诱惑	yòuhuò	within temptation
于是	yúshì	then
鱼	yú	fish
娱乐	yúlè	entertainment
渔民	yúmín	fishermen
愉快	yúkuài	happy
愚蠢	yúchǔn	silly
愚昧	yúmèi	ignorance
舆论	yúlùn	public opinion
与	yǔ	versus
与其	yǔqí	not so much
与日俱增	yǔrìjùzēng	growing
宇宙	yǔzhòu	universe
羽毛球	yǔmáoqiú	badminton
羽绒服	yǔróngfú	down jacket
语法	yǔfǎ	grammar
语气	yǔqì	tone
语言	yǔyán	language
玉	yù	jade

玉米	yùmǐ	corn
预报	yùbào	forecast
预订	yùdìng	booking
预防	yùfáng	prevention
预料	yùliào	expected
预期	yùqí	expected
预算	yùsuàn	budget
预习	yùxí	preview
预先	yùxiān	advance
预言	yùyán	prophecy
预兆	yùzhào	omen
欲望	yùwàng	desire
遇到	yù dào	encounter
寓言	yùyán	fable
愈	yù	more
冤枉	yuānwǎng	wrong
元	yuán	yuan
元旦	yuándàn	New Year's Day
元首	yuánshǒu	heads
元素	yuánsù	element
元宵节	yuánxiāo jié	lantern festival
园林	yuánlín	garden
员工	yuángōng	employee
原告	yuángào	plaintiff
原来	yuánlái	original
原理	yuánlǐ	principle
原谅	yuánliàng	forgive
原料	yuánliào	raw materials
原始	yuánshǐ	original
原先	yuánxiān	original
原因	yuányīn	reason
原则	yuánzé	in principle
圆	yuán	round
圆满	yuánmǎn	successful
缘故	yuángù	reason

源泉	yuánquán	source
远	yuǎn	far
愿望	yuànwàng	wish
愿意	yuànyì	willing
约会	yuēhuì	appointment
约束	yuēshù	constraint
月	yuè	month
月亮	yuèliàng	moon
乐谱	yuèpǔ	music score
乐器	yuèqì	musical instruments
岳母	yuèmǔ	mother in law
阅读	yuèdú	read
越	yuè	more
晕	yūn	dizzy
云	yún	cloud
允许	yǔnxǔ	allow
孕育	yùnyù	breeding
运动	yùndòng	exercise
运气	yùnqì	luck
运输	yùnshū	transportation
运算	yùnsuàn	operation
运行	yùnxíng	run
运用	yùnyòng	use
酝酿	yùnniàng	brewing
蕴藏	yùncáng	containing
熨	yùn	iron
杂技	zájì	acrobatics
杂交	zájiāo	hybridization
杂志	zázhì	magazine
砸	zá	hit
咋	zǎ	how
灾害	zāihài	disaster
灾难	zāinàn	disaster
栽培	zāipéi	cultivation
宰	zǎi	slaughter

再	zài	again
再见	zàijiàn	goodbye
再接再厉	zàijiēzàilì	make persistent efforts
再三	zàisān	again and again
在	zài	in
在乎	zàihū	care
在意	zàiyì	care
在于	zàiyú	lie in
咱们	zánmen	we
攒	zǎn	save
暂且	zànqiě	for the time being
暂时	zhànshí	temporarily
赞成	zànchéng	approve
赞美	zànměi	praise
赞叹	zàntàn	admiration
赞助	zànzhù	sponsor
脏	zàng	dirty
遭受	zāoshòu	suffer
遭殃	zāoyāng	suffer
遭遇	zāoyù	encounter
糟糕	zāogāo	oops
糟蹋	zāotà	ruined
早上	zǎoshang	morning
造成	zàochéng	cause
造型	zàoxíng	modeling
噪音	zàoyīn	noise
则	zé	then
责备	zébèi	blame
责怪	zéguài	blame
责任	zérèn	responsibility
贼	zéi	thief
怎么	zěnme	how
怎么样	zěnme yàng	how about it
增加	zēngjiā	increase
增添	zēngtiān	add

赠送	zèngsòng	give away
扎	zhā	tie
扎实	zhāshi	solid
渣	zhā	slag
眨	zhǎ	blink
诈骗	zhàpiàn	fraud
摘	zhāi	pick
摘要	zhāiyào	summary
窄	zhǎi	narrow
债券	zhàiquàn	bonds
沾光	zhānguāng	profit from association with
粘贴	zhāntiē	paste
瞻仰	zhānyǎng	respect
斩钉截铁	zhǎndīngjiétiě	determined
展开	zhǎnkāi	expand
展览	zhǎnlǎn	exhibition
展示	zhǎnshì	show
展望	zhǎnwàng	outlook
展现	zhǎnxiàn	show
崭新	zhǎnxīn	brand new
占	zhàn	take up
占据	zhànjù	occupy
占领	zhànlǐng	occupied
占线	zhànxiàn	busy
战斗	zhàndòu	fighting
战略	zhànlüè	strategy
战术	zhànshù	tactics
战役	zhànyì	battle
战争	zhànzhēng	war
站	zhàn	station
张	zhāng	zhang, stretch
章程	zhāngchéng	charter
长（动词）	zhǎng (dòngcí)	grow (verb)
长辈	zhǎngbèi	elder
涨	zhǎng	rise

掌握	zhǎngwò	master
丈夫	zhàngfū	husband
帐篷	zhàngpéng	tent
账户	zhànghù	account
障碍	zhàng'ài	obstacle
招标	zhāobiāo	bidding
招待	zhāodài	hospitality
招聘	zhāopìn	recruitment
招收	zhāoshōu	recruit
朝气蓬勃	zhāoqì péngbó	vibrant
着火	zháohuǒ	on fire
着急	zhāojí	anxious
着凉	zháoliáng	cool
着迷	zháomí	fascinated
找	zhǎo	find
沼泽	zhǎozé	swamp
召开	zhàokāi	held
照	zhào	according to
照常	zhàocháng	as usual
照顾	zhàogù	take care
照片	zhàopiàn	photo
照相机	zhàoxiàngjī	camera
照样	zhàoyàng	still
照耀	zhàoyào	shine
折腾	zhēteng	toss
遮挡	zhēdǎng	blocked
折	zhé	fold
折磨	zhémó	tortured
哲学	zhéxué	philosophy
这	zhè	this
着	zhe	with
针对	zhēnduì	targeted
侦探	zhēntàn	detective
珍贵	zhēnguì	precious
珍惜	zhēnxī	cherish

珍稀	zhēnxī	rare
珍珠	zhēnzhū	pearl
真	zhēn	really
真理	zhēnlǐ	truth
真实	zhēnshí	true
真相	zhēnxiàng	truth
真正	zhēnzhèng	real
真挚	zhēnzhì	sincere
斟酌	zhēnzhuó	as appropriate
诊断	zhěnduàn	diagnosis
枕头	zhěntou	pillow
阵	zhèn	array
阵地	zhèndì	position
阵容	zhènróng	line-up
振动	zhèndòng	vibration
振奋	zhènfèn	excitement
振兴	zhènxīng	revitalize
震撼	zhènhàn	shocking
震惊	zhènjīng	shock
镇定	zhèndìng	calm
镇静	zhènjìng	calm
正月	zhēngyuè	the first month
争端	zhēngduān	dispute
争夺	zhēngduó	scramble
争论	zhēnglùn	argument
争气	zhēngqì	fight
争取	zhēngqǔ	fight for
争先恐后	zhēngxiānkǒnghòu	scramble
争议	zhēngyì	dispute
征服	zhēngfú	conquer
征求	zhēngqiú	solicit
征收	zhēngshōu	collection
挣扎	zhēngzhá	struggle
睁	zhēng	open
蒸发	zhēngfā	evaporation

整顿	zhěngdùn	rectify
整个	zhěnggè	whole
整理	zhěnglǐ	sort out
整齐	zhěngqí	neat
整体	zhěngtǐ	overall
正	zhèng	positive
正常	zhèngcháng	normal
正当	zhèngdàng	just right
正负	zhèng fù	positive and negative
正规	zhèngguī	formal
正好	zhènghǎo	exactly
正经	zhèngjīng	serious
正气	zhèngqì	righteousness
正确	zhèngquè	correct
正式	zhèngshì	formal
正义	zhèngyì	justice
正在	zhèngzài	in the process of
正宗	zhèngzōng	authentic
证件	zhèngjiàn	document
证据	zhèngjù	evidence
证明	zhèngmíng	prove
证实	zhèngshí	confirmed
证书	zhèngshū	certificate
郑重	zhèngzhòng	solemnly
政策	zhèngcè	policy
政府	zhèngfǔ	government
政权	zhèngquán	regime
政治	zhèngzhì	politics
挣	zhēng	earn
症状	zhèngzhuàng	symptoms
之	zhī	it
之际	zhī jì	occasion
支	zhī	support
支撑	zhīchēng	support
支持	zhīchí	stand by

支出	zhīchū	expenditure
支流	zhīliú	tributary
支配	zhīpèi	dominate
支票	zhīpiào	check
支援	zhīyuán	support
支柱	zhīzhù	pillar
只（量词）	zhī (liàngcí)	piece
枝	zhī	branch
知道	zhīdào	know
知觉	zhījué	perception
知识	zhīshì	knowledge
知足常乐	zhīzú cháng lè	contentment
脂肪	zhīfáng	fat
执行	zhíxíng	carried out
执照	zhízhào	license
执着	zhízhuó	persistent
直	zhí	straight
直播	zhíbò	live
直接	zhíjiē	direct
直径	zhíjìng	diameter
侄子	zhízi	nephew
值班	zhíbān	on duty
值得	zhídé	be worth
职能	zhínéng	function
职位	zhíwèi	position
职务	zhíwù	position
职业	zhíyè	occupation
植物	zhíwù	plant
殖民地	zhímíndì	colony
只（副词）	zhǐ (fùcí)	only (adverb)
只好	zhǐhǎo	only
只要	zhǐyào	as long as
只有……才……	zhǐyǒu……cái……	only ...
指	zhǐ	direct
指标	zhǐbiāo	index

指导	zhǐdǎo	guidance
指定	zhǐdìng	specified
指挥	zhǐhuī	conductor
指甲	zhǐjiǎ	nails
指令	zhǐlìng	instruction
指南针	zhǐnánzhēn	compass
指示	zhǐshì	instructions
指望	zhǐwàng	expect
指责	zhǐzé	accusation
至今	zhìjīn	to date
至少	zhìshǎo	at least
至于	zhìyú	as for
志气	zhìqì	ambition
志愿者	zhìyuàn zhě	volunteer
制裁	zhìcái	sanctions
制定	zhìdìng	make
制度	zhìdù	system
制服	zhìfú	uniform
制约	zhìyuē	restrictions
制造	zhìzào	manufacture
制止	zhìzhǐ	stop
制作	zhìzuò	production
质量	zhìliàng	quality
治安	zhì'ān	security
治理	zhìlǐ	governance
治疗	zhìliáo	treatment
致辞	zhìcí	speech
致力	zhìlì	dedicated
致使	zhìshǐ	cause
秩序	zhìxù	order
智慧	zhìhuì	wisdom
智力	zhìlì	intelligence
智能	zhìnéng	intelligent
智商	zhìshāng	iq
滞留	zhìliú	stranded

中断	zhōngduàn	interrupted
中国	zhōngguó	China
中间	zhōngjiān	intermediate
中介	zhōngjiè	intermediary
中立	zhōnglì	neutral
中文	zhōngwén	Chinese
中午	zhōngwǔ	noon
中心	zhōngxīn	center
中旬	zhōngxún	mid
中央	zhōngyāng	central
忠诚	zhōngchéng	loyalty
忠实	zhōngshí	loyal
终点	zhōngdiǎn	end
终究	zhōngjiù	after all
终身	zhōngshēn	lifelong
终于	zhōngyú	at last
终止	zhōngzhǐ	termination
衷心	zhōngxīn	heartfelt
肿瘤	zhǒngliú	tumor
种（量词）	zhǒng (liàngcí)	species (quantifiers)
种类	zhǒnglèi	category
种子	zhǒngzǐ	seed
种族	zhǒngzú	race
众所周知	zhòngsuǒzhōuzhī	we all know
种植	zhòngzhí	planting
重	zhòng	heavy
重大	zhòngdà	major
重点	zhòngdiǎn	focus
重量	zhòngliàng	weight
重视	zhòngshì	pay attention
重心	zhòngxīn	center of gravity
重要	zhòngyào	important
舟	zhōu	boat
州	zhōu	state
周边	zhōubiān	surrounding

周到	zhōudào	thoughtful
周密	zhōumì	careful
周末	zhōumò	weekend
周年	zhōunián	anniversary
周期	zhōuqí	cycle
周围	zhōuwéi	around
周折	zhōuzhé	twists and turns
周转	zhōuzhuǎn	turnover
粥	zhōu	porridge
昼夜	zhòuyè	day and night
皱纹	zhòuwén	wrinkle
株	zhū	strain
诸位	zhūwèi	gentlemen
猪	zhū	pig
竹子	zhúzi	bamboo
逐步	zhúbù	step by step
逐渐	zhújiàn	gradually
逐年	zhúnián	year by year
主办	zhǔbàn	host
主持	zhǔchí	host
主导	zhǔdǎo	leading
主动	zhǔdòng	initiative
主观	zhǔguān	subjective
主管	zhǔguǎn	supervisor
主流	zhǔliú	mainstream
主权	zhǔquán	sovereignty
主人	zhǔrén	the host
主任	zhǔrèn	director
主题	zhǔtí	theme
主席	zhǔxí	chairman
主要	zhǔyào	main
主义	zhǔyì	doctrine
主意	zhǔyì	idea
主张	zhǔzhāng	advocate
拄	zhǔ	prop

煮	zhǔ	cook
嘱咐	zhǔfù	instruct
助理	zhùlǐ	assistant
助手	zhùshǒu	assistant
住	zhù	live
住宅	zhùzhái	residential
注册	zhùcè	register
注射	zhùshè	injection
注视	zhùshì	watch
注释	zhùshì	comments
注意	zhùyì	note
注重	zhùzhòng	pay attention
驻扎	zhùzhá	stationed
祝福	zhùfú	blessings
祝贺	zhùhè	congratulate
著名	zhùmíng	famous
著作	zhùzuò	book
铸造	zhùzào	casting
抓	zhuā	grab
抓紧	zhuājǐn	pay close attention
拽	zhuāi	drag
专长	zhuāncháng	expertise
专程	zhuānchéng	make a special trip
专家	zhuānjiā	expert
专利	zhuānlì	patent
专门	zhuānmén	specialized
专题	zhuāntí	topic
专心	zhuānxīn	concentrate
专业	zhuānyè	profession
砖	zhuān	brick
转	zhuǎn	turn
转变	zhuǎnbiàn	change
转达	zhuǎndá	convey
转告	zhuǎngào	tell
转让	zhuǎnràng	transfer

转移	zhuǎnyí	transfer
转折	zhuǎnzhé	turning point
传记	zhuànjì	biography
赚	zhuàn	earn
庄稼	zhuāngjià	crops
庄严	zhuāngyán	solemn
庄重	zhuāng zhòng	solemn
装	zhuāng	loaded
装备	zhuāngbèi	equipment
装饰	zhuāngshì	decoration
装卸	zhuāngxiè	loading and unloading
装修	zhuāngxiū	decoration
壮观	zhuàngguān	spectacular
壮丽	zhuànglì	magnificent
壮烈	zhuàngliè	heroic
状况	zhuàngkuàng	condition
状态	zhuàngtài	state
撞	zhuàng	hit
幢	chuáng	building
追	zhuī	chase
追悼	zhuīdào	memorial
追究	zhuījiù	investigated
追求	zhuīqiú	pursuit
坠	zhuì	fall
准备	zhǔnbèi	ready
准确	zhǔnquè	accurate
准时	zhǔnshí	on time
准则	zhǔnzé	guidelines
桌子	zhuōzi	table
卓越	zhuóyuè	excellence
着手	zhuóshǒu	start
着想	zhuóxiǎng	thought
着重	zhuózhòng	focus
咨询	zīxún	consultation
姿势	zīshì	posture

姿态	zītài	attitude
资本	zīběn	capital
资产	zīchǎn	assets
资格	zīgé	qualifications
资金	zījīn	funds
资料	zīliào	information
资深	zīshēn	senior
资源	zīyuán	resources
资助	zīzhù	funding
滋润	zīrùn	moisturizing
滋味	zīwèi	taste
子弹	zǐdàn	bullet
仔细	zǐxì	careful
紫	zǐ	purple
自卑	zìbēi	inferiority
自从	zìcóng	since
自动	zìdòng	automatic
自发	zìfā	spontaneous
自豪	zìháo	proud
自己	zìjǐ	myself
自觉	zìjué	consciously
自力更生	zìlìgēngshēng	self-reliance
自满	zìmǎn	complacent
自然	zìrán	natural
自私	zìsī	selfish
自信	zìxìn	confidence
自行车	zìxíngchē	bicycle
自由	zìyóu	free
自愿	zìyuàn	volunteer
自主	zìzhǔ	autonomous
字	zì	word
字母	zìmǔ	letter
字幕	zìmù	subtitles
宗教	zōngjiào	religion
宗旨	zōngzhǐ	purpose

综合	zònghé	synthesis
棕色	zōngsè	brown
踪迹	zōngjī	trace
总裁	zǒngcái	president
总而言之	zǒng'éryánzhī	all in all
总共	zǒnggòng	total
总和	zǒnghé	sum
总结	zǒngjié	to sum up
总理	zǒnglǐ	prime minister
总是	zǒng shì	always
总算	zǒngsuàn	finally
总统	zǒngtǒng	president
总之	zǒngzhī	in short
纵横	zònghéng	vertical and horizontal
走	zǒu	go
走廊	zǒuláng	corridor
走漏	zǒulòu	leakage
走私	zǒusī	smuggling
揍	zòu	beat
租	zū	rent
租赁	zūlìn	lease
足以	zúyǐ	sufficient
阻碍	zǔ'ài	hinder
阻拦	zǔlán	stop
阻挠	zǔnáo	obstruction
阻止	zǔzhǐ	stop
组	zǔ	group
组成	zǔchéng	composition
组合	zǔhé	combination
组织	zǔzhī	organization
祖父	zǔfù	grandfather
祖国	zǔguó	motherland
祖先	zǔxiān	ancestor
钻研	zuānyán	study
钻石	zuànshí	diamond

嘴	zuǐ	mouth
嘴唇	zuǐchún	lips
最	zuì	most
最初	zuìchū	initially
最好	zuì hǎo	the best
最后	zuìhòu	at last
最近	zuìjìn	recent
罪犯	zuìfàn	criminal
醉	zuì	drunk
尊敬	zūnjìng	respect
尊严	zūnyán	dignity
尊重	zūnzhòng	respect
遵守	zūnshǒu	comply with
遵循	zūnxún	follow
昨天	zuótiān	yesterday
琢磨	zhuómó	pondering
左边	zuǒbiān	left
左右	zuǒyòu	about
作弊	zuòbì	cheat
作废	zuòfèi	void
作风	zuòfēng	style
作家	zuòjiā	writer
作品	zuòpǐn	works
作为	zuòwéi	as
作文	zuòwén	composition
作息	zuòxí	work and rest
作业	zuòyè	operation
作用	zuòyòng	effect
作者	zuòzhě	author
坐	zuò	sit
座	zuò	seat
座位	zuòwèi	seat
座右铭	zuòyòumíng	motto
做	zuò	do
做主	zuòzhǔ	master

5000 VOCABULARY COMPLETE LISTS

New HSK 5000 Vocabulary Complete Lists and Summary

1. 爱（一级）
2. 八（一级）
3. 爸爸（一级）
4. 杯子（一级）
5. 北京（一级）
6. 本（一级）
7. 不（一级）
8. 不客气（一级）
9. 菜（一级）
10. 茶（一级）
11. 吃（一级）
12. 出租车（一级）
13. 打电话（一级）
14. 大（一级）
15. 的（一级）
16. 点（一级）
17. 电脑（一级）
18. 电视（一级）
19. 电影（一级）
20. 东西（一级）
21. 都（一级）
22. 读（一级）
23. 对不起（一级）
24. 多（一级）
25. 多少（一级）
26. 儿子（一级）
27. 二（一级）
28. 饭店（一级）
29. 飞机（一级）
30. 分钟（一级）
31. 高兴（一级）
32. 个（一级）
33. 工作（一级）
34. 狗（一级）
35. 汉语（一级）
36. 好（一级）

37. 号（一级）
38. 喝（一级）
39. 和（一级）
40. 很（一级）
41. 后面（一级）
42. 回（一级）
43. 会（一级）
44. 几（一级）
45. 家（一级）
46. 叫（一级）
47. 今天（一级）
48. 九（一级）
49. 开（一级）
50. 看（一级）
51. 看见（一级）
52. 块（一级）
53. 来（一级）
54. 老师（一级）
55. 了（一级）
56. 冷（一级）
57. 里（一级）
58. 六（一级）
59. 妈妈（一级）
60. 吗（一级）
61. 买（一级）
62. 猫（一级）
63. 没关系（一级）
64. 没有（一级）
65. 米饭（一级）
66. 名字（一级）
67. 明天（一级）
68. 哪（一级）
69. 哪儿（一级）
70. 那（一级）
71. 呢（一级）
72. 能（一级）
73. 你（一级）
74. 年（一级）
75. 女儿（一级）
76. 朋友（一级）
77. 漂亮（一级）
78. 苹果（一级）

79. 七（一级）
80. 前面（一级）
81. 钱（一级）
82. 请（一级）
83. 去（一级）
84. 热（一级）
85. 人（一级）
86. 认识（一级）
87. 三（一级）
88. 商店（一级）
89. 上（一级）
90. 上午（一级）
91. 少（一级）
92. 谁（一级）
93. 什么（一级）
94. 十（一级）
95. 时候（一级）
96. 是（一级）
97. 书（一级）
98. 水（一级）
99. 水果（一级）
100. 睡觉（一级）
101. 说（一级）
102. 四（一级）
103. 岁（一级）
104. 他（一级）
105. 她（一级）
106. 太（一级）
107. 天气（一级）
108. 听（一级）
109. 同学（一级）
110. 喂（叹词）（一级）
111. 我（一级）
112. 我们（一级）
113. 五（一级）
114. 喜欢（一级）
115. 下（一级）
116. 下午（一级）
117. 下雨（一级）
118. 先生（一级）
119. 现在（一级）
120. 想（一级）

121. 小（一级）
122. 小姐（一级）
123. 些（一级）
124. 写（一级）
125. 谢谢（一级）
126. 星期（一级）
127. 学生（一级）
128. 学习（一级）
129. 学校（一级）
130. 一（一级）
131. 一点儿（一级）
132. 衣服（一级）
133. 医生（一级）
134. 医院（一级）
135. 椅子（一级）
136. 有（一级）
137. 月（一级）
138. 再见（一级）
139. 在（一级）
140. 怎么（一级）
141. 怎么样（一级）
142. 这（一级）
143. 中国（一级）
144. 中午（一级）
145. 住（一级）
146. 桌子（一级）
147. 字（一级）
148. 昨天（一级）
149. 坐（一级）
150. 做（一级）
151. 吧（二级）
152. 白（二级）
153. 百（二级）
154. 帮助（二级）
155. 报纸（二级）
156. 比（二级）
157. 别（二级）
158. 宾馆（二级）
159. 长（形容词）（二级）
160. 唱歌（二级）
161. 出（二级）
162. 穿（二级）

163. 次（二级）
164. 从（二级）
165. 错（二级）
166. 打篮球（二级）
167. 大家（二级）
168. 到（二级）
169. 得（助词）（二级）
170. 等（动词）（二级）
171. 弟弟（二级）
172. 第一（二级）
173. 懂（二级）
174. 对（形容词）（二级）
175. 对（介词）（二级）
176. 房间（二级）
177. 非常（二级）
178. 服务员（二级）
179. 高（二级）
180. 告诉（二级）
181. 哥哥（二级）
182. 给（二级）
183. 公共汽车（二级）
184. 公司（二级）
185. 贵（二级）
186. 过（助词）（二级）
187. 还（副词）（二级）
188. 孩子（二级）
189. 好吃（二级）
190. 黑（二级）
191. 红（二级）
192. 火车站（二级）
193. 机场（二级）
194. 鸡蛋（二级）
195. 件（二级）
196. 教室（二级）
197. 姐姐（二级）
198. 介绍（二级）
199. 进（二级）
200. 近（二级）
201. 就（二级）
202. 觉得（二级）
203. 咖啡（二级）
204. 开始（二级）

205. 考试（二级）
206. 可能（二级）
207. 可以（二级）
208. 课（二级）
209. 快（二级）
210. 快乐（二级）
211. 累（二级）
212. 离（二级）
213. 两（二级）
214. 零（二级）
215. 路（二级）
216. 旅游（二级）
217. 卖（二级）
218. 慢（二级）
219. 忙（二级）
220. 每（二级）
221. 妹妹（二级）
222. 门（二级）
223. 面条（二级）
224. 男（二级）
225. 您（二级）
226. 牛奶（二级）
227. 女（二级）
228. 旁边（二级）
229. 跑步（二级）
230. 便宜（二级）
231. 票（二级）
232. 妻子（二级）
233. 起床（二级）
234. 千（二级）
235. 铅笔（二级）
236. 晴（二级）
237. 去年（二级）
238. 让（二级）
239. 日（二级）
240. 上班（二级）
241. 身体（二级）
242. 生病（二级）
243. 生日（二级）
244. 时间（二级）
245. 事情（二级）
246. 手表（二级）

247. 手机（二级）
248. 说话（二级）
249. 送（二级）
250. 虽然……但是……（二级）
251. 它（二级）
252. 踢足球（二级）
253. 题（二级）
254. 跳舞（二级）
255. 外（二级）
256. 完（二级）
257. 玩（二级）
258. 晚上（二级）
259. 往（二级）
260. 为什么（二级）
261. 问（二级）
262. 问题（二级）
263. 西瓜（二级）
264. 希望（二级）
265. 洗（二级）
266. 小时（二级）
267. 笑（二级）
268. 新（二级）
269. 姓（二级）
270. 休息（二级）
271. 雪（二级）
272. 颜色（二级）
273. 眼睛（二级）
274. 羊肉（二级）
275. 药（二级）
276. 要（二级）
277. 也（二级）
278. 一起（二级）
279. 一下（二级）
280. 已经（二级）
281. 意思（二级）
282. 因为……所以……（二级）
283. 阴（二级）
284. 游泳（二级）
285. 右边（二级）
286. 鱼（二级）
287. 远（二级）
288. 运动（二级）

289. 再（二级）
290. 早上（二级）
291. 丈夫（二级）
292. 找（二级）
293. 着（二级）
294. 真（二级）
295. 正在（二级）
296. 知道（二级）
297. 准备（二级）
298. 走（二级）
299. 最（二级）
300. 左边（二级）
301. 阿姨（三级）
302. 啊（三级）
303. 矮（三级）
304. 爱好（三级）
305. 安静（三级）
306. 把（三级）
307. 班（三级）
308. 搬（三级）
309. 办法（三级）
310. 办公室（三级）
311. 半（三级）
312. 帮忙（三级）
313. 包（三级）
314. 饱（三级）
315. 北方（三级）
316. 被（三级）
317. 鼻子（三级）
318. 比较（三级）
319. 比赛（三级）
320. 笔记本（三级）
321. 必须（三级）
322. 变化（三级）
323. 别人（三级）
324. 冰箱（三级）
325. 不但……而且……（三级）
326. 菜单（三级）
327. 参加（三级）
328. 草（三级）
329. 层（三级）
330. 差（三级）

331. 超市（三级）
332. 衬衫（三级）
333. 成绩（三级）
334. 城市（三级）
335. 迟到（三级）
336. 除了（三级）
337. 船（三级）
338. 春（三级）
339. 词典（三级）
340. 聪明（三级）
341. 打扫（三级）
342. 打算（三级）
343. 带（三级）
344. 担心（三级）
345. 蛋糕（三级）
346. 当然（三级）
347. 地（助词）（三级）
348. 灯（三级）
349. 地方（三级）
350. 地铁（三级）
351. 地图（三级）
352. 电梯（三级）
353. 电子邮件（三级）
354. 东（三级）
355. 冬（三级）
356. 动物（三级）
357. 短（三级）
358. 段（三级）
359. 锻炼（三级）
360. 多么（三级）
361. 饿（三级）
362. 耳朵（三级）
363. 发（三级）
364. 发烧（三级）
365. 发现（三级）
366. 方便（三级）
367. 放（三级）
368. 放心（三级）
369. 分（三级）
370. 附近（三级）
371. 复习（三级）
372. 干净（三级）

373. 感冒（三级）
374. 感兴趣（三级）
375. 刚才（三级）
376. 个子（三级）
377. 根据（三级）
378. 跟（三级）
379. 更（三级）
380. 公斤（三级）
381. 公园（三级）
382. 故事（三级）
383. 刮风（三级）
384. 关（三级）
385. 关系（三级）
386. 关心（三级）
387. 关于（三级）
388. 国家（三级）
389. 过（动词）（三级）
390. 过去（三级）
391. 还是（三级）
392. 害怕（三级）
393. 黑板（三级）
394. 后来（三级）
395. 护照（三级）
396. 花（名词）（三级）
397. 花（动词）（三级）
398. 画（三级）
399. 坏（三级）
400. 欢迎（三级）
401. 还（动词）（三级）
402. 环境（三级）
403. 换（三级）
404. 黄河（三级）
405. 回答（三级）
406. 会议（三级）
407. 或者（三级）
408. 几乎（三级）
409. 机会（三级）
410. 极（三级）
411. 记得（三级）
412. 季节（三级）
413. 检查（三级）
414. 简单（三级）

415. 见面（三级）
416. 健康（三级）
417. 讲（三级）
418. 教（三级）
419. 角（三级）
420. 脚（三级）
421. 接（三级）
422. 街道（三级）
423. 节目（三级）
424. 节日（三级）
425. 结婚（三级）
426. 结束（三级）
427. 解决（三级）
428. 借（三级）
429. 经常（三级）
430. 经过（三级）
431. 经理（三级）
432. 久（三级）
433. 旧（三级）
434. 句子（三级）
435. 决定（三级）
436. 可爱（三级）
437. 渴（三级）
438. 刻（三级）
439. 客人（三级）
440. 空调（三级）
441. 口（三级）
442. 哭（三级）
443. 裤子（三级）
444. 筷子（三级）
445. 蓝（三级）
446. 老（三级）
447. 离开（三级）
448. 礼物（三级）
449. 历史（三级）
450. 脸（三级）
451. 练习（三级）
452. 辆（三级）
453. 聊天（三级）
454. 了解（三级）
455. 邻居（三级）
456. 留学（三级）

457. 楼（三级）
458. 绿（三级）
459. 马（三级）
460. 马上（三级）
461. 满意（三级）
462. 帽子（三级）
463. 米（三级）
464. 面包（三级）
465. 明白（三级）
466. 拿（三级）
467. 奶奶（三级）
468. 南（三级）
469. 难（三级）
470. 难过（三级）
471. 年级（三级）
472. 年轻（三级）
473. 鸟（三级）
474. 努力（三级）
475. 爬山（三级）
476. 盘子（三级）
477. 胖（三级）
478. 皮鞋（三级）
479. 啤酒（三级）
480. 瓶子（三级）
481. 其实（三级）
482. 其他（三级）
483. 奇怪（三级）
484. 骑（三级）
485. 起飞（三级）
486. 起来（三级）
487. 清楚（三级）
488. 请假（三级）
489. 秋（三级）
490. 裙子（三级）
491. 然后（三级）
492. 热情（三级）
493. 认为（三级）
494. 认真（三级）
495. 容易（三级）
496. 如果（三级）
497. 伞（三级）
498. 上网（三级）

499. 生气（三级）
500. 声音（三级）
501. 世界（三级）
502. 试（三级）
503. 瘦（三级）
504. 叔叔（三级）
505. 舒服（三级）
506. 树（三级）
507. 数学（三级）
508. 刷牙（三级）
509. 双（三级）
510. 水平（三级）
511. 司机（三级）
512. 太阳（三级）
513. 特别（三级）
514. 疼（三级）
515. 提高（三级）
516. 体育（三级）
517. 甜（三级）
518. 条（三级）
519. 同事（三级）
520. 同意（三级）
521. 头发（三级）
522. 突然（三级）
523. 图书馆（三级）
524. 腿（三级）
525. 完成（三级）
526. 碗（三级）
527. 万（三级）
528. 忘记（三级）
529. 为（三级）
530. 为了（三级）
531. 位（三级）
532. 文化（三级）
533. 西（三级）
534. 习惯（三级）
535. 洗手间（三级）
536. 洗澡（三级）
537. 夏（三级）
538. 先（三级）
539. 相信（三级）
540. 香蕉（三级）

541. 向（三级）
542. 像（三级）
543. 小心（三级）
544. 校长（三级）
545. 新闻（三级）
546. 新鲜（三级）
547. 信用卡（三级）
548. 行李箱（三级）
549. 熊猫（三级）
550. 需要（三级）
551. 选择（三级）
552. 要求（三级）
553. 爷爷（三级）
554. 一般（三级）
555. 一边（三级）
556. 一定（三级）
557. 一共（三级）
558. 一会儿（三级）
559. 一样（三级）
560. 一直（三级）
561. 以前（三级）
562. 音乐（三级）
563. 银行（三级）
564. 饮料（三级）
565. 应该（三级）
566. 影响（三级）
567. 用（三级）
568. 游戏（三级）
569. 有名（三级）
570. 又（三级）
571. 遇到（三级）
572. 元（三级）
573. 愿意（三级）
574. 月亮（三级）
575. 越（三级）
576. 站（三级）
577. 张（三级）
578. 长（动词）（三级）
579. 着急（三级）
580. 照顾（三级）
581. 照片（三级）
582. 照相机（三级）

583. 只（量词）（三级）
584. 只（副词）（三级）
585. 只有……才……（三级）
586. 中间（三级）
587. 中文（三级）
588. 终于（三级）
589. 种（量词）（三级）
590. 重要（三级）
591. 周末（三级）
592. 主要（三级）
593. 注意（三级）
594. 自己（三级）
595. 自行车（三级）
596. 总是（三级）
597. 嘴（三级）
598. 最后（三级）
599. 最近（三级）
600. 作业（三级）
601. 爱情（四级）
602. 安排（四级）
603. 安全（四级）
604. 按时（四级）
605. 按照（四级）
606. 百分之（四级）
607. 棒（四级）
608. 包子（四级）
609. 保护（四级）
610. 保证（四级）
611. 报名（四级）
612. 抱（四级）
613. 抱歉（四级）
614. 倍（四级）
615. 本来（四级）
616. 笨（四级）
617. 比如（四级）
618. 毕业（四级）
619. 遍（四级）
620. 标准（四级）
621. 表格（四级）
622. 表示（四级）
623. 表演（四级）
624. 表扬（四级）

625. 饼干（四级）
626. 并且（四级）
627. 博士（四级）
628. 不得不（四级）
629. 不管（四级）
630. 不过（四级）
631. 不仅（四级）
632. 部分（四级）
633. 擦（四级）
634. 猜（四级）
635. 材料（四级）
636. 参观（四级）
637. 餐厅（四级）
638. 厕所（四级）
639. 差不多（四级）
640. 长城（四级）
641. 长江（四级）
642. 尝（四级）
643. 场（四级）
644. 超过（四级）
645. 成功（四级）
646. 成为（四级）
647. 诚实（四级）
648. 乘坐（四级）
649. 吃惊（四级）
650. 重新（四级）
651. 抽烟（四级）
652. 出差（四级）
653. 出发（四级）
654. 出生（四级）
655. 出现（四级）
656. 厨房（四级）
657. 传真（四级）
658. 窗户（四级）
659. 词语（四级）
660. 从来（四级）
661. 粗心（四级）
662. 存（四级）
663. 错误（四级）
664. 答案（四级）
665. 打扮（四级）
666. 打扰（四级）

667．打印（四级）
668．打招呼（四级）
669．打折（四级）
670．打针（四级）
671．大概（四级）
672．大使馆（四级）
673．大约（四级）
674．大夫（四级）
675．戴（四级）
676．当（四级）
677．当时（四级）
678．刀（四级）
679．导游（四级）
680．到处（四级）
681．到底（四级）
682．倒（四级）
683．道歉（四级）
684．得意（四级）
685．得（助动词）（四级）
686．登机牌（四级）
687．等（助词）（四级）
688．低（四级）
689．底（四级）
690．地点（四级）
691．地球（四级）
692．地址（四级）
693．调查（四级）
694．掉（四级）
695．丢（四级）
696．动作（四级）
697．堵车（四级）
698．肚子（四级）
699．短信（四级）
700．对话（四级）
701．对面（四级）
702．对于（四级）
703．儿童（四级）
704．而（四级）
705．发生（四级）
706．发展（四级）
707．法律（四级）
708．翻译（四级）

709. 烦恼（四级）
710. 反对（四级）
711. 方法（四级）
712. 方面（四级）
713. 方向（四级）
714. 房东（四级）
715. 放弃（四级）
716. 放暑假（四级）
717. 放松（四级）
718. 份（四级）
719. 丰富（四级）
720. 否则（四级）
721. 符合（四级）
722. 父亲（四级）
723. 付款（四级）
724. 负责（四级）
725. 复印（四级）
726. 复杂（四级）
727. 富（四级）
728. 改变（四级）
729. 干杯（四级）
730. 赶（四级）
731. 敢（四级）
732. 感动（四级）
733. 感觉（四级）
734. 感情（四级）
735. 感谢（四级）
736. 干（四级）
737. 刚（四级）
738. 高速公路（四级）
739. 胳膊（四级）
740. 各（四级）
741. 工资（四级）
742. 公里（四级）
743. 功夫（四级）
744. 共同（四级）
745. 购物（四级）
746. 够（四级）
747. 估计（四级）
748. 鼓励（四级）
749. 故意（四级）
750. 顾客（四级）

751. 挂（四级）
752. 关键（四级）
753. 观众（四级）
754. 管理（四级）
755. 光（四级）
756. 广播（四级）
757. 广告（四级）
758. 逛（四级）
759. 规定（四级）
760. 国籍（四级）
761. 国际（四级）
762. 果汁（四级）
763. 过程（四级）
764. 海洋（四级）
765. 害羞（四级）
766. 寒假（四级）
767. 汗（四级）
768. 航班（四级）
769. 好处（四级）
770. 好像（四级）
771. 号码（四级）
772. 合格（四级）
773. 合适（四级）
774. 盒子（四级）
775. 后悔（四级）
776. 厚（四级）
777. 互联网（四级）
778. 互相（四级）
779. 护士（四级）
780. 怀疑（四级）
781. 回忆（四级）
782. 活动（四级）
783. 活泼（四级）
784. 火（四级）
785. 获得（四级）
786. 积极（四级）
787. 积累（四级）
788. 基础（四级）
789. 激动（四级）
790. 及时（四级）
791. 即使（四级）
792. 计划（四级）

793. 记者（四级）
794. 技术（四级）
795. 既然（四级）
796. 继续（四级）
797. 寄（四级）
798. 加班（四级）
799. 加油站（四级）
800. 家具（四级）
801. 假（四级）
802. 价格（四级）
803. 坚持（四级）
804. 减肥（四级）
805. 减少（四级）
806. 建议（四级）
807. 将来（四级）
808. 奖金（四级）
809. 降低（四级）
810. 降落（四级）
811. 交（四级）
812. 交流（四级）
813. 交通（四级）
814. 郊区（四级）
815. 骄傲（四级）
816. 饺子（四级）
817. 教授（四级）
818. 教育（四级）
819. 接受（四级）
820. 接着（四级）
821. 节（四级）
822. 节约（四级）
823. 结果（四级）
824. 解释（四级）
825. 尽管（四级）
826. 紧张（四级）
827. 进行（四级）
828. 禁止（四级）
829. 京剧（四级）
830. 经济（四级）
831. 经历（四级）
832. 经验（四级）
833. 精彩（四级）
834. 景色（四级）

835. 警察（四级）
836. 竞争（四级）
837. 竟然（四级）
838. 镜子（四级）
839. 究竟（四级）
840. 举（四级）
841. 举办（四级）
842. 举行（四级）
843. 拒绝（四级）
844. 距离（四级）
845. 聚会（四级）
846. 开玩笑（四级）
847. 开心（四级）
848. 看法（四级）
849. 考虑（四级）
850. 烤鸭（四级）
851. 科学（四级）
852. 棵（四级）
853. 咳嗽（四级）
854. 可怜（四级）
855. 可是（四级）
856. 可惜（四级）
857. 客厅（四级）
858. 肯定（四级）
859. 空（四级）
860. 空气（四级）
861. 恐怕（四级）
862. 苦（四级）
863. 矿泉水（四级）
864. 困（四级）
865. 困难（四级）
866. 垃圾桶（四级）
867. 拉（四级）
868. 辣（四级）
869. 来不及（四级）
870. 来得及（四级）
871. 来自（四级）
872. 懒（四级）
873. 浪费（四级）
874. 浪漫（四级）
875. 老虎（四级）
876. 冷静（四级）

877. 礼拜天（四级）
878. 礼貌（四级）
879. 理发（四级）
880. 理解（四级）
881. 理想（四级）
882. 力气（四级）
883. 厉害（四级）
884. 例如（四级）
885. 俩（四级）
886. 连（四级）
887. 联系（四级）
888. 凉快（四级）
889. 零钱（四级）
890. 另外（四级）
891. 留（四级）
892. 流利（四级）
893. 流行（四级）
894. 旅行（四级）
895. 律师（四级）
896. 乱（四级）
897. 麻烦（四级）
898. 马虎（四级）
899. 满（四级）
900. 毛（四级）
901. 毛巾（四级）
902. 美丽（四级）
903. 梦（四级）
904. 迷路（四级）
905. 密码（四级）
906. 免费（四级）
907. 秒（四级）
908. 民族（四级）
909. 母亲（四级）
910. 目的（四级）
911. 耐心（四级）
912. 难道（四级）
913. 难受（四级）
914. 内（四级）
915. 内容（四级）
916. 能力（四级）
917. 年龄（四级）
918. 弄（四级）

919. 暖和（四级）
920. 偶尔（四级）
921. 排队（四级）
922. 排列（四级）
923. 判断（四级）
924. 陪（四级）
925. 批评（四级）
926. 皮肤（四级）
927. 脾气（四级）
928. 篇（四级）
929. 骗（四级）
930. 乒乓球（四级）
931. 平时（四级）
932. 破（四级）
933. 葡萄（四级）
934. 普遍（四级）
935. 普通话（四级）
936. 其次（四级）
937. 其中（四级）
938. 气候（四级）
939. 千万（四级）
940. 签证（四级）
941. 敲（四级）
942. 桥（四级）
943. 巧克力（四级）
944. 亲戚（四级）
945. 轻（四级）
946. 轻松（四级）
947. 情况（四级）
948. 穷（四级）
949. 区别（四级）
950. 取（四级）
951. 全部（四级）
952. 缺点（四级）
953. 缺少（四级）
954. 却（四级）
955. 确实（四级）
956. 然而（四级）
957. 热闹（四级）
958. 任何（四级）
959. 任务（四级）
960. 扔（四级）

961. 仍然（四级）
962. 日记（四级）
963. 入口（四级）
964. 散步（四级）
965. 森林（四级）
966. 沙发（四级）
967. 伤心（四级）
968. 商量（四级）
969. 稍微（四级）
970. 勺子（四级）
971. 社会（四级）
972. 申请（四级）
973. 深（四级）
974. 甚至（四级）
975. 生活（四级）
976. 生命（四级）
977. 生意（四级）
978. 省（四级）
979. 剩（四级）
980. 失败（四级）
981. 失望（四级）
982. 师傅（四级）
983. 十分（四级）
984. 实际（四级）
985. 实在（四级）
986. 使（四级）
987. 使用（四级）
988. 世纪（四级）
989. 是否（四级）
990. 适合（四级）
991. 适应（四级）
992. 收（四级）
993. 收入（四级）
994. 收拾（四级）
995. 首都（四级）
996. 首先（四级）
997. 受不了（四级）
998. 受到（四级）
999. 售货员（四级）
1000. 输（四级）
1001. 熟悉（四级）
1002. 数量（四级）

1003. 数字（四级）
1004. 帅（四级）
1005. 顺便（四级）
1006. 顺利（四级）
1007. 顺序（四级）
1008. 说明（四级）
1009. 硕士（四级）
1010. 死（四级）
1011. 速度（四级）
1012. 塑料袋（四级）
1013. 酸（四级）
1014. 随便（四级）
1015. 随着（四级）
1016. 孙子（四级）
1017. 所有（四级）
1018. 台（四级）
1019. 抬（四级）
1020. 态度（四级）
1021. 谈（四级）
1022. 弹钢琴（四级）
1023. 汤（四级）
1024. 糖（四级）
1025. 躺（四级）
1026. 趟（四级）
1027. 讨论（四级）
1028. 讨厌（四级）
1029. 特点（四级）
1030. 提（四级）
1031. 提供（四级）
1032. 提前（四级）
1033. 提醒（四级）
1034. 填空（四级）
1035. 条件（四级）
1036. 停（四级）
1037. 挺（四级）
1038. 通过（四级）
1039. 通知（四级）
1040. 同情（四级）
1041. 同时（四级）
1042. 推（四级）
1043. 推迟（四级）
1044. 脱（四级）

1045. 袜子（四级）
1046. 完全（四级）
1047. 网球（四级）
1048. 网站（四级）
1049. 往往（四级）
1050. 危险（四级）
1051. 卫生间（四级）
1052. 味道（四级）
1053. 温度（四级）
1054. 文章（四级）
1055. 污染（四级）
1056. 无（四级）
1057. 无聊（四级）
1058. 无论（四级）
1059. 误会（四级）
1060. 西红柿（四级）
1061. 吸引（四级）
1062. 咸（四级）
1063. 现金（四级）
1064. 羡慕（四级）
1065. 相反（四级）
1066. 相同（四级）
1067. 香（四级）
1068. 详细（四级）
1069. 响（四级）
1070. 橡皮（四级）
1071. 消息（四级）
1072. 小吃（四级）
1073. 小伙子（四级）
1074. 小说（四级）
1075. 笑话（四级）
1076. 效果（四级）
1077. 心情（四级）
1078. 辛苦（四级）
1079. 信封（四级）
1080. 信息（四级）
1081. 信心（四级）
1082. 兴奋（四级）
1083. 行（四级）
1084. 醒（四级）
1085. 幸福（四级）
1086. 性别（四级）

1087. 性格（四级）
1088. 修理（四级）
1089. 许多（四级）
1090. 学期（四级）
1091. 压力（四级）
1092. 呀（四级）
1093. 牙膏（四级）
1094. 亚洲（四级）
1095. 严格（四级）
1096. 严重（四级）
1097. 研究（四级）
1098. 盐（四级）
1099. 眼镜（四级）
1100. 演出（四级）
1101. 演员（四级）
1102. 阳光（四级）
1103. 养成（四级）
1104. 样子（四级）
1105. 邀请（四级）
1106. 要是（四级）
1107. 钥匙（四级）
1108. 也许（四级）
1109. 叶子（四级）
1110. 页（四级）
1111. 一切（四级）
1112. 以（四级）
1113. 以为（四级）
1114. 艺术（四级）
1115. 意见（四级）
1116. 因此（四级）
1117. 引起（四级）
1118. 印象（四级）
1119. 赢（四级）
1120. 应聘（四级）
1121. 永远（四级）
1122. 勇敢（四级）
1123. 优点（四级）
1124. 优秀（四级）
1125. 幽默（四级）
1126. 尤其（四级）
1127. 由（四级）
1128. 由于（四级）

1129. 邮局（四级）
1130. 友好（四级）
1131. 友谊（四级）
1132. 有趣（四级）
1133. 于是（四级）
1134. 愉快（四级）
1135. 与（四级）
1136. 羽毛球（四级）
1137. 语法（四级）
1138. 语言（四级）
1139. 预习（四级）
1140. 原来（四级）
1141. 原谅（四级）
1142. 原因（四级）
1143. 约会（四级）
1144. 阅读（四级）
1145. 云（四级）
1146. 允许（四级）
1147. 杂志（四级）
1148. 咱们（四级）
1149. 暂时（四级）
1150. 脏（四级）
1151. 责任（四级）
1152. 增加（四级）
1153. 占线（四级）
1154. 招聘（四级）
1155. 照（四级）
1156. 真正（四级）
1157. 整理（四级）
1158. 正常（四级）
1159. 正好（四级）
1160. 正确（四级）
1161. 正式（四级）
1162. 证明（四级）
1163. 之（四级）
1164. 支持（四级）
1165. 知识（四级）
1166. 直接（四级）
1167. 值得（四级）
1168. 职业（四级）
1169. 植物（四级）
1170. 只好（四级）

1171. 只要（四级）
1172. 指（四级）
1173. 至少（四级）
1174. 质量（四级）
1175. 重（四级）
1176. 重点（四级）
1177. 重视（四级）
1178. 周围（四级）
1179. 主意（四级）
1180. 祝贺（四级）
1181. 著名（四级）
1182. 专门（四级）
1183. 专业（四级）
1184. 转（四级）
1185. 赚（四级）
1186. 准确（四级）
1187. 准时（四级）
1188. 仔细（四级）
1189. 自然（四级）
1190. 自信（四级）
1191. 总结（四级）
1192. 租（四级）
1193. 最好（四级）
1194. 尊重（四级）
1195. 左右（四级）
1196. 作家（四级）
1197. 作用（四级）
1198. 作者（四级）
1199. 座（四级）
1200. 座位（四级）
1201. 哎（五级）
1202. 唉（五级）
1203. 爱护（五级）
1204. 爱惜（五级）
1205. 爱心（五级）
1206. 安慰（五级）
1207. 安装（五级）
1208. 岸（五级）
1209. 暗（五级）
1210. 熬夜（五级）
1211. 把握（五级）
1212. 摆（五级）

1213. 办理（五级）
1214. 傍晚（五级）
1215. 包裹（五级）
1216. 包含（五级）
1217. 包括（五级）
1218. 薄（五级）
1219. 宝贝（五级）
1220. 宝贵（五级）
1221. 保持（五级）
1222. 保存（五级）
1223. 保留（五级）
1224. 保险（五级）
1225. 报到（五级）
1226. 报道（五级）
1227. 报告（五级）
1228. 报社（五级）
1229. 抱怨（五级）
1230. 背（五级）
1231. 悲观（五级）
1232. 背景（五级）
1233. 被子（五级）
1234. 本科（五级）
1235. 本领（五级）
1236. 本质（五级）
1237. 比例（五级）
1238. 彼此（五级）
1239. 必然（五级）
1240. 必要（五级）
1241. 毕竟（五级）
1242. 避免（五级）
1243. 编辑（五级）
1244. 鞭炮（五级）
1245. 便（五级）
1246. 辩论（五级）
1247. 标点（五级）
1248. 标志（五级）
1249. 表达（五级）
1250. 表面（五级）
1251. 表明（五级）
1252. 表情（五级）
1253. 表现（五级）
1254. 冰激凌（五级）

1255．病毒（五级）
1256．玻璃（五级）
1257．播放（五级）
1258．脖子（五级）
1259．博物馆（五级）
1260．补充（五级）
1261．不安（五级）
1262．不得了（五级）
1263．不断（五级）
1264．不见得（五级）
1265．不耐烦（五级）
1266．不然（五级）
1267．不如（五级）
1268．不要紧（五级）
1269．不足（五级）
1270．布（五级）
1271．步骤（五级）
1272．部门（五级）
1273．财产（五级）
1274．采访（五级）
1275．采取（五级）
1276．彩虹（五级）
1277．踩（五级）
1278．参考（五级）
1279．参与（五级）
1280．惭愧（五级）
1281．操场（五级）
1282．操心（五级）
1283．册（五级）
1284．测验（五级）
1285．曾经（五级）
1286．叉子（五级）
1287．差距（五级）
1288．插（五级）
1289．拆（五级）
1290．产品（五级）
1291．产生（五级）
1292．长途（五级）
1293．常识（五级）
1294．抄（五级）
1295．超级（五级）
1296．朝（五级）

1297. 潮湿（五级）
1298. 吵（五级）
1299. 吵架（五级）
1300. 炒（五级）
1301. 车库（五级）
1302. 车厢（五级）
1303. 彻底（五级）
1304. 沉默（五级）
1305. 趁（五级）
1306. 称（五级）
1307. 称呼（五级）
1308. 称赞（五级）
1309. 成分（五级）
1310. 成果（五级）
1311. 成就（五级）
1312. 成立（五级）
1313. 成人（五级）
1314. 成熟（五级）
1315. 成语（五级）
1316. 成长（五级）
1317. 诚恳（五级）
1318. 承担（五级）
1319. 承认（五级）
1320. 承受（五级）
1321. 程度（五级）
1322. 程序（五级）
1323. 吃亏（五级）
1324. 池塘（五级）
1325. 迟早（五级）
1326. 持续（五级）
1327. 尺子（五级）
1328. 翅膀（五级）
1329. 冲（五级）
1330. 充电器（五级）
1331. 充分（五级）
1332. 充满（五级）
1333. 重复（五级）
1334. 宠物（五级）
1335. 抽屉（五级）
1336. 抽象（五级）
1337. 丑（五级）
1338. 臭（五级）

1339. 出版（五级）
1340. 出口（五级）
1341. 出色（五级）
1342. 出示（五级）
1343. 出席（五级）
1344. 初级（五级）
1345. 除非（五级）
1346. 除夕（五级）
1347. 处理（五级）
1348. 传播（五级）
1349. 传染（五级）
1350. 传说（五级）
1351. 传统（五级）
1352. 窗帘（五级）
1353. 闯（五级）
1354. 创造（五级）
1355. 吹（五级）
1356. 词汇（五级）
1357. 辞职（五级）
1358. 此外（五级）
1359. 次要（五级）
1360. 刺激（五级）
1361. 匆忙（五级）
1362. 从此（五级）
1363. 从而（五级）
1364. 从前（五级）
1365. 从事（五级）
1366. 粗糙（五级）
1367. 促进（五级）
1368. 促使（五级）
1369. 醋（五级）
1370. 催（五级）
1371. 存在（五级）
1372. 措施（五级）
1373. 答应（五级）
1374. 达到（五级）
1375. 打工（五级）
1376. 打交道（五级）
1377. 打喷嚏（五级）
1378. 打听（五级）
1379. 大方（五级）
1380. 大厦（五级）

1381. 大象（五级）
1382. 大型（五级）
1383. 呆（五级）
1384. 代表（五级）
1385. 代替（五级）
1386. 贷款（五级）
1387. 待遇（五级）
1388. 担任（五级）
1389. 单纯（五级）
1390. 单调（五级）
1391. 单独（五级）
1392. 单位（五级）
1393. 单元（五级）
1394. 耽误（五级）
1395. 胆小鬼（五级）
1396. 淡（五级）
1397. 当地（五级）
1398. 当心（五级）
1399. 挡（五级）
1400. 导演（五级）
1401. 导致（五级）
1402. 岛屿（五级）
1403. 倒霉（五级）
1404. 到达（五级）
1405. 道德（五级）
1406. 道理（五级）
1407. 登记（五级）
1408. 等待（五级）
1409. 等于（五级）
1410. 滴（五级）
1411. 的确（五级）
1412. 敌人（五级）
1413. 地道（五级）
1414. 地理（五级）
1415. 地区（五级）
1416. 地毯（五级）
1417. 地位（五级）
1418. 地震（五级）
1419. 递（五级）
1420. 点心（五级）
1421. 电池（五级）
1422. 电台（五级）

1423. 钓（五级）
1424. 顶（五级）
1425. 动画片（五级）
1426. 冻（五级）
1427. 洞（五级）
1428. 豆腐（五级）
1429. 逗（五级）
1430. 独立（五级）
1431. 独特（五级）
1432. 度过（五级）
1433. 断（五级）
1434. 堆（五级）
1435. 对比（五级）
1436. 对待（五级）
1437. 对方（五级）
1438. 对手（五级）
1439. 对象（五级）
1440. 兑换（五级）
1441. 吨（五级）
1442. 蹲（五级）
1443. 顿（五级）
1444. 多亏（五级）
1445. 多余（五级）
1446. 朵（五级）
1447. 躲藏（五级）
1448. 恶劣（五级）
1449. 耳环（五级）
1450. 发表（五级）
1451. 发愁（五级）
1452. 发达（五级）
1453. 发抖（五级）
1454. 发挥（五级）
1455. 发明（五级）
1456. 发票（五级）
1457. 发言（五级）
1458. 罚款（五级）
1459. 法院（五级）
1460. 翻（五级）
1461. 繁荣（五级）
1462. 反而（五级）
1463. 反复（五级）
1464. 反应（五级）

1465. 反映（五级）
1466. 反正（五级）
1467. 范围（五级）
1468. 方（五级）
1469. 方案（五级）
1470. 方式（五级）
1471. 妨碍（五级）
1472. 仿佛（五级）
1473. 非（五级）
1474. 肥皂（五级）
1475. 废话（五级）
1476. 分别（五级）
1477. 分布（五级）
1478. 分配（五级）
1479. 分手（五级）
1480. 分析（五级）
1481. 纷纷（五级）
1482. 奋斗（五级）
1483. 风格（五级）
1484. 风景（五级）
1485. 风俗（五级）
1486. 风险（五级）
1487. 疯狂（五级）
1488. 讽刺（五级）
1489. 否定（五级）
1490. 否认（五级）
1491. 扶（五级）
1492. 服装（五级）
1493. 幅（五级）
1494. 辅导（五级）
1495. 妇女（五级）
1496. 复制（五级）
1497. 改革（五级）
1498. 改进（五级）
1499. 改善（五级）
1500. 改正（五级）
1501. 盖（五级）
1502. 概括（五级）
1503. 概念（五级）
1504. 干脆（五级）
1505. 干燥（五级）
1506. 赶紧（五级）

1507. 赶快（五级）
1508. 感激（五级）
1509. 感受（五级）
1510. 感想（五级）
1511. 干活儿（五级）
1512. 钢铁（五级）
1513. 高档（五级）
1514. 高级（五级）
1515. 搞（五级）
1516. 告别（五级）
1517. 格外（五级）
1518. 隔壁（五级）
1519. 个别（五级）
1520. 个人（五级）
1521. 个性（五级）
1522. 各自（五级）
1523. 根（五级）
1524. 根本（五级）
1525. 工厂（五级）
1526. 工程师（五级）
1527. 工具（五级）
1528. 工人（五级）
1529. 工业（五级）
1530. 公布（五级）
1531. 公开（五级）
1532. 公平（五级）
1533. 公寓（五级）
1534. 公元（五级）
1535. 公主（五级）
1536. 功能（五级）
1537. 恭喜（五级）
1538. 贡献（五级）
1539. 沟通（五级）
1540. 构成（五级）
1541. 姑姑（五级）
1542. 姑娘（五级）
1543. 古代（五级）
1544. 古典（五级）
1545. 股票（五级）
1546. 骨头（五级）
1547. 鼓舞（五级）
1548. 鼓掌（五级）

1549. 固定（五级）
1550. 挂号（五级）
1551. 乖（五级）
1552. 拐弯（五级）
1553. 怪不得（五级）
1554. 关闭（五级）
1555. 观察（五级）
1556. 观点（五级）
1557. 观念（五级）
1558. 官（五级）
1559. 管子（五级）
1560. 冠军（五级）
1561. 光滑（五级）
1562. 光临（五级）
1563. 光明（五级）
1564. 光盘（五级）
1565. 广场（五级）
1566. 广大（五级）
1567. 广泛（五级）
1568. 归纳（五级）
1569. 规矩（五级）
1570. 规律（五级）
1571. 规模（五级）
1572. 规则（五级）
1573. 柜台（五级）
1574. 滚（五级）
1575. 锅（五级）
1576. 国庆节（五级）
1577. 国王（五级）
1578. 果然（五级）
1579. 果实（五级）
1580. 过分（五级）
1581. 过敏（五级）
1582. 过期（五级）
1583. 哈（五级）
1584. 海关（五级）
1585. 海鲜（五级）
1586. 喊（五级）
1587. 行业（五级）
1588. 豪华（五级）
1589. 好客（五级）
1590. 好奇（五级）

1591. 合法（五级）
1592. 合理（五级）
1593. 合同（五级）
1594. 合影（五级）
1595. 合作（五级）
1596. 何必（五级）
1597. 何况（五级）
1598. 和平（五级）
1599. 核心（五级）
1600. 恨（五级）
1601. 猴子（五级）
1602. 后背（五级）
1603. 后果（五级）
1604. 呼吸（五级）
1605. 忽然（五级）
1606. 忽视（五级）
1607. 胡说（五级）
1608. 胡同（五级）
1609. 壶（五级）
1610. 蝴蝶（五级）
1611. 糊涂（五级）
1612. 花生（五级）
1613. 划（五级）
1614. 华裔（五级）
1615. 滑（五级）
1616. 化学（五级）
1617. 话题（五级）
1618. 怀念（五级）
1619. 怀孕（五级）
1620. 缓解（五级）
1621. 幻想（五级）
1622. 慌张（五级）
1623. 黄金（五级）
1624. 灰（五级）
1625. 灰尘（五级）
1626. 灰心（五级）
1627. 挥（五级）
1628. 恢复（五级）
1629. 汇率（五级）
1630. 婚礼（五级）
1631. 婚姻（五级）
1632. 活跃（五级）

1633. 火柴（五级）
1634. 伙伴（五级）
1635. 或许（五级）
1636. 机器（五级）
1637. 肌肉（五级）
1638. 基本（五级）
1639. 激烈（五级）
1640. 及格（五级）
1641. 极其（五级）
1642. 急忙（五级）
1643. 急诊（五级）
1644. 集合（五级）
1645. 集体（五级）
1646. 集中（五级）
1647. 计算（五级）
1648. 记录（五级）
1649. 记忆（五级）
1650. 纪录（五级）
1651. 纪律（五级）
1652. 纪念（五级）
1653. 系领带（五级）
1654. 寂寞（五级）
1655. 夹子（五级）
1656. 家庭（五级）
1657. 家务（五级）
1658. 家乡（五级）
1659. 嘉宾（五级）
1660. 甲（五级）
1661. 假如（五级）
1662. 假设（五级）
1663. 假装（五级）
1664. 价值（五级）
1665. 驾驶（五级）
1666. 嫁（五级）
1667. 坚决（五级）
1668. 坚强（五级）
1669. 肩膀（五级）
1670. 艰巨（五级）
1671. 艰苦（五级）
1672. 兼职（五级）
1673. 捡（五级）
1674. 剪刀（五级）

1675．简历（五级）
1676．简直（五级）
1677．建立（五级）
1678．建设（五级）
1679．建筑（五级）
1680．健身（五级）
1681．键盘（五级）
1682．讲究（五级）
1683．讲座（五级）
1684．酱油（五级）
1685．交换（五级）
1686．交际（五级）
1687．交往（五级）
1688．浇（五级）
1689．胶水（五级）
1690．角度（五级）
1691．狡猾（五级）
1692．教材（五级）
1693．教练（五级）
1694．教训（五级）
1695．阶段（五级）
1696．结实（五级）
1697．接触（五级）
1698．接待（五级）
1699．接近（五级）
1700．节省（五级）
1701．结构（五级）
1702．结合（五级）
1703．结论（五级）
1704．结账（五级）
1705．戒（五级）
1706．戒指（五级）
1707．届（五级）
1708．借口（五级）
1709．金属（五级）
1710．尽快（五级）
1711．尽量（五级）
1712．紧急（五级）
1713．谨慎（五级）
1714．尽力（五级）
1715．进步（五级）
1716．进口（五级）

1717. 近代（五级）
1718. 经典（五级）
1719. 经商（五级）
1720. 经营（五级）
1721. 精力（五级）
1722. 精神（五级）
1723. 酒吧（五级）
1724. 救（五级）
1725. 救护车（五级）
1726. 舅舅（五级）
1727. 居然（五级）
1728. 桔子（五级）
1729. 巨大（五级）
1730. 具备（五级）
1731. 具体（五级）
1732. 俱乐部（五级）
1733. 据说（五级）
1734. 捐（五级）
1735. 决赛（五级）
1736. 决心（五级）
1737. 角色（五级）
1738. 绝对（五级）
1739. 军事（五级）
1740. 均匀（五级）
1741. 卡车（五级）
1742. 开发（五级）
1743. 开放（五级）
1744. 开幕式（五级）
1745. 开水（五级）
1746. 砍（五级）
1747. 看不起（五级）
1748. 看望（五级）
1749. 靠（五级）
1750. 颗（五级）
1751. 可见（五级）
1752. 可靠（五级）
1753. 可怕（五级）
1754. 克（五级）
1755. 克服（五级）
1756. 刻苦（五级）
1757. 客观（五级）
1758. 课程（五级）

1759. 空间（五级）
1760. 空闲（五级）
1761. 控制（五级）
1762. 口味（五级）
1763. 夸（五级）
1764. 夸张（五级）
1765. 会计（五级）
1766. 宽（五级）
1767. 昆虫（五级）
1768. 扩大（五级）
1769. 辣椒（五级）
1770. 拦（五级）
1771. 烂（五级）
1772. 朗读（五级）
1773. 劳动（五级）
1774. 劳驾（五级）
1775. 老百姓（五级）
1776. 老板（五级）
1777. 老婆（五级）
1778. 老实（五级）
1779. 老鼠（五级）
1780. 姥姥（五级）
1781. 乐观（五级）
1782. 雷（五级）
1783. 类型（五级）
1784. 冷淡（五级）
1785. 厘米（五级）
1786. 离婚（五级）
1787. 梨（五级）
1788. 理论（五级）
1789. 理由（五级）
1790. 力量（五级）
1791. 立即（五级）
1792. 立刻（五级）
1793. 利润（五级）
1794. 利息（五级）
1795. 利益（五级）
1796. 利用（五级）
1797. 连忙（五级）
1798. 连续（五级）
1799. 联合（五级）
1800. 恋爱（五级）

1801. 良好（五级）
1802. 粮食（五级）
1803. 亮（五级）
1804. 了不起（五级）
1805. 列车（五级）
1806. 临时（五级）
1807. 灵活（五级）
1808. 铃（五级）
1809. 零件（五级）
1810. 零食（五级）
1811. 领导（五级）
1812. 领域（五级）
1813. 浏览（五级）
1814. 流传（五级）
1815. 流泪（五级）
1816. 龙（五级）
1817. 漏（五级）
1818. 陆地（五级）
1819. 陆续（五级）
1820. 录取（五级）
1821. 录音（五级）
1822. 轮流（五级）
1823. 论文（五级）
1824. 逻辑（五级）
1825. 落后（五级）
1826. 骂（五级）
1827. 麦克风（五级）
1828. 馒头（五级）
1829. 满足（五级）
1830. 毛病（五级）
1831. 矛盾（五级）
1832. 冒险（五级）
1833. 贸易（五级）
1834. 眉毛（五级）
1835. 媒体（五级）
1836. 煤炭（五级）
1837. 美术（五级）
1838. 魅力（五级）
1839. 梦想（五级）
1840. 秘密（五级）
1841. 秘书（五级）
1842. 密切（五级）

1843. 蜜蜂（五级）
1844. 面对（五级）
1845. 面积（五级）
1846. 面临（五级）
1847. 苗条（五级）
1848. 描写（五级）
1849. 敏感（五级）
1850. 名牌（五级）
1851. 名片（五级）
1852. 名胜古迹（五级）
1853. 明确（五级）
1854. 明显（五级）
1855. 明星（五级）
1856. 命令（五级）
1857. 命运（五级）
1858. 摸（五级）
1859. 模仿（五级）
1860. 模糊（五级）
1861. 模特（五级）
1862. 摩托车（五级）
1863. 陌生（五级）
1864. 某（五级）
1865. 木头（五级）
1866. 目标（五级）
1867. 目录（五级）
1868. 目前（五级）
1869. 哪怕（五级）
1870. 难怪（五级）
1871. 难免（五级）
1872. 脑袋（五级）
1873. 内部（五级）
1874. 内科（五级）
1875. 嫩（五级）
1876. 能干（五级）
1877. 能源（五级）
1878. 嗯（五级）
1879. 年代（五级）
1880. 年纪（五级）
1881. 念（五级）
1882. 宁可（五级）
1883. 牛仔裤（五级）
1884. 农村（五级）

1885．农民（五级）
1886．农业（五级）
1887．浓（五级）
1888．女士（五级）
1889．欧洲（五级）
1890．偶然（五级）
1891．拍（五级）
1892．派（五级）
1893．盼望（五级）
1894．培训（五级）
1895．培养（五级）
1896．赔偿（五级）
1897．佩服（五级）
1898．配合（五级）
1899．盆（五级）
1900．碰（五级）
1901．批（五级）
1902．批准（五级）
1903．披（五级）
1904．疲劳（五级）
1905．匹（五级）
1906．片（五级）
1907．片面（五级）
1908．飘（五级）
1909．拼音（五级）
1910．频道（五级）
1911．平（五级）
1912．平安（五级）
1913．平常（五级）
1914．平等（五级）
1915．平方（五级）
1916．平衡（五级）
1917．平静（五级）
1918．平均（五级）
1919．评价（五级）
1920．凭（五级）
1921．迫切（五级）
1922．破产（五级）
1923．破坏（五级）
1924．期待（五级）
1925．期间（五级）
1926．其余（五级）

1927. 奇迹（五级）
1928. 企业（五级）
1929. 启发（五级）
1930. 气氛（五级）
1931. 汽油（五级）
1932. 谦虚（五级）
1933. 签（五级）
1934. 前途（五级）
1935. 浅（五级）
1936. 欠（五级）
1937. 枪（五级）
1938. 强调（五级）
1939. 强烈（五级）
1940. 墙（五级）
1941. 抢（五级）
1942. 悄悄（五级）
1943. 瞧（五级）
1944. 巧妙（五级）
1945. 切（五级）
1946. 亲爱（五级）
1947. 亲切（五级）
1948. 亲自（五级）
1949. 勤奋（五级）
1950. 青（五级）
1951. 青春（五级）
1952. 青少年（五级）
1953. 轻视（五级）
1954. 轻易（五级）
1955. 清淡（五级）
1956. 情景（五级）
1957. 情绪（五级）
1958. 请求（五级）
1959. 庆祝（五级）
1960. 球迷（五级）
1961. 趋势（五级）
1962. 取消（五级）
1963. 娶（五级）
1964. 去世（五级）
1965. 圈（五级）
1966. 权力（五级）
1967. 权利（五级）
1968. 全面（五级）

1969. 劝（五级）
1970. 缺乏（五级）
1971. 确定（五级）
1972. 确认（五级）
1973. 群（五级）
1974. 燃烧（五级）
1975. 绕（五级）
1976. 热爱（五级）
1977. 热烈（五级）
1978. 热心（五级）
1979. 人才（五级）
1980. 人口（五级）
1981. 人类（五级）
1982. 人民币（五级）
1983. 人生（五级）
1984. 人事（五级）
1985. 人物（五级）
1986. 人员（五级）
1987. 忍不住（五级）
1988. 日常（五级）
1989. 日程（五级）
1990. 日历（五级）
1991. 日期（五级）
1992. 日用品（五级）
1993. 日子（五级）
1994. 如何（五级）
1995. 如今（五级）
1996. 软（五级）
1997. 软件（五级）
1998. 弱（五级）
1999. 洒（五级）
2000. 嗓子（五级）
2001. 色彩（五级）
2002. 杀（五级）
2003. 沙漠（五级）
2004. 沙滩（五级）
2005. 傻（五级）
2006. 晒（五级）
2007. 删除（五级）
2008. 闪电（五级）
2009. 扇子（五级）
2010. 善良（五级）

2011. 善于（五级）
2012. 伤害（五级）
2013. 商品（五级）
2014. 商务（五级）
2015. 商业（五级）
2016. 上当（五级）
2017. 蛇（五级）
2018. 舍不得（五级）
2019. 设备（五级）
2020. 设计（五级）
2021. 设施（五级）
2022. 射击（五级）
2023. 摄影（五级）
2024. 伸（五级）
2025. 身材（五级）
2026. 身份（五级）
2027. 深刻（五级）
2028. 神话（五级）
2029. 神秘（五级）
2030. 升（五级）
2031. 生产（五级）
2032. 生动（五级）
2033. 生长（五级）
2034. 声调（五级）
2035. 绳子（五级）
2036. 省略（五级）
2037. 胜利（五级）
2038. 失眠（五级）
2039. 失去（五级）
2040. 失业（五级）
2041. 诗（五级）
2042. 狮子（五级）
2043. 湿润（五级）
2044. 石头（五级）
2045. 时差（五级）
2046. 时代（五级）
2047. 时刻（五级）
2048. 时髦（五级）
2049. 时期（五级）
2050. 时尚（五级）
2051. 实话（五级）
2052. 实践（五级）

2053. 实习（五级）
2054. 实现（五级）
2055. 实验（五级）
2056. 实用（五级）
2057. 食物（五级）
2058. 使劲儿（五级）
2059. 始终（五级）
2060. 士兵（五级）
2061. 市场（五级）
2062. 似的（五级）
2063. 事实（五级）
2064. 事物（五级）
2065. 事先（五级）
2066. 试卷（五级）
2067. 收获（五级）
2068. 收据（五级）
2069. 手工（五级）
2070. 手术（五级）
2071. 手套（五级）
2072. 手续（五级）
2073. 手指（五级）
2074. 首（五级）
2075. 寿命（五级）
2076. 受伤（五级）
2077. 书架（五级）
2078. 梳子（五级）
2079. 舒适（五级）
2080. 输入（五级）
2081. 蔬菜（五级）
2082. 熟练（五级）
2083. 属于（五级）
2084. 鼠标（五级）
2085. 数（五级）
2086. 数据（五级）
2087. 数码（五级）
2088. 摔倒（五级）
2089. 甩（五级）
2090. 双方（五级）
2091. 税（五级）
2092. 说不定（五级）
2093. 说服（五级）
2094. 丝绸（五级）

2095. 丝毫（五级）
2096. 私人（五级）
2097. 思考（五级）
2098. 思想（五级）
2099. 撕（五级）
2100. 似乎（五级）
2101. 搜索（五级）
2102. 宿舍（五级）
2103. 随身（五级）
2104. 随时（五级）
2105. 随手（五级）
2106. 碎（五级）
2107. 损失（五级）
2108. 缩短（五级）
2109. 所（五级）
2110. 锁（五级）
2111. 台阶（五级）
2112. 太极拳（五级）
2113. 太太（五级）
2114. 谈判（五级）
2115. 坦率（五级）
2116. 烫（五级）
2117. 逃（五级）
2118. 逃避（五级）
2119. 桃（五级）
2120. 淘气（五级）
2121. 讨价还价（五级）
2122. 套（五级）
2123. 特色（五级）
2124. 特殊（五级）
2125. 特征（五级）
2126. 疼爱（五级）
2127. 提倡（五级）
2128. 提纲（五级）
2129. 提问（五级）
2130. 题目（五级）
2131. 体会（五级）
2132. 体贴（五级）
2133. 体现（五级）
2134. 体验（五级）
2135. 天空（五级）
2136. 天真（五级）

2137. 调皮（五级）
2138. 调整（五级）
2139. 挑战（五级）
2140. 通常（五级）
2141. 统一（五级）
2142. 痛苦（五级）
2143. 痛快（五级）
2144. 偷（五级）
2145. 投入（五级）
2146. 投资（五级）
2147. 透明（五级）
2148. 突出（五级）
2149. 土地（五级）
2150. 土豆（五级）
2151. 吐（五级）
2152. 兔子（五级）
2153. 团（五级）
2154. 推辞（五级）
2155. 推广（五级）
2156. 推荐（五级）
2157. 退（五级）
2158. 退步（五级）
2159. 退休（五级）
2160. 歪（五级）
2161. 外公（五级）
2162. 外交（五级）
2163. 完美（五级）
2164. 完善（五级）
2165. 完整（五级）
2166. 玩具（五级）
2167. 万一（五级）
2168. 王子（五级）
2169. 网络（五级）
2170. 往返（五级）
2171. 危害（五级）
2172. 威胁（五级）
2173. 微笑（五级）
2174. 违反（五级）
2175. 围巾（五级）
2176. 围绕（五级）
2177. 唯一（五级）
2178. 维修（五级）

2179. 伟大（五级）
2180. 尾巴（五级）
2181. 委屈（五级）
2182. 未必（五级）
2183. 未来（五级）
2184. 位于（五级）
2185. 位置（五级）
2186. 胃（五级）
2187. 胃口（五级）
2188. 温暖（五级）
2189. 温柔（五级）
2190. 文件（五级）
2191. 文具（五级）
2192. 文明（五级）
2193. 文学（五级）
2194. 文字（五级）
2195. 闻（五级）
2196. 吻（五级）
2197. 稳定（五级）
2198. 问候（五级）
2199. 卧室（五级）
2200. 握手（五级）
2201. 屋子（五级）
2202. 无奈（五级）
2203. 无数（五级）
2204. 无所谓（五级）
2205. 武术（五级）
2206. 勿（五级）
2207. 物理（五级）
2208. 物质（五级）
2209. 雾（五级）
2210. 吸取（五级）
2211. 吸收（五级）
2212. 戏剧（五级）
2213. 系（五级）
2214. 系统（五级）
2215. 细节（五级）
2216. 瞎（五级）
2217. 下载（五级）
2218. 吓（五级）
2219. 夏令营（五级）
2220. 鲜艳（五级）

2221. 显得（五级）
2222. 显然（五级）
2223. 显示（五级）
2224. 县（五级）
2225. 现代（五级）
2226. 现实（五级）
2227. 现象（五级）
2228. 限制（五级）
2229. 相处（五级）
2230. 相当（五级）
2231. 相对（五级）
2232. 相关（五级）
2233. 相似（五级）
2234. 香肠（五级）
2235. 享受（五级）
2236. 想念（五级）
2237. 想象（五级）
2238. 项（五级）
2239. 项链（五级）
2240. 项目（五级）
2241. 象棋（五级）
2242. 象征（五级）
2243. 消费（五级）
2244. 消化（五级）
2245. 消极（五级）
2246. 消失（五级）
2247. 销售（五级）
2248. 小麦（五级）
2249. 小气（五级）
2250. 孝顺（五级）
2251. 效率（五级）
2252. 歇（五级）
2253. 斜（五级）
2254. 写作（五级）
2255. 血（五级）
2256. 心理（五级）
2257. 心脏（五级）
2258. 欣赏（五级）
2259. 信号（五级）
2260. 信任（五级）
2261. 行动（五级）
2262. 行人（五级）

2263. 行为（五级）
2264. 形成（五级）
2265. 形容（五级）
2266. 形式（五级）
2267. 形势（五级）
2268. 形象（五级）
2269. 形状（五级）
2270. 幸亏（五级）
2271. 幸运（五级）
2272. 性质（五级）
2273. 兄弟（五级）
2274. 胸（五级）
2275. 休闲（五级）
2276. 修改（五级）
2277. 虚心（五级）
2278. 叙述（五级）
2279. 宣布（五级）
2280. 宣传（五级）
2281. 学历（五级）
2282. 学术（五级）
2283. 学问（五级）
2284. 寻找（五级）
2285. 询问（五级）
2286. 训练（五级）
2287. 迅速（五级）
2288. 押金（五级）
2289. 牙齿（五级）
2290. 延长（五级）
2291. 严肃（五级）
2292. 演讲（五级）
2293. 宴会（五级）
2294. 阳台（五级）
2295. 痒（五级）
2296. 样式（五级）
2297. 腰（五级）
2298. 摇（五级）
2299. 咬（五级）
2300. 要不（五级）
2301. 业务（五级）
2302. 业余（五级）
2303. 夜（五级）
2304. 一辈子（五级）

2305. 一旦（五级）
2306. 一律（五级）
2307. 一再（五级）
2308. 一致（五级）
2309. 依然（五级）
2310. 移动（五级）
2311. 移民（五级）
2312. 遗憾（五级）
2313. 疑问（五级）
2314. 乙（五级）
2315. 以及（五级）
2316. 以来（五级）
2317. 亿（五级）
2318. 义务（五级）
2319. 议论（五级）
2320. 意外（五级）
2321. 意义（五级）
2322. 因而（五级）
2323. 因素（五级）
2324. 银（五级）
2325. 印刷（五级）
2326. 英俊（五级）
2327. 英雄（五级）
2328. 迎接（五级）
2329. 营养（五级）
2330. 营业（五级）
2331. 影子（五级）
2332. 应付（五级）
2333. 应用（五级）
2334. 硬（五级）
2335. 硬件（五级）
2336. 拥抱（五级）
2337. 拥挤（五级）
2338. 勇气（五级）
2339. 用功（五级）
2340. 用途（五级）
2341. 优惠（五级）
2342. 优美（五级）
2343. 优势（五级）
2344. 悠久（五级）
2345. 犹豫（五级）
2346. 油炸（五级）

2347. 游览（五级）
2348. 有利（五级）
2349. 幼儿园（五级）
2350. 娱乐（五级）
2351. 与其（五级）
2352. 语气（五级）
2353. 玉米（五级）
2354. 预报（五级）
2355. 预订（五级）
2356. 预防（五级）
2357. 元旦（五级）
2358. 员工（五级）
2359. 原料（五级）
2360. 原则（五级）
2361. 圆（五级）
2362. 愿望（五级）
2363. 乐器（五级）
2364. 晕（五级）
2365. 运气（五级）
2366. 运输（五级）
2367. 运用（五级）
2368. 灾害（五级）
2369. 再三（五级）
2370. 在乎（五级）
2371. 在于（五级）
2372. 赞成（五级）
2373. 赞美（五级）
2374. 糟糕（五级）
2375. 造成（五级）
2376. 则（五级）
2377. 责备（五级）
2378. 摘（五级）
2379. 窄（五级）
2380. 粘贴（五级）
2381. 展开（五级）
2382. 展览（五级）
2383. 占（五级）
2384. 战争（五级）
2385. 长辈（五级）
2386. 涨（五级）
2387. 掌握（五级）
2388. 账户（五级）

2389. 招待（五级）
2390. 着火（五级）
2391. 着凉（五级）
2392. 召开（五级）
2393. 照常（五级）
2394. 哲学（五级）
2395. 针对（五级）
2396. 珍惜（五级）
2397. 真实（五级）
2398. 诊断（五级）
2399. 阵（五级）
2400. 振动（五级）
2401. 争论（五级）
2402. 争取（五级）
2403. 征求（五级）
2404. 睁（五级）
2405. 整个（五级）
2406. 整齐（五级）
2407. 整体（五级）
2408. 正（五级）
2409. 证件（五级）
2410. 证据（五级）
2411. 政府（五级）
2412. 政治（五级）
2413. 挣（五级）
2414. 支（五级）
2415. 支票（五级）
2416. 执照（五级）
2417. 直（五级）
2418. 指导（五级）
2419. 指挥（五级）
2420. 至今（五级）
2421. 至于（五级）
2422. 志愿者（五级）
2423. 制定（五级）
2424. 制度（五级）
2425. 制造（五级）
2426. 制作（五级）
2427. 治疗（五级）
2428. 秩序（五级）
2429. 智慧（五级）
2430. 中介（五级）

2431. 中心（五级）
2432. 中旬（五级）
2433. 种类（五级）
2434. 重大（五级）
2435. 重量（五级）
2436. 周到（五级）
2437. 猪（五级）
2438. 竹子（五级）
2439. 逐步（五级）
2440. 逐渐（五级）
2441. 主持（五级）
2442. 主动（五级）
2443. 主观（五级）
2444. 主人（五级）
2445. 主任（五级）
2446. 主题（五级）
2447. 主席（五级）
2448. 主张（五级）
2449. 煮（五级）
2450. 注册（五级）
2451. 祝福（五级）
2452. 抓（五级）
2453. 抓紧（五级）
2454. 专家（五级）
2455. 专心（五级）
2456. 转变（五级）
2457. 转告（五级）
2458. 装（五级）
2459. 装饰（五级）
2460. 装修（五级）
2461. 状况（五级）
2462. 状态（五级）
2463. 撞（五级）
2464. 追（五级）
2465. 追求（五级）
2466. 咨询（五级）
2467. 姿势（五级）
2468. 资格（五级）
2469. 资金（五级）
2470. 资料（五级）
2471. 资源（五级）
2472. 紫（五级）

2473. 自从（五级）
2474. 自动（五级）
2475. 自豪（五级）
2476. 自觉（五级）
2477. 自私（五级）
2478. 自由（五级）
2479. 自愿（五级）
2480. 字母（五级）
2481. 字幕（五级）
2482. 综合（五级）
2483. 总裁（五级）
2484. 总共（五级）
2485. 总理（五级）
2486. 总算（五级）
2487. 总统（五级）
2488. 总之（五级）
2489. 阻止（五级）
2490. 组（五级）
2491. 组成（五级）
2492. 组合（五级）
2493. 组织（五级）
2494. 最初（五级）
2495. 醉（五级）
2496. 尊敬（五级）
2497. 遵守（五级）
2498. 作品（五级）
2499. 作为（五级）
2500. 作文（五级）
2501. 挨（六级）
2502. 癌症（六级）
2503. 爱不释手（六级）
2504. 爱戴（六级）
2505. 暧昧（六级）
2506. 安宁（六级）
2507. 安详（六级）
2508. 安置（六级）
2509. 按摩（六级）
2510. 案件（六级）
2511. 案例（六级）
2512. 暗示（六级）
2513. 昂贵（六级）
2514. 凹凸（六级）

2515. 熬（六级）
2516. 奥秘（六级）
2517. 巴不得（六级）
2518. 巴结（六级）
2519. 扒（六级）
2520. 疤（六级）
2521. 拔苗助长（六级）
2522. 把关（六级）
2523. 把手（六级）
2524. 罢工（六级）
2525. 霸道（六级）
2526. 掰（六级）
2527. 摆脱（六级）
2528. 败坏（六级）
2529. 拜访（六级）
2530. 拜年（六级）
2531. 拜托（六级）
2532. 颁布（六级）
2533. 颁发（六级）
2534. 斑（六级）
2535. 版本（六级）
2536. 半途而废（六级）
2537. 扮演（六级）
2538. 伴侣（六级）
2539. 伴随（六级）
2540. 绑架（六级）
2541. 榜样（六级）
2542. 磅（六级）
2543. 包庇（六级）
2544. 包袱（六级）
2545. 包围（六级）
2546. 包装（六级）
2547. 饱和（六级）
2548. 饱经沧桑（六级）
2549. 保管（六级）
2550. 保密（六级）
2551. 保姆（六级）
2552. 保守（六级）
2553. 保卫（六级）
2554. 保养（六级）
2555. 保障（六级）
2556. 保重（六级）

2557. 报仇（六级）
2558. 报酬（六级）
2559. 报答（六级）
2560. 报复（六级）
2561. 报警（六级）
2562. 报销（六级）
2563. 抱负（六级）
2564. 暴力（六级）
2565. 暴露（六级）
2566. 曝光（六级）
2567. 爆发（六级）
2568. 爆炸（六级）
2569. 卑鄙（六级）
2570. 悲哀（六级）
2571. 悲惨（六级）
2572. 北极（六级）
2573. 贝壳（六级）
2574. 备份（六级）
2575. 备忘录（六级）
2576. 背叛（六级）
2577. 背诵（六级）
2578. 被动（六级）
2579. 被告（六级）
2580. 奔波（六级）
2581. 奔驰（六级）
2582. 本能（六级）
2583. 本钱（六级）
2584. 本人（六级）
2585. 本身（六级）
2586. 本事（六级）
2587. 笨拙（六级）
2588. 崩溃（六级）
2589. 甭（六级）
2590. 迸发（六级）
2591. 蹦（六级）
2592. 逼迫（六级）
2593. 鼻涕（六级）
2594. 比方（六级）
2595. 比喻（六级）
2596. 比重（六级）
2597. 鄙视（六级）
2598. 闭塞（六级）

2599. 弊病（六级）
2600. 弊端（六级）
2601. 臂（六级）
2602. 边疆（六级）
2603. 边界（六级）
2604. 边境（六级）
2605. 边缘（六级）
2606. 编织（六级）
2607. 鞭策（六级）
2608. 贬低（六级）
2609. 贬义（六级）
2610. 扁（六级）
2611. 变故（六级）
2612. 变迁（六级）
2613. 变质（六级）
2614. 便利（六级）
2615. 便条（六级）
2616. 便于（六级）
2617. 遍布（六级）
2618. 辨认（六级）
2619. 辩护（六级）
2620. 辩解（六级）
2621. 辩证（六级）
2622. 辫子（六级）
2623. 标本（六级）
2624. 标记（六级）
2625. 标题（六级）
2626. 表决（六级）
2627. 表态（六级）
2628. 表彰（六级）
2629. 憋（六级）
2630. 别墅（六级）
2631. 别致（六级）
2632. 别扭（六级）
2633. 濒临（六级）
2634. 冰雹（六级）
2635. 丙（六级）
2636. 并非（六级）
2637. 并列（六级）
2638. 拨（六级）
2639. 波浪（六级）
2640. 波涛（六级）

2641. 剥削（六级）
2642. 播种（六级）
2643. 伯母（六级）
2644. 博大精深（六级）
2645. 博览会（六级）
2646. 搏斗（六级）
2647. 薄弱（六级）
2648. 补偿（六级）
2649. 补救（六级）
2650. 补贴（六级）
2651. 捕捉（六级）
2652. 哺乳（六级）
2653. 不得已（六级）
2654. 不妨（六级）
2655. 不敢当（六级）
2656. 不顾（六级）
2657. 不禁（六级）
2658. 不堪（六级）
2659. 不可思议（六级）
2660. 不愧（六级）
2661. 不料（六级）
2662. 不免（六级）
2663. 不时（六级）
2664. 不惜（六级）
2665. 不相上下（六级）
2666. 不像话（六级）
2667. 不屑一顾（六级）
2668. 不言而喻（六级）
2669. 不由得（六级）
2670. 不择手段（六级）
2671. 不止（六级）
2672. 布告（六级）
2673. 布局（六级）
2674. 布置（六级）
2675. 步伐（六级）
2676. 部署（六级）
2677. 部位（六级）
2678. 才干（六级）
2679. 财富（六级）
2680. 财务（六级）
2681. 财政（六级）
2682. 裁缝（六级）

2683. 裁判（六级）
2684. 裁员（六级）
2685. 采购（六级）
2686. 采集（六级）
2687. 采纳（六级）
2688. 彩票（六级）
2689. 参谋（六级）
2690. 参照（六级）
2691. 残疾（六级）
2692. 残酷（六级）
2693. 残留（六级）
2694. 残忍（六级）
2695. 灿烂（六级）
2696. 仓促（六级）
2697. 仓库（六级）
2698. 苍白（六级）
2699. 舱（六级）
2700. 操劳（六级）
2701. 操练（六级）
2702. 操纵（六级）
2703. 操作（六级）
2704. 嘈杂（六级）
2705. 草案（六级）
2706. 草率（六级）
2707. 侧面（六级）
2708. 测量（六级）
2709. 策划（六级）
2710. 策略（六级）
2711. 层出不穷（六级）
2712. 层次（六级）
2713. 差别（六级）
2714. 插座（六级）
2715. 查获（六级）
2716. 岔（六级）
2717. 刹那（六级）
2718. 诧异（六级）
2719. 柴油（六级）
2720. 搀（六级）
2721. 馋（六级）
2722. 缠绕（六级）
2723. 产业（六级）
2724. 阐述（六级）

2725. 颤抖（六级）
2726. 昌盛（六级）
2727. 尝试（六级）
2728. 偿还（六级）
2729. 场合（六级）
2730. 场面（六级）
2731. 场所（六级）
2732. 敞开（六级）
2733. 畅通（六级）
2734. 畅销（六级）
2735. 倡导（六级）
2736. 倡议（六级）
2737. 钞票（六级）
2738. 超越（六级）
2739. 巢穴（六级）
2740. 朝代（六级）
2741. 嘲笑（六级）
2742. 潮流（六级）
2743. 撤退（六级）
2744. 撤销（六级）
2745. 沉淀（六级）
2746. 沉闷（六级）
2747. 沉思（六级）
2748. 沉重（六级）
2749. 沉着（六级）
2750. 陈旧（六级）
2751. 陈列（六级）
2752. 陈述（六级）
2753. 衬托（六级）
2754. 称心如意（六级）
2755. 称号（六级）
2756. 成本（六级）
2757. 成交（六级）
2758. 成天（六级）
2759. 成效（六级）
2760. 成心（六级）
2761. 成员（六级）
2762. 呈现（六级）
2763. 诚挚（六级）
2764. 承办（六级）
2765. 承包（六级）
2766. 承诺（六级）

2767. 城堡（六级）
2768. 乘（六级）
2769. 盛（六级）
2770. 惩罚（六级）
2771. 澄清（六级）
2772. 橙（六级）
2773. 秤（六级）
2774. 吃苦（六级）
2775. 吃力（六级）
2776. 迟钝（六级）
2777. 迟缓（六级）
2778. 迟疑（六级）
2779. 持久（六级）
2780. 赤道（六级）
2781. 赤字（六级）
2782. 冲动（六级）
2783. 冲击（六级）
2784. 冲突（六级）
2785. 充当（六级）
2786. 充沛（六级）
2787. 充实（六级）
2788. 充足（六级）
2789. 重叠（六级）
2790. 崇拜（六级）
2791. 崇高（六级）
2792. 崇敬（六级）
2793. 稠密（六级）
2794. 筹备（六级）
2795. 丑恶（六级）
2796. 出路（六级）
2797. 出卖（六级）
2798. 出身（六级）
2799. 出神（六级）
2800. 出息（六级）
2801. 初步（六级）
2802. 除（六级）
2803. 处分（六级）
2804. 处境（六级）
2805. 处置（六级）
2806. 储备（六级）
2807. 储存（六级）
2808. 储蓄（六级）

2809. 触犯（六级）
2810. 川流不息（六级）
2811. 穿越（六级）
2812. 传达（六级）
2813. 传单（六级）
2814. 传授（六级）
2815. 船舶（六级）
2816. 喘气（六级）
2817. 串（六级）
2818. 床单（六级）
2819. 创立（六级）
2820. 创新（六级）
2821. 创业（六级）
2822. 创作（六级）
2823. 吹牛（六级）
2824. 吹捧（六级）
2825. 炊烟（六级）
2826. 垂直（六级）
2827. 锤（六级）
2828. 纯粹（六级）
2829. 纯洁（六级）
2830. 慈善（六级）
2831. 慈祥（六级）
2832. 磁带（六级）
2833. 雌雄（六级）
2834. 次品（六级）
2835. 次序（六级）
2836. 伺候（六级）
2837. 刺（六级）
2838. 从容（六级）
2839. 丛（六级）
2840. 凑合（六级）
2841. 粗鲁（六级）
2842. 窜（六级）
2843. 摧残（六级）
2844. 脆弱（六级）
2845. 搓（六级）
2846. 磋商（六级）
2847. 挫折（六级）
2848. 搭（六级）
2849. 搭档（六级）
2850. 搭配（六级）

2851. 达成（六级）
2852. 答辩（六级）
2853. 答复（六级）
2854. 打包（六级）
2855. 打官司（六级）
2856. 打击（六级）
2857. 打架（六级）
2858. 打量（六级）
2859. 打猎（六级）
2860. 打仗（六级）
2861. 大不了（六级）
2862. 大臣（六级）
2863. 大伙儿（六级）
2864. 大肆（六级）
2865. 大体（六级）
2866. 大意（六级）
2867. 大致（六级）
2868. 歹徒（六级）
2869. 代价（六级）
2870. 代理（六级）
2871. 带领（六级）
2872. 怠慢（六级）
2873. 逮捕（六级）
2874. 担保（六级）
2875. 胆怯（六级）
2876. 诞辰（六级）
2877. 诞生（六级）
2878. 淡季（六级）
2879. 淡水（六级）
2880. 蛋白质（六级）
2881. 当场（六级）
2882. 当初（六级）
2883. 当代（六级）
2884. 当面（六级）
2885. 当前（六级）
2886. 当事人（六级）
2887. 当务之急（六级）
2888. 当选（六级）
2889. 党（六级）
2890. 档案（六级）
2891. 档次（六级）
2892. 导弹（六级）

2893. 导航（六级）
2894. 导向（六级）
2895. 捣乱（六级）
2896. 倒闭（六级）
2897. 盗窃（六级）
2898. 稻谷（六级）
2899. 得不偿失（六级）
2900. 得力（六级）
2901. 得天独厚（六级）
2902. 得罪（六级）
2903. 灯笼（六级）
2904. 登陆（六级）
2905. 登录（六级）
2906. 蹬（六级）
2907. 等候（六级）
2908. 等级（六级）
2909. 瞪（六级）
2910. 堤坝（六级）
2911. 敌视（六级）
2912. 抵达（六级）
2913. 抵抗（六级）
2914. 抵制（六级）
2915. 地步（六级）
2916. 地势（六级）
2917. 地质（六级）
2918. 递增（六级）
2919. 颠簸（六级）
2920. 颠倒（六级）
2921. 典礼（六级）
2922. 典型（六级）
2923. 点缀（六级）
2924. 电源（六级）
2925. 垫（六级）
2926. 惦记（六级）
2927. 奠定（六级）
2928. 叼（六级）
2929. 雕刻（六级）
2930. 雕塑（六级）
2931. 吊（六级）
2932. 调动（六级）
2933. 跌（六级）
2934. 丁（六级）

2935. 叮嘱（六级）
2936. 盯（六级）
2937. 定期（六级）
2938. 定义（六级）
2939. 丢人（六级）
2940. 丢三落四（六级）
2941. 东道主（六级）
2942. 东张西望（六级）
2943. 董事长（六级）
2944. 动荡（六级）
2945. 动机（六级）
2946. 动静（六级）
2947. 动力（六级）
2948. 动脉（六级）
2949. 动身（六级）
2950. 动手（六级）
2951. 动态（六级）
2952. 动员（六级）
2953. 冻结（六级）
2954. 栋（六级）
2955. 兜（六级）
2956. 陡峭（六级）
2957. 斗争（六级）
2958. 督促（六级）
2959. 毒品（六级）
2960. 独裁（六级）
2961. 堵塞（六级）
2962. 赌博（六级）
2963. 杜绝（六级）
2964. 端（六级）
2965. 端午节（六级）
2966. 端正（六级）
2967. 短促（六级）
2968. 断定（六级）
2969. 断绝（六级）
2970. 堆积（六级）
2971. 队伍（六级）
2972. 对策（六级）
2973. 对称（六级）
2974. 对付（六级）
2975. 对抗（六级）
2976. 对立（六级）

2977. 对联（六级）
2978. 对应（六级）
2979. 对照（六级）
2980. 兑现（六级）
2981. 顿时（六级）
2982. 多元化（六级）
2983. 哆嗦（六级）
2984. 堕落（六级）
2985. 额外（六级）
2986. 恶心（六级）
2987. 恶化（六级）
2988. 遏制（六级）
2989. 恩怨（六级）
2990. 而已（六级）
2991. 二氧化碳（六级）
2992. 发布（六级）
2993. 发财（六级）
2994. 发呆（六级）
2995. 发动（六级）
2996. 发觉（六级）
2997. 发射（六级）
2998. 发誓（六级）
2999. 发行（六级）
3000. 发炎（六级）
3001. 发扬（六级）
3002. 发育（六级）
3003. 法人（六级）
3004. 番（六级）
3005. 凡是（六级）
3006. 繁华（六级）
3007. 繁忙（六级）
3008. 繁体字（六级）
3009. 繁殖（六级）
3010. 反驳（六级）
3011. 反常（六级）
3012. 反感（六级）
3013. 反抗（六级）
3014. 反馈（六级）
3015. 反面（六级）
3016. 反射（六级）
3017. 反思（六级）
3018. 反问（六级）

3019. 反之（六级）
3020. 泛滥（六级）
3021. 范畴（六级）
3022. 贩卖（六级）
3023. 方位（六级）
3024. 方言（六级）
3025. 方圆（六级）
3026. 方针（六级）
3027. 防守（六级）
3028. 防御（六级）
3029. 防止（六级）
3030. 防治（六级）
3031. 访问（六级）
3032. 纺织（六级）
3033. 放大（六级）
3034. 放射（六级）
3035. 飞禽走兽（六级）
3036. 飞翔（六级）
3037. 飞跃（六级）
3038. 非法（六级）
3039. 肥沃（六级）
3040. 诽谤（六级）
3041. 肺（六级）
3042. 废除（六级）
3043. 废寝忘食（六级）
3044. 废墟（六级）
3045. 沸腾（六级）
3046. 分辨（六级）
3047. 分寸（六级）
3048. 分红（六级）
3049. 分解（六级）
3050. 分裂（六级）
3051. 分泌（六级）
3052. 分明（六级）
3053. 分歧（六级）
3054. 分散（六级）
3055. 吩咐（六级）
3056. 坟墓（六级）
3057. 粉末（六级）
3058. 粉色（六级）
3059. 粉碎（六级）
3060. 分量（六级）

3061. 愤怒（六级）
3062. 丰满（六级）
3063. 丰盛（六级）
3064. 丰收（六级）
3065. 风暴（六级）
3066. 风度（六级）
3067. 风光（六级）
3068. 风气（六级）
3069. 风趣（六级）
3070. 风土人情（六级）
3071. 风味（六级）
3072. 封闭（六级）
3073. 封建（六级）
3074. 封锁（六级）
3075. 锋利（六级）
3076. 逢（六级）
3077. 奉献（六级）
3078. 否决（六级）
3079. 夫妇（六级）
3080. 夫人（六级）
3081. 敷衍（六级）
3082. 服从（六级）
3083. 服气（六级）
3084. 俘虏（六级）
3085. 符号（六级）
3086. 幅度（六级）
3087. 辐射（六级）
3088. 福利（六级）
3089. 福气（六级）
3090. 抚摸（六级）
3091. 抚养（六级）
3092. 俯视（六级）
3093. 辅助（六级）
3094. 腐败（六级）
3095. 腐烂（六级）
3096. 腐蚀（六级）
3097. 腐朽（六级）
3098. 负担（六级）
3099. 附和（六级）
3100. 附件（六级）
3101. 附属（六级）
3102. 复活（六级）

3103. 复兴（六级）
3104. 副（六级）
3105. 赋予（六级）
3106. 富裕（六级）
3107. 腹泻（六级）
3108. 覆盖（六级）
3109. 改良（六级）
3110. 钙（六级）
3111. 盖章（六级）
3112. 干旱（六级）
3113. 干扰（六级）
3114. 干涉（六级）
3115. 干预（六级）
3116. 尴尬（六级）
3117. 感慨（六级）
3118. 感染（六级）
3119. 干劲（六级）
3120. 纲领（六级）
3121. 岗位（六级）
3122. 港口（六级）
3123. 港湾（六级）
3124. 杠杆（六级）
3125. 高超（六级）
3126. 高潮（六级）
3127. 高峰（六级）
3128. 高明（六级）
3129. 高尚（六级）
3130. 高涨（六级）
3131. 稿件（六级）
3132. 告辞（六级）
3133. 告诫（六级）
3134. 疙瘩（六级）
3135. 鸽子（六级）
3136. 搁（六级）
3137. 割（六级）
3138. 歌颂（六级）
3139. 革命（六级）
3140. 格局（六级）
3141. 格式（六级）
3142. 隔阂（六级）
3143. 隔离（六级）
3144. 个体（六级）

3145. 各抒己见（六级）
3146. 根深蒂固（六级）
3147. 根源（六级）
3148. 跟前（六级）
3149. 跟随（六级）
3150. 跟踪（六级）
3151. 更新（六级）
3152. 更正（六级）
3153. 耕地（六级）
3154. 工艺品（六级）
3155. 公安局（六级）
3156. 公道（六级）
3157. 公告（六级）
3158. 公关（六级）
3159. 公民（六级）
3160. 公然（六级）
3161. 公认（六级）
3162. 公式（六级）
3163. 公务（六级）
3164. 公正（六级）
3165. 公证（六级）
3166. 功劳（六级）
3167. 功效（六级）
3168. 攻击（六级）
3169. 攻克（六级）
3170. 供不应求（六级）
3171. 供给（六级）
3172. 宫殿（六级）
3173. 恭敬（六级）
3174. 巩固（六级）
3175. 共和国（六级）
3176. 共计（六级）
3177. 共鸣（六级）
3178. 勾结（六级）
3179. 钩子（六级）
3180. 构思（六级）
3181. 孤独（六级）
3182. 孤立（六级）
3183. 姑且（六级）
3184. 辜负（六级）
3185. 古董（六级）
3186. 古怪（六级）

3187. 股东（六级）
3188. 股份（六级）
3189. 骨干（六级）
3190. 鼓动（六级）
3191. 固然（六级）
3192. 固体（六级）
3193. 固有（六级）
3194. 固执（六级）
3195. 故乡（六级）
3196. 故障（六级）
3197. 顾虑（六级）
3198. 顾问（六级）
3199. 雇佣（六级）
3200. 拐杖（六级）
3201. 关怀（六级）
3202. 关照（六级）
3203. 观光（六级）
3204. 官方（六级）
3205. 管辖（六级）
3206. 贯彻（六级）
3207. 惯例（六级）
3208. 灌溉（六级）
3209. 罐（六级）
3210. 光彩（六级）
3211. 光辉（六级）
3212. 光芒（六级）
3213. 光荣（六级）
3214. 广阔（六级）
3215. 归根到底（六级）
3216. 归还（六级）
3217. 规范（六级）
3218. 规格（六级）
3219. 规划（六级）
3220. 规章（六级）
3221. 轨道（六级）
3222. 贵族（六级）
3223. 跪（六级）
3224. 棍棒（六级）
3225. 国防（六级）
3226. 国务院（六级）
3227. 果断（六级）
3228. 过度（六级）

3229. 过渡（六级）
3230. 过奖（六级）
3231. 过滤（六级）
3232. 过失（六级）
3233. 过问（六级）
3234. 过瘾（六级）
3235. 过于（六级）
3236. 嗨（六级）
3237. 海拔（六级）
3238. 海滨（六级）
3239. 含糊（六级）
3240. 含义（六级）
3241. 寒暄（六级）
3242. 罕见（六级）
3243. 捍卫（六级）
3244. 行列（六级）
3245. 航空（六级）
3246. 航天（六级）
3247. 航行（六级）
3248. 毫米（六级）
3249. 毫无（六级）
3250. 豪迈（六级）
3251. 号召（六级）
3252. 耗费（六级）
3253. 呵（六级）
3254. 合并（六级）
3255. 合成（六级）
3256. 合伙（六级）
3257. 合算（六级）
3258. 和蔼（六级）
3259. 和解（六级）
3260. 和睦（六级）
3261. 和气（六级）
3262. 和谐（六级）
3263. 嘿（六级）
3264. 痕迹（六级）
3265. 狠心（六级）
3266. 恨不得（六级）
3267. 横（六级）
3268. 哼（六级）
3269. 轰动（六级）
3270. 烘（六级）

3271．宏观（六级）
3272．宏伟（六级）
3273．洪水（六级）
3274．哄（六级）
3275．喉咙（六级）
3276．吼（六级）
3277．后代（六级）
3278．后顾之忧（六级）
3279．后勤（六级）
3280．候选（六级）
3281．呼唤（六级）
3282．呼啸（六级）
3283．呼吁（六级）
3284．忽略（六级）
3285．胡乱（六级）
3286．胡须（六级）
3287．湖泊（六级）
3288．花瓣（六级）
3289．花蕾（六级）
3290．华丽（六级）
3291．华侨（六级）
3292．化肥（六级）
3293．化石（六级）
3294．化验（六级）
3295．化妆（六级）
3296．划分（六级）
3297．画蛇添足（六级）
3298．话筒（六级）
3299．欢乐（六级）
3300．还原（六级）
3301．环节（六级）
3302．缓和（六级）
3303．患者（六级）
3304．荒凉（六级）
3305．荒谬（六级）
3306．荒唐（六级）
3307．皇帝（六级）
3308．皇后（六级）
3309．黄昏（六级）
3310．恍然大悟（六级）
3311．晃（六级）
3312．挥霍（六级）

3313. 辉煌（六级）
3314. 回报（六级）
3315. 回避（六级）
3316. 回顾（六级）
3317. 回收（六级）
3318. 悔恨（六级）
3319. 毁灭（六级）
3320. 汇报（六级）
3321. 会晤（六级）
3322. 贿赂（六级）
3323. 昏迷（六级）
3324. 荤（六级）
3325. 浑身（六级）
3326. 混合（六级）
3327. 混乱（六级）
3328. 混淆（六级）
3329. 混浊（六级）
3330. 活该（六级）
3331. 活力（六级）
3332. 火箭（六级）
3333. 火焰（六级）
3334. 火药（六级）
3335. 货币（六级）
3336. 讥笑（六级）
3337. 饥饿（六级）
3338. 机动（六级）
3339. 机构（六级）
3340. 机灵（六级）
3341. 机密（六级）
3342. 机械（六级）
3343. 机遇（六级）
3344. 机智（六级）
3345. 基地（六级）
3346. 基金（六级）
3347. 基因（六级）
3348. 激发（六级）
3349. 激励（六级）
3350. 激情（六级）
3351. 及早（六级）
3352. 吉祥（六级）
3353. 级别（六级）
3354. 极端（六级）

3355．极限（六级）
3356．即便（六级）
3357．即将（六级）
3358．急功近利（六级）
3359．急剧（六级）
3360．急切（六级）
3361．急于求成（六级）
3362．急躁（六级）
3363．疾病（六级）
3364．集团（六级）
3365．嫉妒（六级）
3366．籍贯（六级）
3367．给予（六级）
3368．计较（六级）
3369．记性（六级）
3370．记载（六级）
3371．纪要（六级）
3372．技巧（六级）
3373．忌讳（六级）
3374．季度（六级）
3375．季军（六级）
3376．迹象（六级）
3377．继承（六级）
3378．寄托（六级）
3379．寂静（六级）
3380．加工（六级）
3381．加剧（六级）
3382．夹杂（六级）
3383．佳肴（六级）
3384．家常（六级）
3385．家伙（六级）
3386．家属（六级）
3387．家喻户晓（六级）
3388．尖端（六级）
3389．尖锐（六级）
3390．坚定（六级）
3391．坚固（六级）
3392．坚韧（六级）
3393．坚实（六级）
3394．坚硬（六级）
3395．艰难（六级）
3396．监督（六级）

3397. 监视（六级）
3398. 监狱（六级）
3399. 煎（六级）
3400. 拣（六级）
3401. 检讨（六级）
3402. 检验（六级）
3403. 剪彩（六级）
3404. 简化（六级）
3405. 简陋（六级）
3406. 简体字（六级）
3407. 简要（六级）
3408. 见多识广（六级）
3409. 见解（六级）
3410. 见闻（六级）
3411. 见义勇为（六级）
3412. 间谍（六级）
3413. 间隔（六级）
3414. 间接（六级）
3415. 剑（六级）
3416. 健全（六级）
3417. 舰艇（六级）
3418. 践踏（六级）
3419. 溅（六级）
3420. 鉴别（六级）
3421. 鉴定（六级）
3422. 鉴于（六级）
3423. 将近（六级）
3424. 将就（六级）
3425. 将军（六级）
3426. 僵硬（六级）
3427. 奖励（六级）
3428. 奖赏（六级）
3429. 桨（六级）
3430. 降临（六级）
3431. 交叉（六级）
3432. 交代（六级）
3433. 交涉（六级）
3434. 交易（六级）
3435. 娇气（六级）
3436. 焦点（六级）
3437. 焦急（六级）
3438. 角落（六级）

3439. 侥幸（六级）
3440. 搅拌（六级）
3441. 缴纳（六级）
3442. 较量（六级）
3443. 教养（六级）
3444. 阶层（六级）
3445. 皆（六级）
3446. 接连（六级）
3447. 揭露（六级）
3448. 节制（六级）
3449. 节奏（六级）
3450. 杰出（六级）
3451. 结晶（六级）
3452. 结局（六级）
3453. 结算（六级）
3454. 截止（六级）
3455. 截至（六级）
3456. 竭尽全力（六级）
3457. 解除（六级）
3458. 解放（六级）
3459. 解雇（六级）
3460. 解剖（六级）
3461. 解散（六级）
3462. 解体（六级）
3463. 戒备（六级）
3464. 界限（六级）
3465. 借鉴（六级）
3466. 借助（六级）
3467. 金融（六级）
3468. 津津有味（六级）
3469. 紧迫（六级）
3470. 锦上添花（六级）
3471. 进而（六级）
3472. 进攻（六级）
3473. 进化（六级）
3474. 进展（六级）
3475. 近来（六级）
3476. 晋升（六级）
3477. 浸泡（六级）
3478. 茎（六级）
3479. 经费（六级）
3480. 经纬（六级）

3481. 惊动（六级）
3482. 惊奇（六级）
3483. 惊讶（六级）
3484. 兢兢业业（六级）
3485. 精打细算（六级）
3486. 精华（六级）
3487. 精简（六级）
3488. 精密（六级）
3489. 精确（六级）
3490. 精通（六级）
3491. 精心（六级）
3492. 精益求精（六级）
3493. 精致（六级）
3494. 井（六级）
3495. 颈椎（六级）
3496. 警告（六级）
3497. 警惕（六级）
3498. 竞赛（六级）
3499. 竞选（六级）
3500. 敬礼（六级）
3501. 敬业（六级）
3502. 境界（六级）
3503. 镜头（六级）
3504. 纠纷（六级）
3505. 纠正（六级）
3506. 酒精（六级）
3507. 救济（六级）
3508. 就近（六级）
3509. 就业（六级）
3510. 就职（六级）
3511. 拘留（六级）
3512. 拘束（六级）
3513. 居民（六级）
3514. 居住（六级）
3515. 鞠躬（六级）
3516. 局部（六级）
3517. 局面（六级）
3518. 局势（六级）
3519. 局限（六级）
3520. 咀嚼（六级）
3521. 沮丧（六级）
3522. 举动（六级）

3523. 举世瞩目（六级）
3524. 举足轻重（六级）
3525. 剧本（六级）
3526. 剧烈（六级）
3527. 据悉（六级）
3528. 聚精会神（六级）
3529. 卷（六级）
3530. 决策（六级）
3531. 觉悟（六级）
3532. 觉醒（六级）
3533. 绝望（六级）
3534. 倔强（六级）
3535. 军队（六级）
3536. 君子（六级）
3537. 卡通（六级）
3538. 开采（六级）
3539. 开除（六级）
3540. 开阔（六级）
3541. 开朗（六级）
3542. 开明（六级）
3543. 开辟（六级）
3544. 开拓（六级）
3545. 开展（六级）
3546. 开支（六级）
3547. 刊登（六级）
3548. 刊物（六级）
3549. 勘探（六级）
3550. 侃侃而谈（六级）
3551. 砍伐（六级）
3552. 看待（六级）
3553. 慷慨（六级）
3554. 扛（六级）
3555. 抗议（六级）
3556. 考察（六级）
3557. 考古（六级）
3558. 考核（六级）
3559. 考验（六级）
3560. 靠拢（六级）
3561. 科目（六级）
3562. 磕（六级）
3563. 可观（六级）
3564. 可口（六级）

3565. 可恶（六级）
3566. 可行（六级）
3567. 渴望（六级）
3568. 克制（六级）
3569. 刻不容缓（六级）
3570. 客户（六级）
3571. 课题（六级）
3572. 恳切（六级）
3573. 啃（六级）
3574. 坑（六级）
3575. 空洞（六级）
3576. 空前绝后（六级）
3577. 空想（六级）
3578. 空虚（六级）
3579. 孔（六级）
3580. 恐怖（六级）
3581. 恐吓（六级）
3582. 恐惧（六级）
3583. 空白（六级）
3584. 空隙（六级）
3585. 口气（六级）
3586. 口腔（六级）
3587. 口头（六级）
3588. 口音（六级）
3589. 扣（六级）
3590. 枯萎（六级）
3591. 枯燥（六级）
3592. 哭泣（六级）
3593. 苦尽甘来（六级）
3594. 苦涩（六级）
3595. 挎（六级）
3596. 跨（六级）
3597. 快活（六级）
3598. 宽敞（六级）
3599. 宽容（六级）
3600. 款待（六级）
3601. 款式（六级）
3602. 筐（六级）
3603. 旷课（六级）
3604. 况且（六级）
3605. 矿产（六级）
3606. 框架（六级）

3607. 亏待（六级）
3608. 亏损（六级）
3609. 捆绑（六级）
3610. 扩充（六级）
3611. 扩散（六级）
3612. 扩张（六级）
3613. 喇叭（六级）
3614. 蜡烛（六级）
3615. 啦（六级）
3616. 来历（六级）
3617. 来源（六级）
3618. 栏目（六级）
3619. 懒惰（六级）
3620. 狼狈（六级）
3621. 狼吞虎咽（六级）
3622. 捞（六级）
3623. 牢固（六级）
3624. 牢骚（六级）
3625. 唠叨（六级）
3626. 乐趣（六级）
3627. 乐意（六级）
3628. 雷达（六级）
3629. 类似（六级）
3630. 冷酷（六级）
3631. 冷落（六级）
3632. 冷却（六级）
3633. 愣（六级）
3634. 黎明（六级）
3635. 礼节（六级）
3636. 礼尚往来（六级）
3637. 里程碑（六级）
3638. 理睬（六级）
3639. 理所当然（六级）
3640. 理直气壮（六级）
3641. 理智（六级）
3642. 力求（六级）
3643. 力所能及（六级）
3644. 力争（六级）
3645. 历代（六级）
3646. 历来（六级）
3647. 立场（六级）
3648. 立方（六级）

3649. 立交桥（六级）
3650. 立体（六级）
3651. 立足（六级）
3652. 利害（六级）
3653. 例外（六级）
3654. 粒（六级）
3655. 连年（六级）
3656. 连锁（六级）
3657. 连同（六级）
3658. 联欢（六级）
3659. 联络（六级）
3660. 联盟（六级）
3661. 联想（六级）
3662. 廉洁（六级）
3663. 良心（六级）
3664. 谅解（六级）
3665. 晾（六级）
3666. 辽阔（六级）
3667. 列举（六级）
3668. 临床（六级）
3669. 淋（六级）
3670. 吝啬（六级）
3671. 伶俐（六级）
3672. 灵感（六级）
3673. 灵魂（六级）
3674. 灵敏（六级）
3675. 凌晨（六级）
3676. 零星（六级）
3677. 领会（六级）
3678. 领事馆（六级）
3679. 领土（六级）
3680. 领悟（六级）
3681. 领先（六级）
3682. 领袖（六级）
3683. 溜（六级）
3684. 留恋（六级）
3685. 留念（六级）
3686. 留神（六级）
3687. 流浪（六级）
3688. 流露（六级）
3689. 流氓（六级）
3690. 流通（六级）

3691. 聋哑（六级）
3692. 隆重（六级）
3693. 垄断（六级）
3694. 笼罩（六级）
3695. 搂（六级）
3696. 炉灶（六级）
3697. 屡次（六级）
3698. 履行（六级）
3699. 掠夺（六级）
3700. 轮船（六级）
3701. 轮廓（六级）
3702. 轮胎（六级）
3703. 论坛（六级）
3704. 论证（六级）
3705. 啰唆（六级）
3706. 络绎不绝（六级）
3707. 落成（六级）
3708. 落实（六级）
3709. 麻痹（六级）
3710. 麻木（六级）
3711. 麻醉（六级）
3712. 码头（六级）
3713. 蚂蚁（六级）
3714. 嘛（六级）
3715. 埋伏（六级）
3716. 埋没（六级）
3717. 埋葬（六级）
3718. 迈（六级）
3719. 脉搏（六级）
3720. 埋怨（六级）
3721. 蔓延（六级）
3722. 漫长（六级）
3723. 漫画（六级）
3724. 慢性（六级）
3725. 忙碌（六级）
3726. 盲目（六级）
3727. 茫茫（六级）
3728. 茫然（六级）
3729. 茂盛（六级）
3730. 冒充（六级）
3731. 冒犯（六级）
3732. 枚（六级）

3733. 媒介（六级）
3734. 美观（六级）
3735. 美满（六级）
3736. 美妙（六级）
3737. 萌芽（六级）
3738. 猛烈（六级）
3739. 眯（六级）
3740. 弥补（六级）
3741. 弥漫（六级）
3742. 迷惑（六级）
3743. 迷人（六级）
3744. 迷信（六级）
3745. 谜语（六级）
3746. 密度（六级）
3747. 密封（六级）
3748. 棉花（六级）
3749. 免得（六级）
3750. 免疫（六级）
3751. 勉励（六级）
3752. 勉强（六级）
3753. 面貌（六级）
3754. 面子（六级）
3755. 描绘（六级）
3756. 瞄准（六级）
3757. 渺小（六级）
3758. 藐视（六级）
3759. 灭亡（六级）
3760. 蔑视（六级）
3761. 民间（六级）
3762. 民主（六级）
3763. 敏捷（六级）
3764. 敏锐（六级）
3765. 名次（六级）
3766. 名额（六级）
3767. 名副其实（六级）
3768. 名誉（六级）
3769. 明明（六级）
3770. 明智（六级）
3771. 命名（六级）
3772. 摸索（六级）
3773. 模范（六级）
3774. 模式（六级）

3775. 模型（六级）
3776. 膜（六级）
3777. 摩擦（六级）
3778. 磨合（六级）
3779. 魔鬼（六级）
3780. 魔术（六级）
3781. 抹杀（六级）
3782. 莫名其妙（六级）
3783. 墨水儿（六级）
3784. 默默（六级）
3785. 谋求（六级）
3786. 模样（六级）
3787. 母语（六级）
3788. 目睹（六级）
3789. 目光（六级）
3790. 沐浴（六级）
3791. 拿手（六级）
3792. 纳闷儿（六级）
3793. 耐用（六级）
3794. 南辕北辙（六级）
3795. 难得（六级）
3796. 难堪（六级）
3797. 难能可贵（六级）
3798. 恼火（六级）
3799. 内涵（六级）
3800. 内幕（六级）
3801. 内在（六级）
3802. 能量（六级）
3803. 拟定（六级）
3804. 逆行（六级）
3805. 年度（六级）
3806. 捏（六级）
3807. 凝固（六级）
3808. 凝聚（六级）
3809. 凝视（六级）
3810. 拧（六级）
3811. 宁肯（六级）
3812. 宁愿（六级）
3813. 扭转（六级）
3814. 纽扣儿（六级）
3815. 农历（六级）
3816. 浓厚（六级）

3817. 奴隶（六级）
3818. 虐待（六级）
3819. 挪（六级）
3820. 哦（六级）
3821. 殴打（六级）
3822. 呕吐（六级）
3823. 偶像（六级）
3824. 趴（六级）
3825. 排斥（六级）
3826. 排除（六级）
3827. 排放（六级）
3828. 排练（六级）
3829. 徘徊（六级）
3830. 派别（六级）
3831. 派遣（六级）
3832. 攀登（六级）
3833. 盘旋（六级）
3834. 判决（六级）
3835. 畔（六级）
3836. 庞大（六级）
3837. 抛弃（六级）
3838. 泡沫（六级）
3839. 培育（六级）
3840. 配备（六级）
3841. 配偶（六级）
3842. 配套（六级）
3843. 盆地（六级）
3844. 烹饪（六级）
3845. 捧（六级）
3846. 批发（六级）
3847. 批判（六级）
3848. 劈（六级）
3849. 皮革（六级）
3850. 疲惫（六级）
3851. 疲倦（六级）
3852. 屁股（六级）
3853. 譬如（六级）
3854. 偏差（六级）
3855. 偏见（六级）
3856. 偏僻（六级）
3857. 偏偏（六级）
3858. 片断（六级）

3859. 片刻（六级）
3860. 漂浮（六级）
3861. 飘扬（六级）
3862. 撇（六级）
3863. 拼搏（六级）
3864. 拼命（六级）
3865. 贫乏（六级）
3866. 贫困（六级）
3867. 频繁（六级）
3868. 频率（六级）
3869. 品尝（六级）
3870. 品德（六级）
3871. 品质（六级）
3872. 品种（六级）
3873. 平凡（六级）
3874. 平面（六级）
3875. 平坦（六级）
3876. 平行（六级）
3877. 平庸（六级）
3878. 平原（六级）
3879. 评估（六级）
3880. 评论（六级）
3881. 屏幕（六级）
3882. 屏障（六级）
3883. 坡（六级）
3884. 泼（六级）
3885. 颇（六级）
3886. 迫不及待（六级）
3887. 迫害（六级）
3888. 破例（六级）
3889. 魄力（六级）
3890. 扑（六级）
3891. 铺（六级）
3892. 朴实（六级）
3893. 朴素（六级）
3894. 普及（六级）
3895. 瀑布（六级）
3896. 凄凉（六级）
3897. 期望（六级）
3898. 期限（六级）
3899. 欺负（六级）
3900. 欺骗（六级）

3901. 齐全（六级）
3902. 齐心协力（六级）
3903. 奇妙（六级）
3904. 歧视（六级）
3905. 旗袍（六级）
3906. 旗帜（六级）
3907. 乞丐（六级）
3908. 岂有此理（六级）
3909. 企图（六级）
3910. 启程（六级）
3911. 启蒙（六级）
3912. 启示（六级）
3913. 启事（六级）
3914. 起草（六级）
3915. 起初（六级）
3916. 起伏（六级）
3917. 起哄（六级）
3918. 起码（六级）
3919. 起源（六级）
3920. 气概（六级）
3921. 气功（六级）
3922. 气魄（六级）
3923. 气色（六级）
3924. 气势（六级）
3925. 气味（六级）
3926. 气象（六级）
3927. 气压（六级）
3928. 气质（六级）
3929. 迄今为止（六级）
3930. 器材（六级）
3931. 器官（六级）
3932. 掐（六级）
3933. 洽谈（六级）
3934. 恰当（六级）
3935. 恰到好处（六级）
3936. 恰巧（六级）
3937. 千方百计（六级）
3938. 迁就（六级）
3939. 迁徙（六级）
3940. 牵（六级）
3941. 牵扯（六级）
3942. 牵制（六级）

3943. 谦逊（六级）
3944. 签署（六级）
3945. 前景（六级）
3946. 前提（六级）
3947. 潜力（六级）
3948. 潜水（六级）
3949. 潜移默化（六级）
3950. 谴责（六级）
3951. 强制（六级）
3952. 抢劫（六级）
3953. 抢救（六级）
3954. 强迫（六级）
3955. 桥梁（六级）
3956. 窍门（六级）
3957. 翘（六级）
3958. 切实（六级）
3959. 锲而不舍（六级）
3960. 钦佩（六级）
3961. 侵犯（六级）
3962. 侵略（六级）
3963. 亲密（六级）
3964. 亲热（六级）
3965. 勤俭（六级）
3966. 勤劳（六级）
3967. 倾听（六级）
3968. 倾向（六级）
3969. 倾斜（六级）
3970. 清澈（六级）
3971. 清晨（六级）
3972. 清除（六级）
3973. 清洁（六级）
3974. 清理（六级）
3975. 清晰（六级）
3976. 清醒（六级）
3977. 清真（六级）
3978. 情报（六级）
3979. 情节（六级）
3980. 情理（六级）
3981. 情形（六级）
3982. 晴朗（六级）
3983. 请柬（六级）
3984. 请教（六级）

3985．请示（六级）
3986．请帖（六级）
3987．丘陵（六级）
3988．区分（六级）
3989．区域（六级）
3990．曲折（六级）
3991．驱逐（六级）
3992．屈服（六级）
3993．渠道（六级）
3994．曲子（六级）
3995．取缔（六级）
3996．趣味（六级）
3997．圈套（六级）
3998．权衡（六级）
3999．权威（六级）
4000．全局（六级）
4001．全力以赴（六级）
4002．拳头（六级）
4003．犬（六级）
4004．缺口（六级）
4005．缺席（六级）
4006．缺陷（六级）
4007．瘸（六级）
4008．确保（六级）
4009．确立（六级）
4010．确切（六级）
4011．确信（六级）
4012．群众（六级）
4013．染（六级）
4014．嚷（六级）
4015．让步（六级）
4016．饶恕（六级）
4017．扰乱（六级）
4018．惹祸（六级）
4019．热泪盈眶（六级）
4020．热门（六级）
4021．人道（六级）
4022．人格（六级）
4023．人工（六级）
4024．人家（六级）
4025．人间（六级）
4026．人士（六级）

4027．人为（六级）
4028．人性（六级）
4029．人质（六级）
4030．仁慈（六级）
4031．忍耐（六级）
4032．忍受（六级）
4033．认定（六级）
4034．认可（六级）
4035．任命（六级）
4036．任性（六级）
4037．任意（六级）
4038．任重道远（六级）
4039．仍旧（六级）
4040．日新月异（六级）
4041．日益（六级）
4042．荣幸（六级）
4043．荣誉（六级）
4044．容貌（六级）
4045．容纳（六级）
4046．容器（六级）
4047．容忍（六级）
4048．溶解（六级）
4049．融化（六级）
4050．融洽（六级）
4051．柔和（六级）
4052．揉（六级）
4053．儒家（六级）
4054．若干（六级）
4055．弱点（六级）
4056．撒谎（六级）
4057．散文（六级）
4058．散布（六级）
4059．散发（六级）
4060．丧失（六级）
4061．骚扰（六级）
4062．嫂子（六级）
4063．刹车（六级）
4064．啥（六级）
4065．筛选（六级）
4066．山脉（六级）
4067．闪烁（六级）
4068．擅长（六级）

4069. 擅自（六级）
4070. 伤脑筋（六级）
4071. 商标（六级）
4072. 上级（六级）
4073. 上进（六级）
4074. 上任（六级）
4075. 上瘾（六级）
4076. 上游（六级）
4077. 尚且（六级）
4078. 捎（六级）
4079. 梢（六级）
4080. 哨（六级）
4081. 奢侈（六级）
4082. 舌头（六级）
4083. 设立（六级）
4084. 设想（六级）
4085. 设置（六级）
4086. 社区（六级）
4087. 涉及（六级）
4088. 摄氏度（六级）
4089. 申报（六级）
4090. 呻吟（六级）
4091. 绅士（六级）
4092. 深奥（六级）
4093. 深沉（六级）
4094. 深情厚谊（六级）
4095. 神经（六级）
4096. 神奇（六级）
4097. 神气（六级）
4098. 神圣（六级）
4099. 神态（六级）
4100. 神仙（六级）
4101. 审查（六级）
4102. 审理（六级）
4103. 审美（六级）
4104. 审判（六级）
4105. 渗透（六级）
4106. 慎重（六级）
4107. 生存（六级）
4108. 生机（六级）
4109. 生理（六级）
4110. 生疏（六级）

4111. 生态（六级）
4112. 生物（六级）
4113. 生肖（六级）
4114. 生效（六级）
4115. 生锈（六级）
4116. 生育（六级）
4117. 声明（六级）
4118. 声势（六级）
4119. 声誉（六级）
4120. 牲畜（六级）
4121. 省会（六级）
4122. 胜负（六级）
4123. 盛产（六级）
4124. 盛开（六级）
4125. 盛情（六级）
4126. 盛行（六级）
4127. 尸体（六级）
4128. 失事（六级）
4129. 失误（六级）
4130. 失踪（六级）
4131. 师范（六级）
4132. 施加（六级）
4133. 施展（六级）
4134. 十足（六级）
4135. 石油（六级）
4136. 时常（六级）
4137. 时而（六级）
4138. 时光（六级）
4139. 时机（六级）
4140. 时事（六级）
4141. 识别（六级）
4142. 实惠（六级）
4143. 实力（六级）
4144. 实施（六级）
4145. 实事求是（六级）
4146. 实行（六级）
4147. 实质（六级）
4148. 拾（六级）
4149. 使命（六级）
4150. 示范（六级）
4151. 示威（六级）
4152. 示意（六级）

4153. 世代（六级）
4154. 势必（六级）
4155. 势力（六级）
4156. 事故（六级）
4157. 事迹（六级）
4158. 事件（六级）
4159. 事态（六级）
4160. 事务（六级）
4161. 事项（六级）
4162. 事业（六级）
4163. 试图（六级）
4164. 试验（六级）
4165. 视力（六级）
4166. 视频（六级）
4167. 视线（六级）
4168. 视野（六级）
4169. 是非（六级）
4170. 适宜（六级）
4171. 逝世（六级）
4172. 释放（六级）
4173. 收藏（六级）
4174. 收缩（六级）
4175. 收益（六级）
4176. 收音机（六级）
4177. 手法（六级）
4178. 手势（六级）
4179. 手艺（六级）
4180. 守护（六级）
4181. 首饰（六级）
4182. 首要（六级）
4183. 受罪（六级）
4184. 授予（六级）
4185. 书法（六级）
4186. 书籍（六级）
4187. 书记（六级）
4188. 书面（六级）
4189. 舒畅（六级）
4190. 疏忽（六级）
4191. 疏远（六级）
4192. 束（六级）
4193. 束缚（六级）
4194. 树立（六级）

4195. 竖（六级）
4196. 数额（六级）
4197. 耍（六级）
4198. 衰老（六级）
4199. 衰退（六级）
4200. 率领（六级）
4201. 涮火锅（六级）
4202. 双胞胎（六级）
4203. 爽快（六级）
4204. 水利（六级）
4205. 水龙头（六级）
4206. 水泥（六级）
4207. 瞬间（六级）
4208. 司法（六级）
4209. 司令（六级）
4210. 私自（六级）
4211. 思念（六级）
4212. 思索（六级）
4213. 思维（六级）
4214. 斯文（六级）
4215. 死亡（六级）
4216. 四肢（六级）
4217. 寺庙（六级）
4218. 饲养（六级）
4219. 肆无忌惮（六级）
4220. 耸（六级）
4221. 艘（六级）
4222. 苏醒（六级）
4223. 俗话（六级）
4224. 诉讼（六级）
4225. 素食（六级）
4226. 素质（六级）
4227. 塑造（六级）
4228. 算数（六级）
4229. 随即（六级）
4230. 随意（六级）
4231. 岁月（六级）
4232. 隧道（六级）
4233. 损坏（六级）
4234. 索取（六级）
4235. 索性（六级）
4236. 塌（六级）

4237. 踏实（六级）
4238. 塔（六级）
4239. 台风（六级）
4240. 太空（六级）
4241. 泰斗（六级）
4242. 贪婪（六级）
4243. 贪污（六级）
4244. 摊（六级）
4245. 瘫痪（六级）
4246. 弹性（六级）
4247. 坦白（六级）
4248. 叹气（六级）
4249. 探测（六级）
4250. 探索（六级）
4251. 探讨（六级）
4252. 探望（六级）
4253. 倘若（六级）
4254. 掏（六级）
4255. 滔滔不绝（六级）
4256. 陶瓷（六级）
4257. 陶醉（六级）
4258. 淘汰（六级）
4259. 讨好（六级）
4260. 特长（六级）
4261. 特定（六级）
4262. 特意（六级）
4263. 提拔（六级）
4264. 提炼（六级）
4265. 提示（六级）
4266. 提议（六级）
4267. 题材（六级）
4268. 体裁（六级）
4269. 体积（六级）
4270. 体谅（六级）
4271. 体面（六级）
4272. 体系（六级）
4273. 天才（六级）
4274. 天赋（六级）
4275. 天伦之乐（六级）
4276. 天然气（六级）
4277. 天生（六级）
4278. 天堂（六级）

4279. 天文（六级）
4280. 田径（六级）
4281. 田野（六级）
4282. 舔（六级）
4283. 挑剔（六级）
4284. 条款（六级）
4285. 条理（六级）
4286. 条约（六级）
4287. 调和（六级）
4288. 调剂（六级）
4289. 调节（六级）
4290. 调解（六级）
4291. 调料（六级）
4292. 挑拨（六级）
4293. 挑衅（六级）
4294. 跳跃（六级）
4295. 亭子（六级）
4296. 停泊（六级）
4297. 停顿（六级）
4298. 停滞（六级）
4299. 挺拔（六级）
4300. 通货膨胀（六级）
4301. 通缉（六级）
4302. 通俗（六级）
4303. 通讯（六级）
4304. 通用（六级）
4305. 同胞（六级）
4306. 同志（六级）
4307. 铜（六级）
4308. 童话（六级）
4309. 统筹兼顾（六级）
4310. 统计（六级）
4311. 统统（六级）
4312. 统治（六级）
4313. 投机（六级）
4314. 投票（六级）
4315. 投诉（六级）
4316. 投降（六级）
4317. 投掷（六级）
4318. 透露（六级）
4319. 秃（六级）
4320. 突破（六级）

4321. 图案（六级）
4322. 徒弟（六级）
4323. 途径（六级）
4324. 涂抹（六级）
4325. 土壤（六级）
4326. 团结（六级）
4327. 团体（六级）
4328. 团圆（六级）
4329. 推测（六级）
4330. 推翻（六级）
4331. 推理（六级）
4332. 推论（六级）
4333. 推销（六级）
4334. 吞吞吐吐（六级）
4335. 托运（六级）
4336. 拖延（六级）
4337. 脱离（六级）
4338. 妥当（六级）
4339. 妥善（六级）
4340. 妥协（六级）
4341. 椭圆（六级）
4342. 唾弃（六级）
4343. 挖掘（六级）
4344. 哇（六级）
4345. 娃娃（六级）
4346. 瓦解（六级）
4347. 歪曲（六级）
4348. 外表（六级）
4349. 外行（六级）
4350. 外界（六级）
4351. 外向（六级）
4352. 丸（六级）
4353. 完备（六级）
4354. 完毕（六级）
4355. 玩弄（六级）
4356. 玩意儿（六级）
4357. 顽固（六级）
4358. 顽强（六级）
4359. 挽回（六级）
4360. 挽救（六级）
4361. 惋惜（六级）
4362. 万分（六级）

4363. 往常（六级）
4364. 往事（六级）
4365. 妄想（六级）
4366. 危机（六级）
4367. 威风（六级）
4368. 威力（六级）
4369. 威望（六级）
4370. 威信（六级）
4371. 微不足道（六级）
4372. 微观（六级）
4373. 为难（六级）
4374. 为期（六级）
4375. 违背（六级）
4376. 唯独（六级）
4377. 维持（六级）
4378. 维护（六级）
4379. 维生素（六级）
4380. 伪造（六级）
4381. 委托（六级）
4382. 委员（六级）
4383. 卫星（六级）
4384. 未免（六级）
4385. 畏惧（六级）
4386. 喂（动词）（六级）
4387. 蔚蓝（六级）
4388. 慰问（六级）
4389. 温带（六级）
4390. 温和（六级）
4391. 文凭（六级）
4392. 文物（六级）
4393. 文献（六级）
4394. 文雅（六级）
4395. 文艺（六级）
4396. 问世（六级）
4397. 窝（六级）
4398. 乌黑（六级）
4399. 污蔑（六级）
4400. 诬陷（六级）
4401. 无比（六级）
4402. 无偿（六级）
4403. 无耻（六级）
4404. 无动于衷（六级）

4405. 无非（六级）
4406. 无辜（六级）
4407. 无精打采（六级）
4408. 无赖（六级）
4409. 无理取闹（六级）
4410. 无能为力（六级）
4411. 无穷无尽（六级）
4412. 无微不至（六级）
4413. 无忧无虑（六级）
4414. 无知（六级）
4415. 武器（六级）
4416. 武侠（六级）
4417. 武装（六级）
4418. 侮辱（六级）
4419. 舞蹈（六级）
4420. 务必（六级）
4421. 物美价廉（六级）
4422. 物业（六级）
4423. 物资（六级）
4424. 误差（六级）
4425. 误解（六级）
4426. 夕阳（六级）
4427. 昔日（六级）
4428. 牺牲（六级）
4429. 溪（六级）
4430. 熄灭（六级）
4431. 膝盖（六级）
4432. 习俗（六级）
4433. 袭击（六级）
4434. 媳妇（六级）
4435. 喜闻乐见（六级）
4436. 喜悦（六级）
4437. 系列（六级）
4438. 细胞（六级）
4439. 细菌（六级）
4440. 细致（六级）
4441. 峡谷（六级）
4442. 狭隘（六级）
4443. 狭窄（六级）
4444. 霞（六级）
4445. 下属（六级）
4446. 先进（六级）

4447. 先前（六级）
4448. 纤维（六级）
4449. 掀起（六级）
4450. 鲜明（六级）
4451. 闲话（六级）
4452. 贤惠（六级）
4453. 弦（六级）
4454. 衔接（六级）
4455. 嫌（六级）
4456. 嫌疑（六级）
4457. 显著（六级）
4458. 现场（六级）
4459. 现成（六级）
4460. 现状（六级）
4461. 线索（六级）
4462. 宪法（六级）
4463. 陷害（六级）
4464. 陷阱（六级）
4465. 陷入（六级）
4466. 馅儿（六级）
4467. 乡镇（六级）
4468. 相差（六级）
4469. 相等（六级）
4470. 相辅相成（六级）
4471. 相应（六级）
4472. 镶嵌（六级）
4473. 响亮（六级）
4474. 响应（六级）
4475. 想方设法（六级）
4476. 向导（六级）
4477. 向来（六级）
4478. 向往（六级）
4479. 巷（六级）
4480. 相声（六级）
4481. 削（六级）
4482. 消除（六级）
4483. 消毒（六级）
4484. 消防（六级）
4485. 消耗（六级）
4486. 消灭（六级）
4487. 销毁（六级）
4488. 潇洒（六级）

4489. 小心翼翼（六级）
4490. 肖像（六级）
4491. 效益（六级）
4492. 协会（六级）
4493. 协商（六级）
4494. 协调（六级）
4495. 协议（六级）
4496. 协助（六级）
4497. 携带（六级）
4498. 泄露（六级）
4499. 泄气（六级）
4500. 屑（六级）
4501. 谢绝（六级）
4502. 心得（六级）
4503. 心甘情愿（六级）
4504. 心灵（六级）
4505. 心态（六级）
4506. 心疼（六级）
4507. 心血（六级）
4508. 心眼儿（六级）
4509. 辛勤（六级）
4510. 欣慰（六级）
4511. 欣欣向荣（六级）
4512. 新陈代谢（六级）
4513. 新郎（六级）
4514. 新娘（六级）
4515. 新颖（六级）
4516. 薪水（六级）
4517. 信赖（六级）
4518. 信念（六级）
4519. 信仰（六级）
4520. 信誉（六级）
4521. 兴隆（六级）
4522. 兴旺（六级）
4523. 腥（六级）
4524. 刑事（六级）
4525. 行政（六级）
4526. 形态（六级）
4527. 兴高采烈（六级）
4528. 兴致勃勃（六级）
4529. 性感（六级）
4530. 性命（六级）

4531. 性能（六级）
4532. 凶恶（六级）
4533. 凶手（六级）
4534. 汹涌（六级）
4535. 胸怀（六级）
4536. 胸膛（六级）
4537. 雄厚（六级）
4538. 雄伟（六级）
4539. 修复（六级）
4540. 修建（六级）
4541. 修养（六级）
4542. 羞耻（六级）
4543. 绣（六级）
4544. 嗅觉（六级）
4545. 须知（六级）
4546. 虚假（六级）
4547. 虚荣（六级）
4548. 虚伪（六级）
4549. 需求（六级）
4550. 许可（六级）
4551. 序言（六级）
4552. 畜牧（六级）
4553. 酗酒（六级）
4554. 宣誓（六级）
4555. 宣扬（六级）
4556. 喧哗（六级）
4557. 悬挂（六级）
4558. 悬念（六级）
4559. 悬殊（六级）
4560. 悬崖峭壁（六级）
4561. 旋律（六级）
4562. 旋转（六级）
4563. 选拔（六级）
4564. 选举（六级）
4565. 选手（六级）
4566. 炫耀（六级）
4567. 削弱（六级）
4568. 学说（六级）
4569. 学位（六级）
4570. 雪上加霜（六级）
4571. 血压（六级）
4572. 熏陶（六级）

4573. 寻觅（六级）
4574. 巡逻（六级）
4575. 循环（六级）
4576. 循序渐进（六级）
4577. 压迫（六级）
4578. 压岁钱（六级）
4579. 压缩（六级）
4580. 压抑（六级）
4581. 压榨（六级）
4582. 压制（六级）
4583. 鸦雀无声（六级）
4584. 亚军（六级）
4585. 烟花爆竹（六级）
4586. 淹没（六级）
4587. 延期（六级）
4588. 延伸（六级）
4589. 延续（六级）
4590. 严寒（六级）
4591. 严禁（六级）
4592. 严峻（六级）
4593. 严厉（六级）
4594. 严密（六级）
4595. 言论（六级）
4596. 岩石（六级）
4597. 炎热（六级）
4598. 沿海（六级）
4599. 掩盖（六级）
4600. 掩护（六级）
4601. 掩饰（六级）
4602. 眼光（六级）
4603. 眼色（六级）
4604. 眼神（六级）
4605. 演变（六级）
4606. 演习（六级）
4607. 演绎（六级）
4608. 演奏（六级）
4609. 厌恶（六级）
4610. 验收（六级）
4611. 验证（六级）
4612. 氧气（六级）
4613. 样品（六级）
4614. 谣言（六级）

4615．摇摆（六级）
4616．摇滚（六级）
4617．遥控（六级）
4618．遥远（六级）
4619．要点（六级）
4620．要命（六级）
4621．要素（六级）
4622．耀眼（六级）
4623．野蛮（六级）
4624．野心（六级）
4625．液体（六级）
4626．一度（六级）
4627．一帆风顺（六级）
4628．一贯（六级）
4629．一举两得（六级）
4630．一流（六级）
4631．一目了然（六级）
4632．一如既往（六级）
4633．一丝不苟（六级）
4634．一向（六级）
4635．衣裳（六级）
4636．依旧（六级）
4637．依据（六级）
4638．依靠（六级）
4639．依赖（六级）
4640．依托（六级）
4641．仪器（六级）
4642．仪式（六级）
4643．遗产（六级）
4644．遗传（六级）
4645．遗留（六级）
4646．遗失（六级）
4647．疑惑（六级）
4648．以便（六级）
4649．以免（六级）
4650．以往（六级）
4651．以至（六级）
4652．以致（六级）
4653．亦（六级）
4654．异常（六级）
4655．意料（六级）
4656．意识（六级）

4657. 意图（六级）
4658. 意味着（六级）
4659. 意向（六级）
4660. 意志（六级）
4661. 毅力（六级）
4662. 毅然（六级）
4663. 翼（六级）
4664. 阴谋（六级）
4665. 音响（六级）
4666. 引导（六级）
4667. 引擎（六级）
4668. 引用（六级）
4669. 饮食（六级）
4670. 隐蔽（六级）
4671. 隐患（六级）
4672. 隐瞒（六级）
4673. 隐私（六级）
4674. 隐约（六级）
4675. 英明（六级）
4676. 英勇（六级）
4677. 婴儿（六级）
4678. 迎面（六级）
4679. 盈利（六级）
4680. 应酬（六级）
4681. 应邀（六级）
4682. 拥护（六级）
4683. 拥有（六级）
4684. 庸俗（六级）
4685. 永恒（六级）
4686. 勇于（六级）
4687. 涌现（六级）
4688. 踊跃（六级）
4689. 用户（六级）
4690. 优胜劣汰（六级）
4691. 优先（六级）
4692. 优异（六级）
4693. 优越（六级）
4694. 忧郁（六级）
4695. 犹如（六级）
4696. 油腻（六级）
4697. 油漆（六级）
4698. 有条不紊（六级）

4699. 幼稚（六级）
4700. 诱惑（六级）
4701. 渔民（六级）
4702. 愚蠢（六级）
4703. 愚昧（六级）
4704. 舆论（六级）
4705. 与日俱增（六级）
4706. 宇宙（六级）
4707. 羽绒服（六级）
4708. 玉（六级）
4709. 预料（六级）
4710. 预期（六级）
4711. 预算（六级）
4712. 预先（六级）
4713. 预言（六级）
4714. 预兆（六级）
4715. 欲望（六级）
4716. 寓言（六级）
4717. 愈（六级）
4718. 冤枉（六级）
4719. 元首（六级）
4720. 元素（六级）
4721. 元宵节（六级）
4722. 园林（六级）
4723. 原告（六级）
4724. 原理（六级）
4725. 原始（六级）
4726. 原先（六级）
4727. 圆满（六级）
4728. 缘故（六级）
4729. 源泉（六级）
4730. 约束（六级）
4731. 乐谱（六级）
4732. 岳母（六级）
4733. 孕育（六级）
4734. 运算（六级）
4735. 运行（六级）
4736. 酝酿（六级）
4737. 蕴藏（六级）
4738. 熨（六级）
4739. 杂技（六级）
4740. 杂交（六级）

4741. 砸（六级）
4742. 咋（六级）
4743. 灾难（六级）
4744. 栽培（六级）
4745. 宰（六级）
4746. 再接再厉（六级）
4747. 在意（六级）
4748. 攒（六级）
4749. 暂且（六级）
4750. 赞叹（六级）
4751. 赞助（六级）
4752. 遭受（六级）
4753. 遭殃（六级）
4754. 遭遇（六级）
4755. 糟蹋（六级）
4756. 造型（六级）
4757. 噪音（六级）
4758. 责怪（六级）
4759. 贼（六级）
4760. 增添（六级）
4761. 赠送（六级）
4762. 扎（六级）
4763. 扎实（六级）
4764. 渣（六级）
4765. 眨（六级）
4766. 诈骗（六级）
4767. 摘要（六级）
4768. 债券（六级）
4769. 沾光（六级）
4770. 瞻仰（六级）
4771. 斩钉截铁（六级）
4772. 展示（六级）
4773. 展望（六级）
4774. 展现（六级）
4775. 崭新（六级）
4776. 占据（六级）
4777. 占领（六级）
4778. 战斗（六级）
4779. 战略（六级）
4780. 战术（六级）
4781. 战役（六级）
4782. 章程（六级）

4783. 帐篷（六级）
4784. 障碍（六级）
4785. 招标（六级）
4786. 招收（六级）
4787. 朝气蓬勃（六级）
4788. 着迷（六级）
4789. 沼泽（六级）
4790. 照样（六级）
4791. 照耀（六级）
4792. 折腾（六级）
4793. 遮挡（六级）
4794. 折（六级）
4795. 折磨（六级）
4796. 侦探（六级）
4797. 珍贵（六级）
4798. 珍稀（六级）
4799. 珍珠（六级）
4800. 真理（六级）
4801. 真相（六级）
4802. 真挚（六级）
4803. 斟酌（六级）
4804. 枕头（六级）
4805. 阵地（六级）
4806. 阵容（六级）
4807. 振奋（六级）
4808. 振兴（六级）
4809. 震撼（六级）
4810. 震惊（六级）
4811. 镇定（六级）
4812. 镇静（六级）
4813. 正月（六级）
4814. 争端（六级）
4815. 争夺（六级）
4816. 争气（六级）
4817. 争先恐后（六级）
4818. 争议（六级）
4819. 征服（六级）
4820. 征收（六级）
4821. 挣扎（六级）
4822. 蒸发（六级）
4823. 整顿（六级）
4824. 正当（六级）

4825. 正负（六级）
4826. 正规（六级）
4827. 正经（六级）
4828. 正气（六级）
4829. 正义（六级）
4830. 正宗（六级）
4831. 证实（六级）
4832. 证书（六级）
4833. 郑重（六级）
4834. 政策（六级）
4835. 政权（六级）
4836. 症状（六级）
4837. 之际（六级）
4838. 支撑（六级）
4839. 支出（六级）
4840. 支流（六级）
4841. 支配（六级）
4842. 支援（六级）
4843. 支柱（六级）
4844. 枝（六级）
4845. 知觉（六级）
4846. 知足常乐（六级）
4847. 脂肪（六级）
4848. 执行（六级）
4849. 执着（六级）
4850. 直播（六级）
4851. 直径（六级）
4852. 侄子（六级）
4853. 值班（六级）
4854. 职能（六级）
4855. 职位（六级）
4856. 职务（六级）
4857. 殖民地（六级）
4858. 指标（六级）
4859. 指定（六级）
4860. 指甲（六级）
4861. 指令（六级）
4862. 指南针（六级）
4863. 指示（六级）
4864. 指望（六级）
4865. 指责（六级）
4866. 志气（六级）

4867. 制裁（六级）
4868. 制服（六级）
4869. 制约（六级）
4870. 制止（六级）
4871. 治安（六级）
4872. 治理（六级）
4873. 致辞（六级）
4874. 致力（六级）
4875. 致使（六级）
4876. 智力（六级）
4877. 智能（六级）
4878. 智商（六级）
4879. 滞留（六级）
4880. 中断（六级）
4881. 中立（六级）
4882. 中央（六级）
4883. 忠诚（六级）
4884. 忠实（六级）
4885. 终点（六级）
4886. 终究（六级）
4887. 终身（六级）
4888. 终止（六级）
4889. 衷心（六级）
4890. 肿瘤（六级）
4891. 种子（六级）
4892. 种族（六级）
4893. 众所周知（六级）
4894. 种植（六级）
4895. 重心（六级）
4896. 舟（六级）
4897. 州（六级）
4898. 周边（六级）
4899. 周密（六级）
4900. 周年（六级）
4901. 周期（六级）
4902. 周折（六级）
4903. 周转（六级）
4904. 粥（六级）
4905. 昼夜（六级）
4906. 皱纹（六级）
4907. 株（六级）
4908. 诸位（六级）

4909. 逐年（六级）
4910. 主办（六级）
4911. 主导（六级）
4912. 主管（六级）
4913. 主流（六级）
4914. 主权（六级）
4915. 主义（六级）
4916. 拄（六级）
4917. 嘱咐（六级）
4918. 助理（六级）
4919. 助手（六级）
4920. 住宅（六级）
4921. 注射（六级）
4922. 注视（六级）
4923. 注释（六级）
4924. 注重（六级）
4925. 驻扎（六级）
4926. 著作（六级）
4927. 铸造（六级）
4928. 拽（六级）
4929. 专长（六级）
4930. 专程（六级）
4931. 专利（六级）
4932. 专题（六级）
4933. 砖（六级）
4934. 转达（六级）
4935. 转让（六级）
4936. 转移（六级）
4937. 转折（六级）
4938. 传记（六级）
4939. 庄稼（六级）
4940. 庄严（六级）
4941. 庄重（六级）
4942. 装备（六级）
4943. 装卸（六级）
4944. 壮观（六级）
4945. 壮丽（六级）
4946. 壮烈（六级）
4947. 幢（六级）
4948. 追悼（六级）
4949. 追究（六级）
4950. 坠（六级）

4951. 准则（六级）
4952. 卓越（六级）
4953. 着手（六级）
4954. 着想（六级）
4955. 着重（六级）
4956. 琢磨（六级）
4957. 姿态（六级）
4958. 资本（六级）
4959. 资产（六级）
4960. 资深（六级）
4961. 资助（六级）
4962. 滋润（六级）
4963. 滋味（六级）
4964. 子弹（六级）
4965. 自卑（六级）
4966. 自发（六级）
4967. 自力更生（六级）
4968. 自满（六级）
4969. 自主（六级）
4970. 宗教（六级）
4971. 宗旨（六级）
4972. 棕色（六级）
4973. 踪迹（六级）
4974. 总而言之（六级）
4975. 总和（六级）
4976. 纵横（六级）
4977. 走廊（六级）
4978. 走漏（六级）
4979. 走私（六级）
4980. 揍（六级）
4981. 租赁（六级）
4982. 足以（六级）
4983. 阻碍（六级）
4984. 阻拦（六级）
4985. 阻挠（六级）
4986. 祖父（六级）
4987. 祖国（六级）
4988. 祖先（六级）
4989. 钻研（六级）
4990. 钻石（六级）
4991. 嘴唇（六级）
4992. 罪犯（六级）

4993. 尊严（六级）
4994. 遵循（六级）
4995. 作弊（六级）
4996. 作废（六级）
4997. 作风（六级）
4998. 作息（六级）
4999. 座右铭（六级）
5000. 做主（六级）

Printed in Poland
by Amazon Fulfillment
Poland Sp. z o.o., Wrocław